»Tresore werden sicherer, wenn man die Panzerknacker um Rat fragt.« Berliner Zeitung

Abrupte Kursausschläge an den Börsen, Rezession in weiten Teilen der Welt: Die Krise der Finanzmärkte wächst ins Gobale, der Boom der vergangenen Jahre droht umzukippen in ein weltweites ökonomisches Debakel. Was in Asien 1997 begann, dann Russland erfasste und mittlerweile ganz Lateinamerika mit sich zieht, wird – folgt man dem Autor dieses Buches – auch vor den Vereinigten Staaten und Westeuropa nicht Halt machen.

Niemand ist besser geeignet, die Weltfinanzkrise zu erklären als George Soros, der erfolgreichste Börsenspekulant der letzten dreissig Jahre. Soros zeigt, wie der bedingungslose Glaube an die selbstregulierende Kraft des Marktes uns blind gemacht hat für die Instabilität des kapitalistischen Weltsystems. Soros sieht einen neuen Raubkapitalismus aufkommen, der zu tiefen sozialen Gräben, Ungerechtigkeit und Ungleichheit führen werde. In diesem Buch entwickelt der »Megaspekulant« (taz) Soros, heute selbst einer der schärfsten Kritiker kapitalistischer Exzesse, Strategien zur Stabilisierung und Zähmung der globalisierten Finanzmärkte und ihrer gesellschaftlichen Folgen.

George Soros, geboren 1930 in Budapest, gilt als der Superstar unter den Devisenspekulanten. Seine Quantum Group, die fünf Milliarden Dollar verwaltet, ist einer der weltweit erfolgreichsten Investmentfonds.

Weltberühmt wurde Soros, als er 1992 mit seinen Spekulationen das britische Pfund aus dem Europäischen Währungssystem drängte und dabei rund eine Milliarde Dollar verdiente. Soros tritt aber auch als Wohltäter auf. Er unterhält zwei Dutzend Stiftungen in aller Welt, die vor allem die Entwicklung offener, demokratischer Gesellschaften vorantreiben wollen. Besonders stark engagiert sich Soros derzeit in Russland.

Unsere Adresse im Internet: www.fischer-tb.de

George Soros

Die Krise des globalen Kapitalismus

Offene Gesellschaft in Gefahr

Aus dem Amerikanischen von
Klaus Binder, Meinhard Büning, Tatjana Eggeling,
Jeremy Gaines und Bernd Leineweber

Fischer
Taschenbuch
Verlag

Veröffentlicht im Fischer Taschenbuch Verlag GmbH,
Frankfurt am Main, Mai 2000

Lizenzausgabe mit freundlicher Genehmigung des
Alexander Fest Verlages, Berlin

Druck und Bindung: Clausen & Bosse, Leck
Printed in Germany
ISBN 3-596-14736-0

Inhalt

Vorwort

Ursprünglich wollte ich in diesem Buch die Anschauungen darlegen, die mich durchs Leben geleitet haben. Als erfolgreicher Fondsverwalter, später auch als Philanthrop bekannt geworden, kam ich mir manchmal vor wie ein gewaltiger Verdauungstrakt, der auf einer Seite Geld einsaugt, um es auf der anderen wieder auszustoßen. Doch in Wirklichkeit sind beide Seiten durch beträchtliche Denkarbeit miteinander verknüpft: Ein begrifflicher Rahmen, den ich, lange bevor ich auf den Finanzmärkten tätig wurde, in meiner Studentenzeit formuliert hatte, beherrschte sowohl mein Berufsleben als auch meine philanthropischen Aktivitäten.

Stark beeinflußt wurde ich von dem Wissenschaftsphilosophen Karl Popper, dessen Buch ›Die offene Gesellschaft und ihre Feinde‹ mir das nationalsozialistische wie das kommunistische Regime erklärte. Beide hatte ich als Heranwachsender in Ungarn selbst erlebt, und beiden war eines gemeinsam: Sie behaupteten, im Besitz der absoluten Wahrheit zu sein, und zwangen der Welt ihre Ansichten mit Gewalt auf. Popper verfocht eine dem völlig entgegengesetzte Form gesellschaftlicher Organisation, derzufolge niemand den Zugang zur absoluten Wahrheit besitzt. Unser Verständnis der Welt ist seinem Wesen nach unzulänglich und eine vollkommene Gesellschaft unerreichbar. Wir müssen uns mit dem Zweitbesten zufriedengeben: mit einer unvollkommenen Gesellschaft, die gleichwohl fortlaufend der Verbesserung fähig ist. Popper nannte dies die offene Gesellschaft, und die totalitären Regime waren ihre Feinde.

So beschäftigte ich mich mit Poppers Ausführungen über kritisches Denken und die wissenschaftliche Methode. Ich tat es auf prüfende

Weise und gelangte in einem wichtigen Punkt zu einer anderen Position. Popper behauptete, für Natur- wie Geisteswissenschaften gälten die gleichen Methoden und Kriterien. Mir fiel jedoch ein grundlegender Unterschied auf: In den Geisteswissenschaften bildet das Denken selbst einen Teil des Gegenstandes, während die Naturwissenschaften es mit Phänomenen zu tun haben, die völlig unabhängig davon sind, was irgend jemand denkt. Deshalb eignen sich zwar Naturphänomene, nicht aber gesellschaftliche Phänomene für Poppers Modell der wissenschaftlichen Methode.

Durch solche Überlegungen angeregt, entwickelte ich den Begriff der Reflexivität: ein zweiseitiger Rückkopplungsmechanismus zwischen Denken und Realität. Ich studierte damals Volkswirtschaft, und die Annahme der Reflexivität paßte ganz und gar nicht in die ökonomische Theorie, die mit einem aus der Newtonschen Physik übernommenen Begriff arbeitete, nämlich dem des Gleichgewichts.

Das Konzept der Reflexivität erwies sich indes als ungemein nützlich, als ich in der Geldverwaltung tätig wurde. 1979 hatte ich mehr Geld verdient, als ich brauchte, und ich gründete eine Stiftung unter dem Namen Open Society Fund. Sie sollte dazu beitragen, geschlossene Gesellschaften zu öffnen, offene Gesellschaften zu stärken und eine kritische Denkweise zu fördern. Über die Stiftung wurde ich dann tief in die Auflösung der Sowjetunion verwickelt.

Teilweise als Ergebnis dieser Erfahrung und teilweise aufgrund meiner Kenntnis des kapitalistischen Systems kam ich zu dem Schluß, daß der begriffliche Rahmen, mit dem ich gearbeitet hatte, nicht mehr gültig war. Ich versuchte das Konzept der offenen Gesellschaft neu zu formulieren. Bei Popper steht es im Gegensatz zu geschlossenen Gesellschaften, die auf totalitären Ideologien basieren; die neuen Erfahrungen aber hatten mich gelehrt, daß es ebenso von der anderen Seite her bedroht werden kann: durch Mangel an gesellschaftlichem Zusammenhalt und das Fehlen von Kontrolle.

Diese Ansichten brachte ich in einem Artikel zum Ausdruck, der unter dem Titel ›Die kapitalistische Bedrohung‹ 1997 in der Februar-Ausgabe von ›Atlantic Monthly‹ erschien. Das vorliegende Buch, das ich kurz darauf zu schreiben begann, sollte meine Gedanken noch fundierter darlegen. In meinen früheren Arbeiten verbannte ich meinen begrifflichen Rahmen in den Anhang oder vergrub ihn in persönlichen Erinnerungen; nun hatte ich das Gefühl, er verdiene selbst Gehör. Stets war ich leidenschaftlich daran interessiert, die Welt zu verstehen, in der ich lebe – ob zu Recht oder zu Unrecht, mir war so, als hätte ich einige Fortschritte erzielt, die ich weitergeben sollte.

Die ursprüngliche Konzeption dieses Buches wurde jedoch durch die Weltfinanzkrise über den Haufen geworfen, die im Juli 1997 in Thailand ihren Ausgang nahm. Ich erforschte die Mängel des kapitalistischen Weltsystems, aber ich tat es auf eher legere Weise, mehr oder weniger nebenher. Die Asienkrise konnte mich nicht wirklich überraschen – meine Fondsverwaltungsfirma hatte sie sechs Monate vor ihrem tatsächlichen Beginn vorausgesagt –, und doch besaß ich keine Vorstellung, welch ungeheure Dimension sie schließlich annehmen würde. Ich erklärte zwar, warum das kapitalistische Weltsystem krank und brüchig ist, erkannte aber bis zur Rußlandkrise im August 1998 nicht, daß es sich bereits in Auflösung befand. Plötzlich erhielt mein Buch neue Dringlichkeit: Schließlich lag hier ein begrifflicher Rahmen bereit, mit dem sich die schnell entwickelnde Weltfinanzkrise erklären ließ. Ich beschloß, das Buch so schnell wie möglich in Druck zu geben.

Meine Ansichten zur gegenwärtigen Situation faßte ich am 15. September 1998 in einer Stellungnahme vor dem US-Kongreß zusammen, aus der ich hier einige wesentliche Passagen wiedergeben möchte: Das kapitalistische Weltsystem, das für den bemerkenswerten Wohlstand nicht nur der Vereinigten Staaten im letzten Jahrzehnt verantwortlich war, platzt aus allen Nähten. Der gegenwärtige Abschwung auf dem US-Aktienmarkt ist nur ein Symptom, noch dazu ein verspätetes Symptom der weitaus tiefer liegenden Probleme, von denen die Weltwirtschaft betroffen ist. Einige asiatische Aktienmärkte haben so schlimme Einbußen erlebt, wie es sie beim Wall-Street-Börsenkrach von 1929 nicht gab, zudem sind ihre Währungen auf einen Bruchteil des Wertes gefallen, den sie besaßen, als sie an den US-Dollar gekoppelt wurden. Dem finanziellen Zusammenbruch in Asien folgte ein wirtschaftlicher Kollaps. In Indonesien zum Beispiel sind die meisten Fortschritte hinsichtlich des Lebensstandards, die in den dreißig Jahren Suharto-Herrschaft zu verzeichnen waren, wieder zunichte gemacht. Und auch Rußland erlebt zur Zeit einen totalen finanziellen Zusammenbruch – ein beängstigendes Schauspiel, das unberechenbare Folgen für Menschen und Politik haben wird. Von gleichsam ansteckender Kraft, hat sich all das inzwischen auch auf Lateinamerika ausgedehnt.

Um so unverzeihlicher wäre es, wenn wir uns angesichts dieser Situation selbstgefällig zurücklehnten, nur weil die meisten Schwierigkeiten jenseits unserer Grenzen auftreten. Schließlich sind wir alle Teil des kapitalistischen Weltsystems, das nicht nur durch freien Handel gekennzeichnet ist, sondern, spezifischer noch, durch die freie Bewegung von Kapital. Das System ist dem Finanzkapital ungemein förderlich; frei kann es sich wenden, wohin es will – was zum schnellen Wachstum der globalen Finanzmärkte geführt hat. Man kann sich das Ganze als ein gigantisches Zirkulationssystem vorstellen, das Kapital auf den Finanzmärkten und von den Institutionen des Zentrums aufsaugt, um es hinaus an die Peripherie zu pumpen, sei es direkt in Form von Krediten und Portfolio-Investitionen, sei es indirekt über multinationale Konzerne.

Bis zur Thailand-Krise im Juli 1997 saugte und pumpte das Zentrum auf diese Weise ohne Unterlaß. Die Finanzmärkte nahmen an Umfang und Bedeutung zu, und die Länder an der Peripherie konnten ausreichend Kapital an sich ziehen, indem sie ihre Kapitalmärkte öffneten. Ein weltweiter Boom kam auf, bei dem die aufstrebenden Märkte besonders gut abschnitten, und zu einem bestimmten Zeitpunkt im Jahr 1994 strömte über die Hälfte des

gesamten Kapitalzuflusses der US-Investmentfonds in Fonds ebenjener Märkte.
Dann kam die Asienkrise und kehrte die Richtung des Kapitalflusses um: Kapital begann aus der Peripherie zu fliehen, was zunächst den Finanzmärkten im Zentrum nutzte. Damals befand die US-Wirtschaft sich gerade an der Schwelle einer Überhitzung, und die Federal Reserve Bank erwog eine Erhöhung der Diskontsätze, bis die Krise einen solchen Zug nicht mehr ratsam erscheinen ließ. Der Aktienmarkt belebte sich. Die Wirtschaft blühte in der besten aller möglichen Welten, da billige Importe den inneren Inflationsdruck im Zaum hielten und der Aktienmarkt zu neuen Höhenflügen ansetzte. Zugleich weckte der Aufschwung im Zentrum Hoffnungen, daß auch die Peripherie sich erholen werde, und so konnten die meisten asiatischen Märkte zwischen Februar und April dieses Jahres, in lokalen Währungen gerechnet, etwa die Hälfte ihrer vorherigen Verluste wieder wettmachen. Es war eine klassische Bärenrallye.
Doch es gibt einen Punkt, von dem an die Schwierigkeiten an der Peripherie dem Zentrum nicht mehr zugute kommen, und ich glaube, daß wir diesen Punkt mit der Krise in Rußland erreicht haben. Dafür habe ich drei Gründe. Der erste lautet, daß das russische Debakel gewisse Mängel im internationalen Bankensystem deutlich machte, die bisher mißachtet wurden. Neben den in ihren Bilanzen offengelegten Transaktionen beteiligten sich Banken an Swapgeschäften, Devisentermingeschäften und dem Handel mit Derivaten untereinander und mit ihren Klienten – Transaktionen, die in den Bilanzen der Banken nicht auftauchen. Sie werden fortlaufend neu bewertet, und jede Differenz zwischen Kosten und Marktpreis wird durch Bartransfers ausgeglichen. Dies soll das Risiko von Zahlungssäumnis generell ausschalten. Die Swap-, Forward- und Derivatmärkte aber sind ausgesprochen groß und die Spannen rasierklingendünn, was heißen soll, daß der Wert der beteiligten Summen um ein Vielfaches über dem des in der Wirtschaft

tätigen Kapitals liegt. Die Transaktionen bilden eine Kette mit vielen Mittelsleuten, und jeder Mittelsmann hat eine Verpflichtung gegenüber seinen Geschäftspartnern, ohne zu wissen, wer sonst noch beteiligt ist. Das Risiko gegenüber individuellen Partnern wird durch die Festlegung von Kreditlinien begrenzt.

Als das russische Bankensystem zusammenbrach, erlebte dieses hochentwickelte System eine schwere Erschütterung. Die russischen Banken konnten ihren Verpflichtungen nicht mehr nachkommen, während die westlichen Banken ihren eigenen Klienten gleichwohl verpflichtet blieben. Es fand sich kein Weg, die Verpflichtungen der einen Bank mit denen einer anderen zu verrechnen, und so erlitten etliche Sicherungsfonds und andere Spekulationskonten derart einschneidende Verluste, daß sie liquidiert werden mußten. Die normalen Spannen entfielen, und selbst professionelle Makler, die zwischen verschiedenen Derivaten arbitragieren, also ein Derivat gegen ein anderes handeln, verbuchten schwere Verluste. Eine ähnliche Situation entstand kurz darauf, als Malaysia seine Finanzmärkte für Ausländer schloß. Doch die Finanzbehörde von Singapur schritt in Zusammenarbeit mit anderen Zentralbanken sofort ein; offenstehende Kontrakte wurden ausgeglichen und die Verluste geteilt. Das Scheitern des Systems, schon denkbar nah, wurde vermieden.

All diese Ereignisse bewogen die meisten Mitspieler am Markt, ihre Engagements insgesamt zu vermindern. Die Banken, verzweifelt, versuchten ihr Risiko zu reduzieren. Bankenaktien fielen ins Bodenlose, und eine weltweite Kreditklemme entsteht. Schon jetzt schwindet der Fluß der Mittel an die Peripherie. Doch auch im Inland ist die Verfügbarkeit von Krediten beeinträchtigt. Der Markt für Junk bonds zum Beispiel ist bereits geschlossen.

Das bringt mich zu meinem zweiten Punkt. Die Probleme an der Peripherie haben sich so zugespitzt, daß einzelne Länder damit begonnen haben, sich aus dem kapitalistischen Weltsystem zu lösen, wenn sie nicht einfach am Wegrand liegenblieben. Zunächst hat Indonesien, dann Rußland einen nahezu vollständigen Zusammenbruch erfahren, und doch ist, was in Malaysia und in geringerem Ausmaß in Hongkong geschah, in gewisser Weise noch beunruhigender. Der Zusammenbruch in Indonesien und Rußland war unbeabsichtigt; Malaysia hingegen schloß sich bewußt selbst aus. Es konnte ausländischen Investoren und Spekulanten beträchtliche Verluste beibringen und auf diese Weise seine Probleme vorübergehend lindern, wenn nicht für die Wirtschaft, so doch zumindest für die Herrschenden. Solche Linderungen verdanken sich der Möglichkeit, die Zinssätze zu senken und den Aktienmarkt durch die Isolierung des Landes von der Außenwelt hochzutreiben. Dennoch kann all das nur vorübergehend funktionieren, weil die Grenzen durchlässig sind und das Geld das Land illegal verlassen wird: Auf die Wirtschaft wird es sich katastrophal auswirken, und nur Unternehmer des Landes, die mit dem Regime verbündet sind, werden ihre Firmen retten können, solange sich das Regime selbst zu halten vermag. Zugleich werden Malaysias Maßnahmen andere Staaten in Mitleidenschaft ziehen, die ihre Finanzmärkte offenzuhalten suchen, weil der Selbstausschluß eines Landes aus dem internationalen Finanzsystem Kapitalflucht erzeugt. So gesehen, ist es eine St.-Florians-Politik, auf die sich Malaysia eingelassen hat. Wenn das Land danach im Vergleich mit seinen Nachbarn gut dasteht, kann diese Politik leicht Nachahmer finden, wodurch es anderen noch schwerer fallen wird, ihre Märkte offenzuhalten.

Der dritte wichtige Grund für die Auflösung des kapitalistischen Weltsystems ist die offensichtliche Unfähigkeit der internationalen Währungsbehörden, es zu stützen. Die Programme des Internationalen Währungsfonds (IWF) scheinen nicht zu funktionieren, ganz davon abgesehen, daß ihm das Geld ausgegangen ist. Die Reaktion der G7-Regierungen auf die Rußlandkrise war auf jämmerliche Weise unzureichend, der Verlust an Kontrollmöglichkeiten ziemlich beängstigend. Finanzmärkte sind eigenartig: Sie wehren sich gegen jede Art von Regierungseinmischung, aber in ihrem tiefsten

Inneren bleibt für sie die Überzeugung maßgeblich, die Behörden würden schon einschreiten, sobald es wirklich ernst wird – und diese Überzeugung ist nun ins Wanken geraten.

Alle drei Faktoren wirken zusammen, um die Umkehrung des Kapitalflusses von der Peripherie ins Zentrum zu verstärken. Die ursprüngliche Erschütterung, die durch die Krise in Rußland ausgelöst wurde, dürfte sich abschwächen, aber die Belastung der Peripherie wird vermutlich anhalten. Inzwischen hat die Kapitalflucht sich auf Brasilien ausgedehnt, und wenn Brasilien Schiffbruch erleidet, wird auch Argentinien in Gefahr geraten. Unablässig werden Voraussagen zum globalen Wirtschaftswachstum nach unten korrigiert, und ich erwarte, daß die Prozesse am Ende zu Minuswachstum führen. Falls und sobald der Niedergang sich auf unsere Wirtschaft ausdehnt, werden wir weitaus weniger bereit sein, die Importe zu akzeptieren, die erforderlich sind, um einen umgekehrten Kapitalfluß zu nähren – und so könnte der Zusammenbruch des Weltfinanzsystems mit einem Zusammenbruch des internationalen freien Handels einhergehen.

Dieser Verlauf der Ereignisse kann nur durch die Intervention der internationalen Finanzinstitutionen verhindert werden. Die Aussichten sind düster, weil die G7-Regierungen soeben versäumt haben, in Rußland einzugreifen. Und doch könnten die Konsequenzen dieses Versäumnisses als Weckruf wirken. Es ist dringend notwendig, das kapitalistische Weltsystem zu überdenken und zu reformieren. Das russische Beispiel hat es gezeigt: Die Probleme werden sich zunehmend schwerer handhaben lassen, je länger man sie sich selbst überläßt.

Vor jedem Neuanfang muß die Erkenntnis stehen, daß Finanzmärkte ihrem Wesen nach instabil sind. Das kapitalistische Weltsystem gründet sich aber auf die Überzeugung, daß Finanzmärkte von sich aus zum Gleichgewicht tendieren – man erwartet, daß sie wie ein Pendel funktionieren: Durch äußere Kräfte – sogenannte exogene Erschütterungen – können sie aus dem Gleichgewicht geraten; dennoch werden sie immer zurück in den Gleichgewichtszustand streben. Diese Überzeugung ist falsch. In Wahrheit neigen Finanzmärkte zu Exzessen, und wenn eine Boom/Bust-Folge einen bestimmten Punkt überschreitet, wird sie niemals zu ihrem Ausgangspunkt zurückkehren. Statt wie ein Pendel haben die Finanzmärkte in letzter Zeit eher wie eine Abrißbirne funktioniert: Eine Wirtschaft nach der anderen haben sie zusammenbrechen lassen.

Zur Zeit wird viel davon geredet, Marktdisziplin durchzusetzen. Wenn aber deren Durchsetzung bedeutet, daß man Instabilität erzwingt, dann stellt sich die Frage, wieviel Instabilität Gesellschaften ertragen können. In jedem Fall muß Marktdisziplin durch eine andere regulierende Kraft ergänzt werden: Die Aufrechterhaltung der Stabilität auf Finanzmärkten muß Ziel der Politik sein. Dies möchte ich als allgemeines Prinzip empfehlen.

Trotz des herrschenden Glaubens an die Freiheit der Märkte ist dieser Grundsatz auf nationaler Ebene bereits akzeptiert und umgesetzt worden. In den USA haben wir das Federal Reserve System und andere Finanzbehörden, deren Aufgabe es ist, einen Zusammenbruch auf unseren inländischen Finanzmärkten zu verhindern und, falls notwendig, als Kreditgeber in letzter Instanz aufzutreten. Ich bin zuversichtlich, daß diese Stellen ihrem Auftrag gerecht werden können. Auf internationaler Ebene hingegen – und das stimmt pessimistisch – fehlen entsprechende Finanzbehörden. Wir haben die Institutionen von Bretton Woods, IWF und Weltbank, die sich tapfer den sich schnell verändernden Bedingungen anzupassen suchten. Da die IWF-Programme in der gegenwärtigen globalen Finanzkrise jedoch erfolglos geblieben sind, müssen ihre Ziele und ihre Arbeitsweise überprüft werden, und ich glaube, daß wir heute zusätzliche Institutionen brauchen. Anfang dieses Jahres schlug ich deshalb vor, eine Internationale Kreditversicherungsanstalt zu gründen, aber zu jenem Zeitpunkt war noch nicht deutlich geworden, daß die Umkehrung des Kapitalflusses derart gravierende

Probleme aufwerfen würde – so blieb mein Vorschlag ohne Echo. Jetzt, so meine Überzeugung, ist seine Zeit gekommen. Wir müssen außerdem irgendeine Art internationale Aufsicht über die nationalen Aufsichtsbehörden begründen, und wir müssen auch das Funktionieren des internationalen Bankensystems überdenken ebenso wie das Funktionieren der Swap- und Derivatmärkte.

Dieses Buch hat zwei Teile. Der erste Teil, der eine Kritik an den Sozialwissenschaften im allgemeinen und der Wirtschaftswissenschaften im besonderen enthält, entfaltet den begrifflichen Rahmen. Ich werde nicht versuchen, ihn hier zusammenzufassen, aber weil unsere Zeit nun einmal Schlüsselbegriffe liebt, werde ich diesen Rahmen in Schlüsselbegriffen darstellen: Fehlbarkeit, Reflexivität und offene Gesellschaft. Finanzmärkte interpretiere ich mit Hilfe des Konzepts der Reflexivität, nicht mehr mit dem des Gleichgewichts; darüber hinaus versuche ich eine reflexive Geschichtstheorie zu entwickeln, wobei ich die Finanzmärkte als Laboratorium behandle, in dem sich die Theorie überprüfen läßt.
Im zweiten Teil wende ich den anfangs beschriebenen Rahmen auf die gegenwärtige Situation an. Obwohl die Finanzkrise aufgrund der mit ihr verbundenen Gefahren verständlicherweise im Vordergrund steht, reicht die Analyse weitaus tiefer und erstreckt sich auch auf andere wichtige Aspekte: auf die bestehende Diskrepanz zwischen einer Weltwirtschaft und einer politischen und gesellschaftlichen Organisation, die im Grunde nach wie vor national ist; auf die ungleiche Beziehung zwischen Zentrum und Peripherie wie die ungleiche Behandlung von Schuldnern und Gläubigern; schließlich auf die fatale Ersetzung von intrinsischen menschlichen Werten durch Geldwerte. Kurz, ich möchte darlegen, daß der Weltkapitalismus lediglich eine unvollständige und verzerrte Form der offenen Gesellschaft ist.
Im sechsten Kapitel arbeite ich die wichtigsten Merkmale des kapitalistischen Weltsystems heraus, bevor ich in Kapitel sieben ver-

suche, seine Zukunft in Begriffen einer Boom/Bust-Folge vorauszusagen. Das achte Kapitel enthält wichtige praktische Vorschläge, wie ein Zusammenbruch des Finanzsystems verhindert werden kann. In Kapitel neun diskutiere ich die Frage, ob sich eine weniger verzerrte Form der offenen Gesellschaft erreichen läßt, und in Kapitel zehn erörtere ich den internationalen Rahmen. Das elfte Kapitel schließlich umreißt einige konkrete Schritte, die zur Etablierung der offenen Gesellschaft unternommen werden könnten. Ursprünglich war dieses Buch als umfassende Darlegung meiner Philosophie geplant. Aufgrund der aktuellen Entwicklung ist es nun zu einem Gebilde geworden, das ich über weite Strecken als Momentaufnahme bezeichnen möchte.

Einleitung

Mit meiner Arbeit möchte ich dazu beitragen, das Fundament für eine offene Weltgesellschaft zu legen. Zwar leben wir bereits mit einer weltumspannenden Wirtschaft, doch unsere politische Organisation ist auf internationaler Ebene völlig unzureichend. Woran es uns gebricht ist die Fähigkeit, Frieden zu bewahren und den Exzessen der Finanzmärkte Einhalt zu gebieten. Und solange wir diese Dinge nicht im Griff haben, müssen wir mit dem Zusammenbruch der Weltwirtschaft rechnen.

Die Weltwirtschaft ist nicht nur durch den freien Handel mit Waren und Dienstleistungen gekennzeichnet, sondern, mehr noch, durch die freie Bewegung von Kapital. Die Zinssätze, Wechselkurse und Aktienpreise in verschiedenen Ländern hängen aufs engste miteinander zusammen, und die Weltfinanzmärkte üben einen gewaltigen Einfluß auf die wirtschaftliche Entwicklung aus. Angesichts der zentralen Rolle, die das internationale Finanzkapital für die Geschicke der einzelnen Länder spielt, ist es deshalb durchaus angebracht, von einem kapitalistischen Weltsystem zu sprechen.

Das Finanzkapital genießt dabei eine privilegierte Stellung. Ohnehin ist Kapital beweglicher als andere Produktionsfaktoren, Finanzkapital jedoch ist noch mobiler als Direktinvestitionen. Es geht dorthin, wo es die höchste Belohnung erwartet; da die einzelnen Länder in ihm den Vorboten des Wohlstands erblicken, wetteifern sie darum, es an sich zu binden. Aufgrund dieser Vorzüge wird das Kapital zunehmend in Finanzinstitutionen und an Aktienmärkten notierten multinationalen Konzernen akkumuliert – ein Prozeß, der über Finanzmärkte vermittelt wird.

Die Herausbildung der Weltwirtschaft ging indes nicht mit der Herausbildung einer Weltgesellschaft einher. Bis heute ist der Nationalstaat die Grundkategorie politischen und sozialen Lebens. Internationales Recht und internationale Institutionen, soweit sie denn existieren, sind nicht stark genug, um Krieg oder Menschenrechtsverletzungen in einzelnen Ländern zu verhindern. Auch ökologische Gefahren werden nicht hinreichend bekämpft, und die Weltfinanzmärkte liegen sowieso weitgehend außerhalb der Kontrolle der nationalen und internationalen Behörden.

Im folgenden möchte ich zeigen, daß der gegenwärtige Stand der Dinge pathologisch und unhaltbar ist. Die Finanzmärkte sind ihrem Wesen nach instabil, und bestimmte gesellschaftliche Bedürfnisse lassen sich nicht befriedigen, indem man den Marktkräften freies Spiel gewährt. Leider werden diese Mängel nicht erkannt. Statt dessen herrscht allgemein der Glaube, die Märkte seien in der Lage, sich selbst zu korrigieren, und eine blühende Weltwirtschaft sei auch ohne eine Weltgesellschaft möglich. Mehr noch: Es wird behauptet, dem Gemeinwohl werde am besten Genüge getan, indem man jedermann gestatte, unbeirrt seine Eigeninteressen zu verfolgen, weshalb jeder Versuch, mittels kollektiver Entscheidungen das Gemeinwohl zu schützen, den Marktmechanismus verzerre – eine Position, die man im 19. Jahrhundert *laissez faire* nannte. Heute eignet sich dieser Begriff zur Beschreibung der uns umgebenden Verhältnisse kaum noch, nicht zuletzt, weil es ein französischer Ausdruck ist und die meisten Menschen, die an die Magie des Marktes glauben, kein Französisch sprechen. Ich habe einen besseren Namen dafür gefunden: *Marktfundamentalismus*.

Genau diese Haltung ist es, die das kapitalistische Weltsystem in eine gefährliche Schieflage gebracht hat. Dabei handelt es sich um eine relativ neue Entwicklung: Am Ende des Zweiten Weltkrieges war die internationale Kapitalbewegung stark eingeschränkt. Deshalb rief man die Institutionen von Bretton Woods ins Leben, die den Handel unter diesen Bedingungen erleichtern sollten. Die Restriktionen wurden nur allmählich abgebaut, und erst als Margaret Thatcher und Ronald Reagan an die Macht kamen, um 1980, stieg der Marktfundamentalismus zur beherrschenden Ideologie auf. Und ebendieser Marktfundamentalismus war es, der das Finanzkapital ans Ruder gebracht hat.

Natürlich existierte auch schon zuvor ein kapitalistisches Weltsystem. Als erste haben Karl Marx und Friedrich Engels seine wichtigsten Merkmale beschrieben – damals noch recht prophetisch im 1848 veröffentlichten ›Kommunistischen Manifest‹. Das System, das in der zweiten Hälfte des 19. Jahrhunderts vorherrschte, war in mancher Hinsicht stabiler als die gegenwärtige Version: Erstens gab es imperiale Mächte, Großbritannien vor allem, die aus ihrer zentralen Stellung in diesem System so großen Nutzen zogen, daß ihnen sein Schutz lohnend erschien. Zweitens gab es in Form des Goldes eine einzige internationale Währung; heute haben wir drei Leitwährungen – den Dollar, die Deutsche Mark, aus der demnächst der Euro wird, und den Yen –, die sich wie tektonische Platten verschieben, Erdbeben auslösen und dabei kleinere Währungen zwischen sich zermalmen. Drittens schließlich, und das ist der wichtigste Punkt, gab es gewisse moralische Grundüberzeugungen, die zwar nicht immer das Handeln leiteten, aber doch allgemein als erstrebenswert galten. Diese Werte verbanden den Glauben an die Vernunft und die Ehrfurcht vor der Wissenschaft mit der jüdisch-christlichen ethischen Tradition und lieferten eine weitaus zuverlässigere Orientierung bei der Entscheidung, was richtig und was falsch ist, als die in unserer Zeit dominierenden Werte. Denn Geldwerte und Märkte allein bieten keine hinreichende Grundlage für gesellschaftlichen Zusammenhalt. Diese Sentenz mag dem Leser zunächst nicht besonders überzeugend erscheinen – ich werde darauf später jedoch noch ausführlicher eingehen.

Das kapitalistische Weltsystem des 19. Jahrhunderts wurde, trotz seiner relativen Stabilität, im Zuge des Ersten Weltkriegs zerstört. Nach Kriegsende gab es einige schwache Wiederaufbauversuche, die allerdings im Börsenkrach von 1929 und in der folgenden Großen Depression jäh endeten. Um wieviel wahrscheinlicher ist es, daß die gegenwärtige Version des globalen Kapitalismus ein schlimmes Ende findet, wo doch die Elemente der Stabilität, die im 19. Jahrhundert noch vorhanden waren, heute fehlen?

Freilich, die drohende Katastrophe läßt sich verhindern, aber nur, wenn wir die Mängel unseres Systems erkennen und sie rechtzeitig beheben. Worauf sind die Mängel zurückzuführen, und wie lassen sie sich korrigieren? Es ist diese Frage, mit der ich mich auseinandersetzen möchte. Ich werde darlegen, daß das kapitalistische Weltsystem lediglich die verzerrte Form einer offenen Gesellschaft ist und daß seine Exzesse aufgefangen werden könnten, wenn das Prinzip der offenen Gesellschaft nur besser verstanden und stärker befolgt würde.

Seine Geltung verdankt der Begriff Karl Poppers Buch ›Die offene Gesellschaft und ihre Feinde‹. Zur Zeit der Veröffentlichung, 1944, war die offene Gesellschaft bedroht durch totalitäre Regime wie NS-Deutschland und die Sowjetunion, die ihre Staatsmacht einsetzten, um dem Volk ihren Willen aufzuzwingen. Das Konzept der offenen Gesellschaft ließ sich so lange leicht verstehen, wie man es den geschlossenen, aus totalitären Ideologien hervorgegangenen Gesellschaften gegenüberstellen konnte. Dies blieb gültig bis zum Zusammenbruch des Sowjetsystems 1989. Die offenen Gesellschaften der Welt, gemeinhin als der Westen bezeichnet, hatten bis dahin angesichts eines gemeinsamen Feindes einen beträchtlichen Zusammenhalt gezeigt. Doch nach dem Kollaps des Sowjetsystems verlor die offene Gesellschaft mit ihrer Betonung von Freiheit, Demokratie und Rechtsstaatlichkeit viel von ihrem Reiz als organisierendes Prinzip – und der Weltkapitalismus stieg triumphierend empor. Der Kapitalismus, mit seinem blinden Vertrauen auf die Marktkräfte, stellt nun eine vollkommen neuartige Gefahr für die offene Gesellschaft dar, und die zentrale Aussage dieses Buches lautet deshalb: Der heutige Marktfundamentalismus ist eine wesentlich größere Bedrohung für die offene Gesellschaft als jede totalitäre Ideologie. Diese Aussage mag schockieren, ist die Marktwirtschaft doch zweifellos fester Bestandteil offener Gesellschaften. Nicht ohne Grund glaubte Friedrich Hayek, der größte Ideologe einer *laissez faire*-Ökonomie im 20. Jahrhundert, fest an das Konzept der offenen Gesellschaft. Wie also kann der Marktfundamentalismus dann eine Bedrohung sein?

Das möchte ich erklären. Ich behaupte nicht, der Marktfundamentalismus sei der Idee einer offenen Gesellschaft auf die gleiche Weise entgegengesetzt, wie es der Faschismus oder der Kommunismus waren. Ganz im Gegenteil. Freie Gesellschaften und Marktwirtschaft hängen eng miteinander zusammen, und der Marktfundamentalismus ist nichts anderes als eine Verzerrung der Idee der offenen Gesellschaft. Dies allerdings macht ihn nicht weniger gefährlich: Er stellt eine ernsthafte Bedrohung dar, weil er das Funktionieren der Märkte nicht angemessen begreift und ihnen allzuviel Gewicht einräumt.

Meine Kritik des kapitalistischen Weltsystems läuft daher auf zwei wesentliche Punkte hinaus. Der erste betrifft die Mängel des Marktmechanismus. Hier spreche ich vor allem von der Instabilität, die den Finanzmärkten innewohnt. Der zweite Punkt bezieht sich auf die Schwächen jenes Bereichs, den ich mangels einer treffenderen Bezeichnung »Nichtmarktsektor« nennen möchte. Damit meine ich besonders das Versagen der Politik und die Erosion der moralischen Werte auf nationaler wie internationaler Ebene.

Die Mängel der Politik erscheinen mir weit umfassender und lähmender als die Mängel des Marktmechanismus. Der individuelle Entscheidungsprozeß, wie er im Marktmechanismus seinen Ausdruck findet, ist wesentlich effizienter als der kollektive Entscheidungsprozeß, wie er in der Politik zum Tragen kommt – ganz besonders in der internationalen Arena. Es war vor allem die Desillusionierung im Hinblick auf die Möglichkeiten der Politik, die dem Marktfundamentalismus Auftrieb gegeben hat, und der Aufstieg des

Marktfundamentalismus wiederum trug zum Versagen der Politik bei. Und ein entscheidender Fehler des kapitalistischen Weltsystems liegt darin, daß es bestimmten Marktmechanismen und Profitmotiven in Bereiche vorzudringen gestattete, in denen sie eigentlich nichts zu suchen haben.

Meine erste Argumentationslinie ist, wie gesagt, an die dem kapitalistischen Weltsystem immanente Instabilität geknüpft. Marktfundamentalisten haben eine grundfalsche Vorstellung davon, wie Finanzmärkte funktionieren, denn die Gleichgewichtstheorie in der Ökonomie entspringt einer völlig verfehlten Analogie zur Physik. Physikalische Objekte bewegen sich auf ihre jeweilige Art – unabhängig davon, was irgend jemand denkt. Finanzmärkte hingegen versuchen eine Zukunft vorauszuahnen, die wiederum von Entscheidungen abhängt, die Menschen in der Gegenwart fällen. Statt nur einfach die Realität passiv widerzuspiegeln, erschaffen Finanzmärkte aktiv die Wirklichkeit, die sie ihrerseits reflektieren. Zwischen heutigen Entscheidungen und künftigen Ereignissen besteht eine Wechselwirkung, die ich als Reflexivität bezeichne.

Dieser Rückkopplungsmechanismus ist bei sämtlichen Handlungen zu beobachten, an denen reflektierende Individuen beteiligt sind. Menschen reagieren auf die ökonomischen, gesellschaftlichen und politischen Kräfte in ihrer Umwelt, aber im Unterschied zu den leblosen Teilchen der physikalischen Wissenschaften besitzen sie Wahrnehmungen und Einstellungen, die gleichzeitig auch die auf sie einwirkenden Kräfte beeinflussen. Diese reflexive Interaktion zwischen dem, was die Teilnehmer erwarten, und dem, was tatsächlich passiert, ist von zentraler Bedeutung für das Verständnis aller ökonomischen, politischen und gesellschaftlichen Phänomene, und daher steht der Begriff der Reflexivität auch im Mittelpunkt dieses Buchs.

In den Naturwissenschaften gibt es keine Reflexivität, dort ist die Verbindung zwischen der Erklärung des Wissenschaftlers und den Phänomenen, die er untersucht, nur einseitig. Entspricht seine Erklärung den Tatsachen, ist sie richtig, wenn nicht, ist sie falsch. Auf diese Weise begründen Forscher Wissen. Doch Marktteilnehmer befinden sich nicht in der bequemen Lage, ihre Entscheidungen auf Wissen stützen zu können. Sie müssen fortlaufend Urteile über die Zukunft fällen; selbst die Vorurteile, die in diese Urteile eingehen, wirken sich auf das Ergebnis aus. Und die Ergebnisse stärken oder schwächen am Ende ihrerseits die Vorurteile der Teilnehmer.

Ich behaupte nun, daß der Begriff der Reflexivität für Finanzmärkte – wie für viele andere ökonomische und gesellschaftliche Phänomene – von größerer Bedeutung ist als der Begriff des Gleichgewichts, auf dem die konventionelle Wirtschaftswissenschaft aufbaut. Nicht Wissen, sondern Vorurteile liegen den Handlungen der Marktteilnehmer zugrunde. Die reflexive Rückkopplung wird das Vorurteil entweder korrigieren – in diesem Fall ergibt sich eine Tendenz zum Gleichgewicht – oder es verstärken, was dazu führen kann, daß die Märkte sich recht weit vom Gleichgewichtszustand entfernen, ohne eine Tendenz zur Rückkehr an ihren Ausgangspunkt zu zeigen. Obwohl Finanzmärkte durch Auf- und Abschwünge gekennzeichnet sind, verläßt sich die ökonomische Theorie weiterhin auf den Begriff des Gleichgewichts, der trotz aller gegenteiliger Erfahrungen die oben beschriebenen Phänomene leugnet. Doch die Tendenz zum Ungleichgewicht ist dem Finanzsystem inhärent und nicht einfach Ergebnis äußerer Erschütterungen. Exogene Erschütterungen dienen als Deus ex machina, mit dem sich das häufige Scheitern der Wirtschaftstheorie auf den Finanzmärkten wegerklären läßt. Eine solche Vorgehensweise erinnert mich an die hochkomplizierten Konstruktionen von Sphären innerhalb von Sphären und an göttliche Kräfte, mit denen die Astronomen vor Kopernikus die Position der Planeten zu begründen pflegten, statt zu akzeptieren, daß die Erde sich um die Sonne dreht.

Der Begriff Reflexivität genießt keine allgemeine Wertschätzung. Zumindest im herrschenden Denken stößt er auf Ablehnung, und es wird mehr als nur einiger Sätze bedürfen, um all seine Implikationen zu ergründen. Dieser Aufgabe ist im großen und ganzen die erste Hälfte meines Buches gewidmet. Im zweiten Teil nutze ich dann den begrifflichen Rahmen, um einige praktische Schlußfolgerungen vorzutragen – über Finanzmärkte, über die Weltwirtschaft und internationale Politik, gesellschaftlichen Zusammenhalt und die Instabilität des kapitalistischen Weltsystems.

Meine zweite Argumentationslinie ist komplexer und läßt sich nicht so einfach zusammenfassen. Ich glaube, daß die Mängel des Marktmechanismus zur Bedeutungslosigkeit verblassen, wenn man sie mit dem Versagen jenes Bereichs vergleicht, den ich als Nichtmarktsektor bezeichnet habe. Damit meine ich die kollektiven Interessen der Gesellschaft, die Werte, welche auf Märkten keinen Ausdruck finden. Manche Menschen bezweifeln sogar, daß solche kollektiven Interessen überhaupt existieren. Die Gesellschaft, sagen sie, bestehe aus Individuen, und deren Interessen kämen am besten in ihren Entscheidungen als Marktteilnehmer zur Geltung. Hegten sie zum Beispiel philanthropische Gefühle, könnten sie ihnen entsprechen, indem sie Geld verschenken; so lasse sich alles auf Geldwerte zurückführen.

Es bedarf kaum der Erklärung, daß diese Sicht falsch ist. Natürlich gibt es Dinge, die wir individuell entscheiden können, doch gibt es andere Fragen, die einer gemeinsamen Antwort bedürfen. Als Marktteilnehmer versuche ich, meinen Profit zu maximieren. Als Bürger bin ich an sozialen Werten interessiert, an Frieden, Gerechtigkeit, Freiheit oder was auch immer – all diesen Werten können Marktteilnehmer keinerlei Ausdruck verleihen. Nehmen wir einmal an, die für die Finanzmärkte geltenden Regeln sollten geändert werden. Ich kann sie nicht einseitig ändern. Wenn ich die neuen Regeln für mich selbst gelten lasse, ohne daß sie auch für andere gelten, würde sich das zwar auf mein eigenes Abschneiden auf dem Markt niederschlagen – auf die Marktgeschehnisse insgesamt hätte es jedoch keinerlei Auswirkung, denn diese sind ja gerade so eingerichtet, daß kein einzelner Teilnehmer das Ergebnis beeinflussen kann.

Wir müssen also unterscheiden zwischen dem Aufstellen und dem Befolgen von Regeln. Zum Aufstellen von Regeln gehört ein kollektiver Entscheidungsprozeß, der in den Bereich der Politik fällt. Zum Spielen nach solchen Regeln gehört hingegen der individuelle Entscheidungsprozeß oder das, was wir Marktverhalten nennen. Leider wird diese Unterscheidung nur selten vorgenommen. Bei Wahlen scheinen die Menschen ihre Stimme vor allem im Interesse ihrer Scheckbücher abzugeben, denn meist setzen sie sich für Gesetze ein, die ihnen selbst zugute kommen. Schlimmer noch: Auch die gewählten Vertreter stellen ihre ganz persönlichen Interessen häufig über das Gemeinwohl. Nicht selten ist es Politikern wichtiger, unter allen Umständen wiedergewählt zu werden, als für bestimmte Werte einzustehen – und nach der vorherrschenden Ideologie des Marktfundamentalismus oder uneingeschränkten Individualismus gilt das auch als ganz natürliche und rationale Verhaltensweise. Eine solche Einstellung zur Politik untergräbt das Postulat, auf dem das Prinzip der repräsentativen Demokratie gründet. Gewiß, zwischen den persönlichen und den öffentlichen Interessen von Politikern gab es immer schon eine gewisse Spannung, doch in jüngster Zeit wird sie durch die weitverbreitete Neigung verschärft, finanziellen Erfolg über wesentliche Grundwerte wie etwa Ehrlichkeit zu stellen. Daher haben sich der Aufstieg des Profitstrebens und der Niedergang des kollektiven Entscheidungsprozesses wechselseitig verstärkt. Die Erhebung des Eigeninteresses zum moralischen Prinzip hat die Politik korrumpiert, und das Versagen der Politik wiederum ist zum stärksten Argument geworden, den Märkten einen immer größeren Spielraum zu geben.

Zu den Bereichen, die nicht allein durch Marktkräfte reguliert werden dürfen, gehören viele der wichtigsten Dinge des Lebens, von moralischen Werten über Familienbeziehungen bis zu ästhetischen und intellektuellen Errungenschaften. Dennoch versucht der Marktfundamentalismus in Form eines ideologischen Imperialismus unablässig in diese Regionen vorzustoßen; ihm zufolge müßte man alles gesellschaftliche Tun und allen Verkehr zwischen den Menschen als tauschorientierte, vertragsbegründete Beziehungen betrachten und mit Hilfe eines einzigen gemeinsamen Maßes, des Geldes, bewerten. Jedes Tätigwerden sollte soweit wie möglich durch die unsichtbare Hand der profitmaximierenden Konkurrenz reguliert werden. Dieses Eindringen der Marktideologie in Bereiche, die jenseits von Wirtschaft und Ökonomie liegen, hat zweifellos zerstörerische und demoralisierende Folgen für die Gesellschaft. Doch ist der Marktfundamentalismus inzwischen so mächtig, daß alle politischen Kräfte, die sich ihm zu widersetzen wagen, kurzerhand als sentimental, unlogisch oder naiv gebrandmarkt werden.

In Wahrheit ist der Marktfundamentalismus selbst naiv und unlogisch. Auch wenn wir die größeren moralischen Fragen beiseite lassen und uns lediglich auf das ökonomische Feld konzentrieren, ist die Ideologie des Marktfundamentalismus in sich hoffnungslos widersprüchlich. Um es kurz und einfach zu sagen: Selbst wenn die Marktkräfte nur uneingeschränkte Geltung für den rein ökonomischen und finanziellen Bereich erhalten, produzieren sie Chaos und können letztlich sogar den Sturz des demokratischen kapitalistischen Weltsystems herbeiführen. Dies ist zugleich die wichtigste praktische Implikation meines Buches.

Weit verbreitet ist die Vorstellung, Demokratie und Kapitalismus gingen Hand in Hand. Tatsächlich ist ihre Beziehung viel komplizierter, braucht der Kapitalismus die Demokratie doch als Gegengewicht, weil das kapitalistische System in sich keinerlei Tendenz zum Gleichgewicht aufweist. Die Kapitaleigner streben nach Profitmaximierung. Ihren eigenen Neigungen überlassen, würden sie immer weiter Kapital akkumulieren, bis die Situation aus dem Gleichgewicht geriete. Es waren Karl Marx und Friedrich Engels, die vor 150 Jahren eine hervorragende Analyse des kapitalistischen Systems lieferten, in mancher Hinsicht zweifellos besser als die

Gleichgewichtstheorie der klassischen Ökonomie. Zugestanden, das von ihnen verschriebene Heilmittel – der Kommunismus – war schlimmer als die Krankheit. Doch der Hauptgrund dafür, daß sich ihre Voraussagen nicht bewahrheiteten, lag in der Ausgleichs- und Interventionspolitik demokratischer Länder.

Heute laufen wir erneut Gefahr, aus den Lektionen der Geschichte die falschen Lehren zu ziehen. Dieses Mal geht die Gefahr nicht vom Kommunismus aus, sondern vom Marktfundamentalismus. Der Kommunismus zerstörte den Marktmechanismus und unterwarf alles wirtschaftliche Handeln kollektiver Kontrolle. Der Marktfundamentalismus hingegen strebt nach Abschaffung des kollektiven Entscheidungsprozesses und will ein Primat der Marktwerte über alle politischen und sozialen Werte. Beide Extreme sind falsch. Was wir brauchen ist eine gesunde Balance zwischen Politik und Markt, zwischen dem Aufstellen von Regeln und dem Spielen nach Regeln.

Doch selbst wenn wir uns über diese Notwendigkeit einig wären, bleibt die Frage, wie wir ein solches Ziel erreichen können. Die Welt ist in eine Phase tiefen Ungleichgewichts eingetreten, in der ein einzelner Staat nicht imstande ist, der Macht der globalen Finanzmärkte etwas entgegenzusetzen, und für das Aufstellen von Regeln gibt es auf internationaler Ebene praktisch keinerlei Institutionen. Der Weltwirtschaft fehlen schlichtweg wirksame Mechanismen der kollektiven Entscheidungsfindung, eine Situation, die häufig als Triumph der Marktdisziplin gerühmt wird. Aber wenn die Finanzmärkte ihrem Wesen nach instabil sind, bedeutet das Durchsetzen der Marktdisziplin zugleich die Erzeugung von Instabilität – und wieviel Instabilität können Gesellschaften ertragen?

Gleichwohl ist die Lage nicht aussichtslos. Wir müssen, um es noch einmal zu sagen, unterscheiden lernen zwischen individuellen Entscheidungsprozessen, wie sie sich im Marktverhalten zeigen, und kollektiver Entscheidungsfindung, wie sie sich im Sozialverhalten ausdrückt, insbesondere in der Politik. In beiden Fällen werden wir zwar vom Eigeninteresse geleitet, aber im kollektiven Entscheidungsprozeß haben wir das Gemeinwohl über unser individuelles Eigeninteresse zu stellen, selbst wenn andere das nicht tun. Allein auf diese Weise kann sich das Gemeinwohl durchsetzen.

Das kapitalistische Weltsystem befindet sich heute noch immer nahe dem Höhepunkt seiner Macht. Sicherlich ist es durch die derzeitige Weltkrise gefährdet, aber seine ideologische Suprematie kennt keine Grenzen. Die Krise in Asien hat die autokratischen Regime, die individualistisches Profitstreben mit konfuzianischer Ethik verbanden, durch demokratischere, reformwilligere Regierungen ersetzt. Doch zugleich haben die Ereignisse die Unfähigkeit der internationalen Finanzinstitutionen offengelegt, Finanzkrisen zu verhindern oder zumindest zu bewältigen. Wie lange mag es noch dauern, bis ein solches Debakel auch reformwillige Regierungen hinwegfegen wird? Meine Befürchtung ist, daß die durch die Finanzkrise ausgelösten Entwicklungen letztlich das gesamte kapitalistische Weltsystem kippen – es wäre nicht das erste Mal.

Ich plädiere nicht für eine Überwindung des Kapitalismus. Trotz all seiner Mängel ist er besser als jede Alternative, und nicht zuletzt deshalb möchte ich verhindern, daß sich das kapitalistische Weltsystem selbst zerstört. Dafür aber benötigen wir mehr denn je das Konzept der offenen Gesellschaft.

Das kapitalistische Weltsystem ist, wie ich eingangs sagte, eine verzerrte Form der offenen Gesellschaft. Diese gründet sich auf die Erkenntnis, daß unser Verständnis der Welt unzulänglich ist und unsere Handlungen unbeabsichtigte Konsequenzen haben. Auch Institutionen tendieren zu Fehlern, was aber noch kein Grund ist, sie abzuschaffen. Statt dessen brauchen wir Institutionen, in die fehlerkorrigierende Mechanismen eingebaut sind, Mechanismen, die sowohl für den Markt als auch für die Demokratie Gültigkeit besäßen. Aber all das wird nicht funktionieren, solange wir uns unserer Fehlbarkeit nicht bewußt sind. Zunächst müssen wir bereit sein, unsere Fehler zu erkennen.

Zur Zeit besteht ein krasses Ungleichgewicht zwischen den individuellen Entscheidungsprozessen auf den Märkten und den kollektiven Entscheidungsprozessen in der Politik. Wir haben eine Weltwirtschaft, sind aber zugleich von einer Weltgesellschaft meilenweit entfernt. Wie läßt sich diese unhaltbare Situation verändern? Um die globale Wirtschaft zu stabilisieren und zu regulieren, benötigen wir ein globales System der politischen Entscheidungsfindung. Kurz: wir brauchen eine Weltgesellschaft, die die Weltwirtschaft trägt. Mit Weltgesellschaft meine ich keinen Weltstaat: Die Abschaffung der Nationalstaaten ist weder durchführbar noch wünschenswert; aber wenn kollektive Interessen Ländergrenzen überschreiten, muß die Souveränität von Einzelstaaten dem internationalen Recht und internationalen Institutionen nachgeordnet werden. Interessanterweise dürfte die schärfste Opposition gegen diese Forderung aus den Vereinigten Staaten kommen, die als einzige verbliebene Supermacht sich keiner internationalen Autorität unterwerfen wollen. Amerika steht vor einer Identitätskrise: Will es die alleinige Supermacht sein oder der Führer der freien Welt? Beide Rollen konnten so lange ineinander übergehen, wie die freie Welt einem »Reich des Bösen« gegenüberstand, aber heute sind die Karten neu gemischt. Leider haben wir noch nicht einmal begonnen, uns damit auseinanderzusetzen. In den Vereinigten Staaten herrscht die weitverbreitete Neigung, sich aus dem internationalen Geschehen zurückzuziehen, doch das würde der Welt die Führung nehmen, auf die sie so dringend angewiesen ist. Isolationismus jeglicher Spielart ließe sich nur dann legitimieren, wenn die Marktfundamentalisten recht hätten und die Weltwirtschaft sich auch ohne eine Weltgesellschaft erhalten könnte.

Die Alternative lautet, daß die Vereinigten Staaten ein Bündnis mit gleichgesinnten Nationen eingehen, um die für die Bewahrung von Frieden, Freiheit, Wohlstand und Stabilität notwendigen Institutionen zu schaffen. Wie diese aussehen sollen, kann nicht ein für allemal entschieden werden. Nötig ist vielmehr ein kooperativer, schrittweiser Prozeß, in dessen Verlauf das Ideal der offenen Gesellschaft definiert wird – ein Prozeß, in dem wir freimütig die Unzulänglichkeiten des kapitalistischen Weltsystems einräumen und versuchen, aus unseren Fehlern zu lernen. Das ist ohne die Vereinigten Staaten nicht möglich. Außerdem gab es bislang keinen Zeitpunkt, zu dem eine starke Führung durch die USA und andere Länder so nachhaltige und günstige Ergebnisse hätte erzielen können wie heute. Mit dem richtigen Führungs- und Zielbewußtsein könnten Amerika und seine Verbündeten eine offene Weltgesellschaft schaffen, die einen wesentlichen Beitrag zur Stabilisierung des Weltwirtschaftssystems und zur Bewahrung universaler menschlicher Werte leisten würde. Es ist an uns, die Gelegenheit beim Schopf zu packen.

ERSTER TEIL **DER BEGRIFFLICHE RAHMEN**

1. Fehlbarkeit und Reflexivität

So seltsam das bei einem Menschen anmuten mag, der seinen Ruf wie sein Vermögen in der höchst praktischen Welt der Wirtschaft errungen hat: Mein finanzieller Erfolg und meine politischen Ansichten beruhen weitgehend auf einer Reihe abstrakter philosophischer Ideen. Wer diese nicht versteht, wird auch den von mir vorgetragenen Argumenten nicht viel Sinn abgewinnen können, ganz gleich, ob es sich um Finanzmärkte handelt, um Geopolitik oder um ökonomische Fragen. Deshalb ist die recht theoretische Diskussion in den beiden folgenden Kapiteln unabdingbar. Dabei möchte ich vor allem drei Schlüsselbegriffe erläutern, auf die all meine Gedanken ebenso wie die meisten meiner Handlungen gegründet sind, seien sie wirtschaftlicher oder philanthropischer Natur: Fehlbarkeit, Reflexivität und offene Gesellschaft. Derart abstrakte Begriffe scheinen auf den ersten Blick ziemlich weit entfernt vom Alltag der Politik und der Finanzwelt. Im folgenden werde ich mich darum bemühen, den Leser vom Gegenteil zu überzeugen.

Denken und Realität

Beginnen möchte ich mit einer alten philosophischen Frage, die die Wurzel vieler Probleme berührt: Wie verhalten sich Denken und Realität zueinander? Dies mag als eine etwas umständliche Art erscheinen, sich der Alltagswelt zu nähern, es läßt sich hier aber nicht vermeiden. Nun bedeutet Fehlbarkeit, daß unser Verständnis von der Welt, in der wir leben, unzulänglich ist, und Reflexivität bedeutet, daß sich unser Denken aktiv auf die Ereignisse auswirkt, an denen wir beteiligt sind und über die wir nachsinnen. Weil die Realität und unser Verständnis derselben immer voneinander abweichen, bildet die Lücke zwischen beiden – in meiner Terminologie das Vorurteil des Beteiligten – einen wichtigen Faktor für die Ausformung des Geschichtsverlaufs. Das Konzept der offenen Gesellschaft aber bezieht sich in besonderem Maße auf die Erkenntnis unserer Fehlbarkeit: Niemand ist im Besitz der absoluten Wahrheit. Das mag für manche Leser selbstverständlich sein, doch es handelt sich um eine Tatsache, die von politischen und ökonomischen Entscheidungsträgern und selbst von Wissenschaftlern oft nur widerwillig akzeptiert wird. Und ebendiese Weigerung, die Kluft zwischen Denken und Realität anzuerkennen, hatte weitreichende und, historisch betrachtet, ungemein gefährliche Konsequenzen.

Seit sich die Menschen ihrer selbst als reflektierende Individuen bewußt wurden, stand das Verhältnis von Denken und Realität in der einen oder anderen Form immer im Mittelpunkt philosophischer Überlegungen. Die ungemein fruchtbare Diskussion, die sich daraus ergab, erlaubte nicht nur die Formulierung fundamentaler Begriffe wie Wahrheit oder Wissen, sie lieferte auch die Grundlagen der wissenschaftlichen Methode, und so kann man gewiß ohne Übertreibung sagen, daß die Unterscheidung von Denken und Realität für jedes rationale Verfahren notwendig ist. Dennoch gerät man in Schwierigkeiten, wenn man Denken und Realität beziehungsweise Aussagen und Tatsachen voneinander trennen will, und so wünschenswert das Auseinanderhalten beider Kategorien sein mag, ist es doch nicht immer möglich. Sooft nämlich reflektierende Individuen an den Zusammenhängen beteiligt sind, über die sie nachdenken, sind ihre Gedanken zweifellos selbst Teil dieser Realität. Folglich wäre es zwar töricht, nicht zwischen Denken und Realität zu unterscheiden und unsere Weltsicht mit der Welt selbst gleichzusetzen; nicht minder falsch aber wäre es, Denken und Realität zu behandeln, als seien beide voneinander völlig unabhängig. Denn Denken besitzt eine doppelte Funktion: Es spiegelt nicht nur passiv die Realität wider, die die Menschen zu verstehen suchen, es prägt und formt auch aktiv die Ereignisse, an denen sie beteiligt sind.

Natürlich gibt es Dinge, die unabhängig von unserem Denken geschehen. Solche Phänomene, etwa die Bewegung der Planeten, bilden den Gegenstand der Naturwissenschaften. Hier spielt das Denken eine rein passive Rolle. Wissenschaftliche Aussagen können den Tatsachen der physikalischen Welt entsprechen oder nicht entsprechen, doch in jedem Fall sind die Tatsachen unabhängig von den Aussagen, die sich auf sie beziehen.[1] In sozialen Situationen hingegen, an denen reflektierende Individuen beteiligt sind, stellt sich das Verhältnis von Denken und Realität wesentlich komplizierter dar. Hier ist unser Denken Teil der Wirklichkeit, es leitet uns in unseren Handlungen, und diese wiederum wirken sich auf die Geschehnisse aus. Die jeweilige Situation ist abhängig von dem, was wir und andere denken und tun. Deshalb bilden Ereignisse, an denen wir beteiligt sind, eben kein unabhängiges Kriterium, an dem sich messen ließe, ob unsere Gedanken wahr sind oder falsch. Nach den Regeln der Logik sind Aussagen wahr, wenn – und nur wenn – sie mit den Tatsachen übereinstimmen. Aber in sozialen Situationen sind die Tatsachen nicht unabhängig vom Denken der Beteiligten, sondern spiegeln die Konsequenzen ihrer Entscheidungen, was zugleich der Grund dafür ist, daß sie sich nicht als unabhängiges Kriterium für die Bestimmung der Wahrheit von Aussagen eignen. Unser Verständnis von der Welt ist mithin seinem Wesen nach unvollkommen. Dies ist nicht das abstruse Hirngespinst eines Philosophen im Stil von Berkeleys Frage, ob die Kuh vor seinen Augen aufhöre zu existieren, sobald er ihr den Rücken zuwende. Der Sachverhalt ist viel konkreter: Jedesmal, wenn es darum geht, Entscheidungen zu treffen, tut sich eine Kluft zwischen Denken und Realität auf, weil die angestrebten Resultate irgendwo in der Zukunft liegen und von den Handlungen der Beteiligten abhängen.

Die mangelnde Übereinstimmung von Aussagen und Tatsachen ist ein wichtiger Faktor in dem Prozeß, in dem die Welt so wurde, wie sie ist – mit weitreichenden Implikationen sowohl für unser Denken als auch für die Situationen, an denen wir beteiligt sind, Implikationen, die in der herrschenden Wirtschaftstheorie bewußt ignoriert werden. Dabei kommt es mir nur darauf an, daß Individuen in der sozialen Sphäre ihre Entscheidungen nicht auf Wissen gründen können – einfach weil ein solches Wissen zu dem Zeitpunkt, zu dem die Entscheidung getroffen wird, noch gar nicht existiert. Gewiß: Es mangelt uns nicht an Kenntnissen; das gesamte Feld der Forschung steht zu unserer Verfügung – einschließlich der Sozialwissenschaften, welchen Wert sie auch immer besitzen mögen –, außerdem die über Jahrtausende akkumulierte praktische Erfahrung. Doch all diese Kenntnisse reichen nicht aus, um in einer konkreten Situation angemessene Entscheidungen zu fällen, wie ein Beispiel aus der Finanzwelt verdeutlichen mag: Wenn Menschen auf der Grundlage wissenschaftlich gesicherten Wissens handeln könnten, dann würden verschiedene Investoren nicht in ein und demselben Augenblick die gleichen Aktien kaufen und verkaufen. Aber die an solchen Vorgängen Beteiligten können das Ergebnis ihrer Entscheidung nun einmal nicht so sicher voraussagen wie Wissenschaftler die Bewegungen von Himmelskörpern: Das Resultat ihres Tuns weicht in der Regel von ihren Erwartungen ab, ein Element der Unbestimmtheit, wie es allen sozialen Situationen eigen ist.

Die Theorie der Reflexivität

Dem Verhältnis zwischen dem Denken der Menschen und den Situationen, an denen sie beteiligt sind, nähert man sich wohl am besten, indem man zunächst das Verhältnis von Naturwissenschaftlern zu den von ihnen erforschten Phänomenen betrachtet. Im Falle des Wissenschaftlers gibt es nur eine einseitige Verbindung zwischen Aussagen und Tatsachen: Die Phänomene der natürlichen Welt sind unabhängig von den Aussagen, die Forscher über sie machen, so daß die Fakten als Kriterium dienen können, an dem die Wahrheit oder Gültigkeit von Aussagen gemessen werden kann. Wenn eine Aussage mit den Tatsachen übereinstimmt, ist sie wahr; wenn nicht, ist sie falsch. Anders ist es im Falle denkender Teilnehmer, wo es eine wechselseitige, gewissermaßen rückgekoppelte Verbindung gibt. Einerseits nämlich wollen die Individuen die Situation verstehen, an der sie beteiligt sind, und versuchen sich ein Bild zu machen, das der Wirklichkeit entspricht. Das nenne ich die passive oder kognitive Funktion. Andererseits möchten sie eine bestimmte Wirkung erzielen und die Realität ihren Wünschen gemäß prägen. Dies nenne ich die aktive oder partizipative Funktion. Sind beide Funktionen gleichzeitig am Werk, dann bezeichne ich die Situation als reflexiv. Ich benutze das Wort wie die Franzosen und die Deutschen, wenn sie ein Verbum als reflexiv bestimmen, also wenn es sein Subjekt zugleich als Objekt hat: Je me lave (ich wasche mich).

Nun können Menschen mittels der partizipativen Funktion eine Situation beeinflussen, die der kognitiven Funktion als unabhängige Variable erscheint. Entsprechend verfügen sie nie über objektives Wissen. Und eben weil ihre Handlungen sich nicht auf objektives Wissen gründen, weicht das Ergebnis ihrer Anstrengungen aller Wahrscheinlichkeit nach von ihren Erwartungen ab. Dann bewegen wir uns in Bereichen, in denen die passiven und aktiven Funktionen unseres Intellekts sich überschneiden und unser Verständnis der Situation unzulänglich und das Ergebnis ungewiß wird.

Beschäftigen wir uns mit Abläufen der äußeren Welt, kann das Vergehen von Zeit zu einer gewissen Trennung von Denken und Realität führen. Unsere gegenwärtigen Gedanken können künftige Ereignisse beeinflussen, nicht aber umgekehrt künftige Ereignisse das gegenwärtige Denken; in der Zukunft allerdings werden diese Ereignisse zu Erfahrungen, die das Denken der Beteiligten ändern mögen. Doch eine solche Trennung ist – der Rolle wegen, die unsere Erwartungen dabei spielen – niemals narrensicher. Denn was wir von zukünftigen Ereignissen erwarten, greift weit voraus; die Dinge unterliegen aber noch anderen Einflüssen, die das Ergebnis verändern können. Und eben das geschieht ständig auf den Finanzmärkten. Das Wesen einer Investition liegt darin, die Zukunft zu antizipieren oder zu »diskontieren«. Aber der Preis, den Investoren für eine Aktie heute zu zahlen bereit sind, kann das Geschick einer Firma schon auf vielfältige Weise beeinflussen. Kurz, veränderte Erwartungen wirken sich auf die von ihnen »diskontierte« Zukunft aus. Das ist die Reflexivität der Finanzmärkte, und sie ist so bedeutsam, daß ich sie später noch ausführlicher behandeln werde.

Natürlich beschränkt sich Reflexivität nicht auf die Finanzwelt; sie findet sich in jedem historischen Prozeß. Tatsächlich wird ein Prozeß erst durch Reflexivität zu einem historischen. Nicht alle gesellschaftlichen Handlungen erweisen sich als reflexiv, und wir können unterscheiden zwischen langweilig-alltäglichen und historischen Ereignissen. Bei Alltagshandlungen ist nur eine von den beiden Funktionen – die kognitive oder die partizipative – aktiv. Läßt man sich zum Beispiel für die Stimmabgabe bei einer örtlichen Wahl registrieren, ändert man damit nicht seine Ansichten über das Wesen der Demokratie; liest man in der Zeitung von einem Wahlbetrug in Nigeria, beeinflußt dies nicht die tatsächlichen Ereignisse in jenem Teil der Welt, es sei denn, man ist zufällig Angestellter einer Ölfirma oder Menschenrechtsaktivist. Es kommt jedoch auch vor, daß die kognitiven und partizipativen Funktionen gleichzeitig operieren, und in diesem Fall bleiben weder die Ansichten der Beteiligten unverändert noch die jeweilige Situation, auf die sie sich beziehen. Genau darum kann man einen solchen Vorgang als historischen bezeichnen.

Ein wahrhaft historisches Ereignis verändert nicht einfach die Welt, sondern unser Verständnis der Welt, und dieses neue Verständnis wiederum hat neue und unvorhersehbare Auswirkungen auf unser Leben. Die Französische Revolution war ein solches Ereignis. Die Unterscheidung zwischen Alltag und historischen Ereignissen hat etwas Tautologisches, aber Tautologien können erhellend sein. Parteitage in der Sowjetunion waren äußerst langweilige, vorhersagbare Angelegenheiten, aber Chruschtschows Rede vor dem XX. Parteitag war historisch. Sie veränderte die allgemeine Wahrnehmung, und wenn sich das kommunistische Regime auch nicht unmittelbar wandelte, hatte die Rede doch weitreichende Konsequenzen: Menschen, die Gorbatschows Glasnost am vehementesten unterstützten, sind in ihrer Jugend nicht selten durch Chruschtschows offene Worte geprägt worden.

Natürlich denkt man nicht nur über die äußere Welt nach, sondern auch über sich selbst und über andere. Hier können sich die kognitiven und partizipativen Funktionen ohne jeden zeitlichen Verzug wechselseitig prägen. Sätze wie »Ich liebe dich« oder »Sie sind mein Feind« wirken sich zweifellos in irgendeiner Form auf die Person aus, die damit gemeint ist. Oder nehmen wir die Ehe: Das Denken und Fühlen der beiden Menschen, die hier beteiligt sind, richtet sich nicht auf eine getrennte Wirklichkeit. Die Gedanken und Empfindungen des einen Partners beeinflussen das Verhalten des anderen und umgekehrt.

Wenn das Vergehen von Zeit die kognitiven und partizipativen Funktionen auseinandertreten läßt, so kann man die Reflexivität als eine Art Kurzschluß zwischen dem Denken und seinem Gegenstand begreifen. In diesem Fall wird das Denken der an der Situation Beteiligten direkt beeinflußt, die äußere Welt aber nur indirekt. Gewöhnlich wirkt sich die Reflexivität auf das Selbstverständnis der Beteiligten, auf ihre Werte und ihre Erwartungen in weit größerem Maße aus als auf den Verlauf der Ereignisse. Nur gelegentlich verändert eine reflexive Interaktion nicht bloß die Ansichten der Beteiligten, sondern auch die äußere Situation. Solche Fälle haben eine besondere Bedeutung, weil sie zeigen, daß Reflexivität ein unbestreitbares Phänomen dieser Welt ist. Im Gegensatz dazu ist der Wandel von Selbstbildern und persönlichen Werten nur schwer zu fassen.

Unbestimmtheit

Ich komme zum nächsten Schritt unserer Untersuchung, zu der Frage, wie sich Reflexivität auf Wirtschaft und Gesellschaft auswirkt. Die Unbestimmtheit, von der ich vorhin schon einmal gesprochen habe, wird nicht durch Reflexivität an sich hervorgerufen; vielmehr muß sie begleitet sein vom unzulänglichen Verständnis der Beteiligten. Besäßen die Menschen aufgrund irgendeines Zufalls vollkommenes Wissen, könnten wir die Interaktion zwischen ihrem Denken und der äußeren Welt ohne weiteres ignorieren: Da sich der wahre Zustand der Welt in ihren Kenntnissen exakt widerspiegelte, würde das Ergebnis ihrer Handlungen mit den zugrundeliegenden Erwartungen vollständig übereinstimmen. Es gäbe keine Unbestimmtheit, insofern diese sich ja aus der Rückkopplung zwischen ungenauen, vorurteilsbeladenen Erwartungen und unbeabsichtigten Folgen ergibt.

Daß Situationen, an denen reflektierende Individuen beteiligt sind, ein Element der Unbestimmtheit enthalten, läßt sich durch Alltagsbeobachtungen vielfältig illustrieren. Dennoch wird diese Schlußfolgerung in den Wirtschafts- und Sozialwissenschaften keinesfalls allgemein akzeptiert. Im Gegenteil: Sozialwissenschaftler, die sich auf die wissenschaftliche Methode beriefen, um ihre Fähigkeit, Ereignisse zu erklären, zu bekräftigen, haben den Gedanken der Unbestimmtheit sogar vehement geleugnet. Marx und Freud sind dafür herausragende Beispiele, aber auch die geistigen Väter der klassischen Ökonomie haben sich alle Mühe gegeben, die Reflexivität – trotz ihrer Bedeutung für die Finanzmärkte – zu ignorieren. Der Grund dafür liegt auf der Hand: Unbestimmtheit, der Mangel an klaren Prognosen und befriedigenden Erklärungen, kann den Status einer Wissenschaftsdisziplin im Kern bedrohen.

Das Konzept der Reflexivität ist so grundlegend, daß kaum vorstellbar ist, ich hätte es als erster entdeckt. Und das habe ich auch nicht. Reflexivität ist lediglich ein neues Etikett für die Interaktion von Denken und Realität, die unsere Alltagspraxis zutiefst prägt. Schauen wir über den Bereich der Sozialwissenschaften hinaus, bemerken wir ein weitverbreitetes Bewußtsein von Reflexivität. Die Voraussagen des Delphischen Orakels waren reflexiv, ebenso das griechische Drama. Selbst in den Sozialwissenschaften wird sie gelegentlich anerkannt: Macchiavelli führte ein Element der Unbestimmtheit in seine Analyse ein und nannte es Fortuna; Thomas Merton lenkte die Aufmerksamkeit auf sich selbst erfüllende Vorhersagen und den Mitläufereffekt; Alfred Schütz führte unter dem Namen der Intersubjektivität ein der Reflexivität verwandtes Konzept in die Soziologie ein.

Ich möchte keinesfalls den Eindruck erwecken, als spräche ich über eine geheimnisvolle und völlig neue Einsicht. Wenn es einige Aspekte menschlichen Lebens gibt, für die wir keine zureichende Erklärung haben, liegt das nicht daran, daß Reflexivität soeben erst entdeckt worden wäre, sondern bloß daran, daß die Sozialwissenschaften im allgemeinen und die Wirtschaftswissenschaften im besonderen sich alle Mühe gaben, dieses Phänomen zu leugnen.

Reflexivität in der Ideengeschichte

Im folgenden möchte ich versuchen, der Reflexivität ihren Ort in der Ideengeschichte zuzuweisen. Daß Aussagen den Gegenstand, auf den sie sich beziehen, beeinflussen können, hat zuerst Epimenides entdeckt, als er das Paradoxon vom Lügner aufstellte. Alle Kreter sind Lügner, sagte er, der selbst Kreter war, und zog damit die Wahrheit seiner eigenen Aussage in Zweifel. War die Bedeutung dessen, was er sagte, richtig, mußte die Aussage falsch sein;

war umgekehrt seine Aussage richtig, dann mußte die darin übermittelte Bedeutung falsch sein.

Das Paradoxon vom Lügner, gemeinhin als intellektuelle Kuriosität gewertet, blieb fast immer unbeachtet, weil es der ansonsten offenkundig erfolgreichen Suche nach der Wahrheit widersprach. Wahrheit wurde als Korrespondenz von Aussagen und Tatsachen definiert: als Übereinstimmungstheorie, wie sie bis zu Beginn des 20. Jahrhunderts vorherrschend war. Die Untersuchung der äußeren Welt hatte eindrucksvolle Resultate erbracht, und die Erfolge der Wissenschaften stießen auf allgemeine Bewunderung.

Dadurch ermutigt, setzte sich Bertrand Russell direkt mit dem Paradoxon vom Lügner auseinander. Seine Lösung bestand darin, zwei Klassen von Aussagen zu unterscheiden: eine Klasse, zu der auch selbstbezügliche Aussagen gehören, und eine andere, die derartige Aussagen ausschließt. Nur die letzteren können, so Russell, als begründete Aussagen mit einem bestimmten Wahrheitswert gelten, während sich im Falle selbstbezüglicher Aussagen oft nicht sagen läßt, ob sie wahr oder falsch sind. Die Vertreter des Logischen Positivismus führten Bertrand Russells Argumentation weiter und erklärten alle Aussagen, deren Wahrheitswert nicht bestimmt werden kann, für sinnlos. Wir erinnern uns: Dies war die Zeit, in der die Naturwissenschaften fortlaufend Erklärungen für einen gewaltigen Bereich von Phänomenen lieferten, während die Philosophie sich immer weiter von der Wirklichkeit entfernte. Der Logische Positivismus war ein Dogma, welches das naturwissenschaftliche Wissen zur einzigen Form des Wissens erhob und daher die Metaphysik ächtete. »Meine Sätze erläutern dadurch«, sagte Ludwig Wittgenstein im Schlußabsatz seines ›Tractatus logico-philosophicus‹, »daß sie der, welcher mich versteht, am Ende als unsinnig erkennt, wenn er durch sie – auf ihnen – über sie hinaus gestiegen ist.« Das Aus für alle metaphysische Spekulation schien gekommen und damit der totale Sieg des auf Tatsachen beruhenden Wissens, das die Naturwissenschaften charakterisierte.

Bald darauf erkannte Wittgenstein, daß sein Urteil zu streng ausgefallen war, und er begann, den Alltagsgebrauch der Sprache zu untersuchen. Selbst die Naturwissenschaften wurden weniger deterministisch. Sie stießen an Grenzen, jenseits derer Beobachtungen nicht mehr von ihrem Gegenstand zu trennen waren. Nur wenige vermochten diese Schranke zu durchbrechen, zuerst mit Hilfe von Einsteins Relativitätstheorie, dann mittels Heisenbergs Unschärferelation. Und in jüngster Zeit haben Forscher unter Verwendung einer Theorie der Evolution komplexer Systeme, die auch als Chaostheorie bekannt wurde, damit begonnen, Phänomene zu untersuchen, deren Verlauf sich nicht anhand zeitlos gültiger Gesetze bestimmen läßt. Ereignisse nehmen einen nicht genau vorhersagbaren Verlauf, auf den selbst kleine Variationen großen Einfluß haben. Die Chaostheorie konnte viele Phänomene erhellen, zum Beispiel das Wetter, die sich zuvor der wissenschaftlichen Durchleuchtung entzogen hatten, und sie hat die Idee eines unbestimmten Universums, in dem Ereignisse einen einzigartigen, nicht genau vorhersehbaren Verlauf nehmen, akzeptabler gemacht.

Anfang der sechziger Jahre habe ich zum ersten Mal den Begriff der Reflexivität auf das Verständnis von Finanzen, Politik und Ökonomie angewandt, noch vor Herausbildung der Theorie komplexer Systeme. Dazu war ich von Karl Poppers Schriften über Selbstbezüglichkeit angeregt worden, denn Reflexivität und Selbstbezüglichkeit sind begrifflich eng verwandt, auch wenn sie nicht verwechselt werden sollten. Selbstbezüglichkeit ist eine Eigenschaft von Aussagen; sie fällt vollständig in den Bereich des Denkens. Reflexivität hingegen verbindet Denken und Realität; sie gehört beiden Bereichen an. Vielleicht ist das der Grund, warum sie so lange ignoriert wurde.

Beiden Begriffen gemeinsam ist das Element der Unbestimmtheit. Der Logische Positivismus ächtete selbstbezügliche Aussagen als bedeutungslos – und in diesem Punkt stelle ich ihn nun durch die Einführung des Begriffs der Reflexivität auf den Kopf, indem ich

Aussagen, deren Wahrheitswert unbestimmt ist, gerade nicht für bedeutungslos erkläre, sondern sogar für bedeutungsvoller als Aussagen mit bekanntem Wahrheitswert. Letztere konstituieren Wissen: Sie helfen uns die Welt so zu verstehen, wie sie ist. Doch erstere, die Ausdruck unserer Unvollkommenheit sind, helfen uns die Welt, in der wir leben, zu formen.

Damals, als ich zu dieser Schlußfolgerung gelangte, betrachtete ich sie als große Einsicht. Heute, da die Naturwissenschaften nicht länger auf einer deterministischen Interpretation aller Phänomene beharren und der Logische Positivismus an Bedeutung verloren hat, habe ich das Gefühl, in gewisser Beziehung offene Türen einzurennen. Tatsächlich ist die intellektuelle Mode zum entgegengesetzten Extrem übergeschwenkt: Gegenwärtig ist die Dekonstruktion der Wirklichkeit und ihre Auflösung in subjektive Ansichten wie persönliche Vorurteile der letzte Schrei. Es wird sogar die Grundlage angezweifelt, auf der sich unterschiedliche Aussagen beurteilen lassen, nämlich die Wahrheit. Ich betrachte dieses andere Extrem als gleichermaßen irreführend. Die Reflexivität sollte uns zu einer Neueinschätzung unseres Wahrheitsbegriffs führen, nicht zu seiner totalen Ablehnung.

Ein reflexiver Wahrheitsbegriff

Der Logische Positivismus sortierte Aussagen nach wahr, falsch und sinnlos. Nach Ausgrenzung sinnloser Aussagen blieben ihm mithin zwei Kategorien: wahr und falsch. Das Schema eignet sich hervorragend für ein Universum, das von den auf sich bezogenen Aussagen getrennt und unabhängig ist, bleibt aber völlig unzureichend für das Verständnis einer Welt denkender Teilnehmer. Hier müssen wir eine zusätzliche Kategorie ins Auge fassen: nämlich reflexive Aussagen, deren Wahrheitswert von ihrer Wirkung abhängt. In bestimmter Hinsicht war die Position des Logischen Positivismus schon immer angreifbar. Man mußte nur Aussagen machen, deren Wahrheitswert bestritten werden kann, zum Beispiel: »Der gegenwärtige König von Frankreich ist kahl.« Solche Aussagen sind entweder unsinnig oder konstruiert; in jedem Fall können wir ohne sie auskommen. Im Gegensatz dazu sind reflexive Aussagen unverzichtbar. Ohne sie könnten wir nicht leben. Denn nie werden wir umhinkommen, Entscheidungen zu treffen, die sich auch auf uns selbst, auf unsere Entwicklung auswirken; ebenso wie wir umgekehrt keine Entscheidungen fällen können, ohne uns auf Ideen und Theorien zu verlassen, die zugleich den Gegenstand, auf den sie sich beziehen, beeinflussen. Solche Aussagen zu ignorieren oder sie in die Kategorien »wahr« oder »falsch« zu zwingen, lenkt in eine irreführende Richtung und stellt die Interpretation menschlicher Beziehungen und Geschichte in einen falschen Rahmen.

Alle Wertaussagen sind ihrem Wesen nach reflexiv: »Selig sind die Armen, denn ihrer ist das Himmelreich« – glaubt man daran, dann sind die Armen vielleicht wirklich selig, wenn auch zugleich weniger motiviert, sich aus ihrem Elend zu befreien. Und umgekehrt: Sagt man, die Armen seien an ihrem Elend selbst schuld, dann werden sie mit geringerer Wahrscheinlichkeit ein seliges Leben führen. Die meisten Verallgemeinerungen hinsichtlich Geschichte und Gesellschaft sind reflexiv. Man denke an Sätze wie »Die Proletarier der Welt haben nichts zu verlieren als ihre Ketten« oder »Dem Gemeinwohl wird am besten gedient, wenn man den Menschen erlaubt, ihr Eigeninteresse zu verfolgen«. Man mag zu Recht behaupten, daß solche Aussagen keinerlei Wahrheitswert besitzen, doch es wäre falsch – und historisch erwiesenermaßen ausgesprochen gefährlich –, sie als sinnlos anzusehen. Noch einmal: Sie beeinflussen die Situation, auf die sie sich beziehen, mitunter in höchstem Grade.

Trotzdem sage ich nicht, eine dritte Kategorie von Wahrheit sei für den Umgang mit reflexiven Phänomenen unverzichtbar. Der entscheidende Punkt ist vielmehr, daß in reflexiven Situationen die Tatsachen nicht unbedingt ein unabhängiges Wahrheitskriterium liefern. Wir haben uns angewöhnt, Übereinstimmung als das wesentliche Merkmal von Wahrheit anzusehen, doch Übereinstimmung kann auf zweierlei Weise herbeigeführt werden: entweder durch das Aussprechen wahrer Aussagen oder durch Einwirkung auf die Tatsachen. Übereinstimmung ist folglich kein Garant von Wahrheit – eine Mahnung zur Vorsicht, die auch für die meisten politischen Erklärungen und ökonomischen Voraussagen gilt.

Ich brauche kaum zu betonen, daß diese Behauptung von ungeheurer Bedeutung ist. Nichts ist für unser Denken grundlegender als unser Wahrheitsbegriff, und wir sind nun einmal daran gewöhnt, Situationen mit denkenden Subjekten genauso zu betrachten wie Naturphänomene. Doch wenn es eine dritte Kategorie der Wahrheit gibt, müssen wir sehr genau prüfen, anhand welcher Kriterien wir über menschlich-soziale Beziehungen nachdenken.

Dazu ein Beispiel aus der internationalen Finanzwelt: Der IWF ist unter zunehmenden Druck geraten, transparenter zu arbeiten und seine Einschätzung hinsichtlich des Entwicklungsstands einzelner Länder offenzulegen. Diese Forderung ignoriert den reflexiven Charakter der ganzen Angelegenheit. Würde der IWF nämlich tatsächlich seine Ansichten über bestimmte Länder öffentlich kundtun, hätte das zweifellos Auswirkungen auf ebendiese Länder – ob positive oder negative, das sei dahingestellt. Jedenfalls könnten die Vertreter des IWF ihre wahre Meinung nicht mehr zum Ausdruck bringen, und die interne Diskussion würde erstickt. Wenn die Wahrheit reflexiv ist, erfordert die Suche nach ihr nicht selten Isolation.

Eine interaktive Sicht der Realität

Wir mögen zwischen Aussagen und Tatsachen, zwischen Denken und Realität unterscheiden, aber wir dürfen dabei nie vergessen, daß wir selbst diese Unterscheidung eingeführt haben, um der Welt einen Sinn zu verleihen: Unser Denken gehört ebenjenem Universum an, über das wir nachdenken. Die Aufgabe, der Wirklichkeit einen Sinn zu geben, wird dadurch weitaus komplizierter, als wenn Denken und Realität – wie in den Naturwissenschaften – sauber getrennt werden könnten. Statt unsere Kategorien zu isolieren, müssen wir das Denken als einen festen Bestandteil der Wirklichkeit begreifen. Das führt zu zahllosen Schwierigkeiten, von denen ich hier nur eine behandeln möchte.

Es ist unmöglich, die Welt, in der wir leben, unverzerrt zu zeichnen. Wenn wir uns ein Bild von ihr machen, haben wir ganz buchstäblich einen blinden Fleck: dort, wo unser Sehnerv mit dem Nervensystem verknüpft ist. Das in unserem Hirn erzeugte Bild entspricht der äußeren Welt dennoch auf bemerkenswerte Weise, ja, wir können sogar den blinden Fleck füllen, indem wir das Fehlende aus dem Rest des Bildes extrapolieren, und doch können wir nicht tatsächlich sehen, was sich auf dem blinden Fleck befindet – so ließe sich unser Problem metaphorisch fassen. Vielleicht allerdings ist der Umstand, daß ich mich einer Metapher bedienen muß, um meine Anschauung zu erklären, noch aussagekräftiger.

Unsere Welt ist überaus kompliziert. Wollen wir uns ein Bild von ihr machen, das als Entscheidungsgrundlage dienen kann, dann müssen wir vereinfachen. Die Verwendung von Verallgemeinerungen, Metaphern, Analogien, Vergleichen, Dichotomien und anderen geistigen Konstrukten dient diesem Zweck: Ja, ein verwirrendes Universum soll in eine gewisse Ordnung gebracht werden. Aber jedes Konstrukt verzerrt in gewissem Maße das, was es darstellt, und jede Verzerrung liefert ihrerseits einen Beitrag zu der Welt, die wir verstehen müssen: Je mehr wir denken, desto mehr müssen wir nachdenken.[2] Der Grund dafür ist, daß Realität niemals einfach gegeben ist. Sie bildet sich vielmehr in dem gleichen Prozeß wie das Denken der Beteiligten. Und je komplexer das Denken, desto komplizierter auch die Realität. Denken kann daher niemals ganz mit der Realität gleichziehen: Diese bleibt immer reicher. Realität hat die Macht, das Denken zu überraschen; Denken wiederum kann Realität erschaffen.

Aus diesem Grund verspüre ich wenig Sympathie für Menschen, die die Realität zu dekonstruieren suchen. Sie ist einzigartig, sie besitzt einzigartige Bedeutung, und sie läßt sich nicht in die Überzeugungen aller Beteiligten zerlegen, gibt es doch eine nie zu überwindende Diskrepanz zwischen dem, was die Menschen denken, und dem, was wirklich geschieht. Dieser Mangel an Übereinstimmung verhindert, daß ein reales Geschehen auf die Sichtweisen der daran Beteiligten reduziert werden kann, ebenso wie er die Voraussage von Ereignissen auf der Grundlage universell gültiger Verallgemeinerungen zunichte macht. Es gibt eine Realität, selbst wenn sie unvorhersehbar und unerklärbar ist. Das ist vielleicht schwer zu akzeptieren, doch es zu leugnen wäre vergeblich, ja ungemein gefährlich, wie jeder Teilnehmer der Finanzmärkte bezeugen kann. Märkte befriedigen nur selten subjektive Erwartungen; dennoch ist ihr Urteil real genug, um Kummer und Verluste zu verursachen – und eine Berufungsinstanz gibt es nicht. Die Realität existiert. Und die Tatsache, daß sie auch das unvollkommene menschliche Denken umschließt, macht Erklärungen und Voraussagen logisch unmöglich.

Als Kind wohnte ich in einem Haus, in dessen Aufzug sich zwei Spiegel gegenüberhingen. Tag für Tag schaute ich in die Spiegel und sah mich selbst vervielfältigt. Das wirkte wie die Unendlichkeit, war aber keine. Trotzdem sollte diese Erfahrung mich noch lange begleiten, auch weil die Ansicht der Welt, die sich den denkenden Beteiligten bietet, sehr weitgehend dem ähnelt, was ich in jenen Spiegeln sah. Denkende Individuen müssen dem, was sie sehen, Interpretationsmuster auferlegen, und der reflexive Prozeß, der dabei stattfindet, würde niemals aufhören, setzten wir ihm nicht bewußt ein Ende. Die wirksamste Art und Weise, zu einem Ende zu kommen, besteht darin, sich auf ein Muster festzulegen und so lange auf ihm zu beharren, bis das tatsächliche Bild verblaßt: Das hervortretende Muster mag von den einst zugrunde gelegten sinnlichen Wahrnehmungen inzwischen weit entfernt sein, es hat jedoch einen gewichtigen Vorzug: Es ist klar und verständlich. Vermutlich deshalb üben Religionen und dogmatische politische Ideologien einen so großen Reiz aus.

Hier ist nicht der Ort, die vielen Arten zu diskutieren, in denen das Denken die Realität einerseits verzerrt, andererseits verändert. Ich habe stets versucht, Sinn in eine komplexe und verwirrende Realität zu bringen, indem ich bei meinen Überlegungen meine eigene Fehlbarkeit in Rechnung stellte. Die Haltung, die sich auf diese Einsicht gründet, hat mich den größten Teil meines Lebens begleitet – mit Sicherheit seit ich anfing, Poppers Schriften zu lesen – und ist für meinen beruflichen Erfolg auf den Finanzmärkten ohne Frage maßgeblich gewesen. Erst vor kurzem ist mir klargeworden, wie ungewöhnlich diese kritische Haltung ist, anders gesagt: Es hat mich überrascht, daß meine Denkweise andere Menschen zu überraschen vermochte.

Zwei Arten von Fehlbarkeit

Ich sehe zwei Arten von Fehlbarkeit: erstens eine eher gemäßigte, gewissermaßen »offizielle«, die an den Begriff der Reflexivität geknüpft ist und der Forderung nach einer kritischen Denkweise in einer offenen Gesellschaft entspricht; zweitens eine radikalere, persönliche, die mich durch das Leben leitet und geleitet hat.

Mit der gemäßigten Art habe ich mich bereits auseinandergesetzt. Fehlbarkeit in diesem Sinne bedeutet, daß das Denken der beteiligten Menschen nicht vollends mit der tatsächlichen Situation korrespondiert, was am Ende zu unbeabsichtigten Handlungsfolgen führt. Ereignisse müssen nicht notwendigerweise von unseren Erwartungen abweichen, aber häufig tun sie es doch, und gerade Ereignisse, die eine solche Abweichung aufweisen, sind für uns interessant. Sie können unsere Wahrnehmung verändern, können einen reflexiven Prozeß auslösen, von dem weder die Standpunkte der Beteiligten noch die tatsächlichen Umstände unberührt bleiben.

In der Regel hat das Wort Fehlbarkeit einen negativen Beigeschmack, doch besitzt es auch einen positiven Aspekt: Was unvollkommen ist, sagt es uns, das kann verbessert werden. Die Tatsache, daß unser Verständnis der Welt seinem Wesen nach unzulänglich ist, ermöglicht es uns fortlaufend zu lernen. Darum muß die Einsicht in unsere Fehlbarkeit am Anfang all unserer Entscheidungen stehen. Sie zeigt uns nicht nur den Weg zu kritischem Denken, sie zeigt auch, daß es noch unendlich viel Raum für Verbesserungen gibt – in persönlicher wie in gesellschaftlicher Hinsicht. Nie werden wir vollkommen sein; welchen Weg wir auch wählen, er wird stets mangelhaft sein. So müssen wir uns mit dem nächstbesten zufriedengeben – einer Form gesellschaftlichen Lebens, die zwar nicht vollkommen ist, doch stets zugänglich für Verbesserungen. Und genau das meint das Konzept der offenen Gesellschaft: eine Gesellschaft, offen für Verbesserungen. Dieses Modell, das auf der Erkenntnis unserer Fehlbarkeit beruht, werde ich später noch ausführlicher behandeln. Zunächst aber möchte ich eine radikalere Version der Fehlbarkeit präsentieren.

Radikale Fehlbarkeit

An diesem Punkt ändere ich meinen Kurs. Statt Fehlbarkeit in allgemeinen Begriffen zu diskutieren, möchte ich erklären, was sie für mich persönlich bedeutet. Denn sie ist der Eckstein nicht nur meiner Weltsicht, sondern auch meines Verhaltens. Sie ist die Grundlage meiner Geschichtsauffassung und der Leitfaden all meiner Handlungen, ob als Mitspieler auf den Finanzmärkten oder als Philanthrop, und wenn ich an meinen Gedanken irgend etwas als originell empfinde, dann mein radikales Verständnis von Fehlbarkeit.

Meine Interpretation der Fehlbarkeit geht weit über das hinaus, was ich angesichts der bisher angeführten Argumente eigentlich vertreten kann. Ich behaupte nämlich, daß sämtliche Konstrukte des menschlichen Geistes in der einen oder anderen Weise mangelhaft sind – ganz gleich, ob sie die verborgensten Winkel unseres Denkens betreffen oder Ausdruck finden in Form von wissenschaftlichen Disziplinen, Ideologien und Institutionen. Die Fehler, um die es hierbei geht, müssen keine inneren Widersprüche sein. Es kann sich auch um Unvereinbarkeiten mit der äußeren Welt handeln oder mit dem Zweck, dem unsere Ideen dienen sollen.

All das meint noch etwas anderes als die Behauptung, unsere Konstrukte seien durchweg fehlerhaft. Ich spreche nicht bloß von mangelnder Übereinstimmung zwischen Denken und Realität, ich spreche von einer tatsächlichen Unzulänglichkeit aller menschlichen Entwürfe, von einer tatsächlichen Divergenz zwischen Ergebnissen und Erwartungen. Wie oben erklärt, ist diese Abweichung nur bei historischen Vorgängen von Bedeutung. Ebendarum aber kann ein radikales Konzept von Fehlbarkeit auch als Basis für eine Geschichtstheorie dienen.

Zugegeben: Die Behauptung, menschliche Konstrukte seien immer unzulänglich, klingt ausgesprochen trübe und pessimistisch. Doch besteht kein Grund zur Verzweiflung. Fehlbarkeit klingt nur deshalb so negativ, weil wir falsche Hoffnungen hegen. Wir streben nach Vollkommenheit, Kontinuität, nach absoluter Wahrheit – und die Unsterblichkeit möchten wir als Zugabe. An solchen Erwartungen gemessen, muß die *conditio humana* freilich unbefriedigend sein. In Wirklichkeit sind Vollkommenheit und Unsterblichkeit unerreichbar, und Kontinuität findet sich nur im Tod. Aber gerade weil es unvollkommen ist, liefert das Leben uns eine Chance, uns und damit auch die Welt zu verbessern. Sind sämtliche Konstrukte fehlerhaft, dann werden zugleich alle Variationen bedeutungsvoll, denn manche sind besser als andere. Ist Vollkommenheit unerreichbar, so bietet doch alles, was seinem Wesen nach unvollkommen ist, unendlichen Raum zur Verbesserung.

Natürlich ist meine Behauptung, alle menschlichen Konstrukte seien fehlerhaft, keine wissenschaftliche Hypothese, denn sie läßt sich nicht zureichend überprüfen. Ich kann davon ausgehen, daß die Sichtweisen der Beteiligten nie der Realität entsprechen, aber ich vermag es nicht zu beweisen, weil wir nie wissen werden, wie sie ohne diese Sichtweisen aussieht. Und ich kann darauf beharren, daß Ereignisse von Erwartungen abweichen, obwohl es auch hier eine Einschränkung gibt: Nachfolgende Ereignisse können nicht als unabhängiges Kriterium für eine Entscheidung darüber dienen, wie korrekte Erwartungen hätten aussehen müssen, denn andere Erwartungen hätten womöglich auch zu einem anderen Verlauf der Ereignisse geführt. Ganz ähnlich verhält es sich mit der Behauptung, alle menschlichen Konstrukte seien unzulänglich: Ich kann nicht nachweisen, wo der Fehler liegt. Gewöhnlich manifestieren sich die Fehler zu irgendeinem späteren Zeitpunkt, was indessen nicht heißt, daß sie auch schon vorhanden waren, als die Konstrukte entstanden – die Mängel herrschender Ideen und Institutionen etwa werden erst im Lauf der Zeit sichtbar. Genaugenommen rechtfertigt das Konzept der Reflexivität nur die Aussage, daß alle menschlichen Konstrukte fehlerhaft sein *können*, und so trage ich meine weitergehenden Annahmen als Arbeitshypothese vor, nicht als logischen oder wissenschaftlichen Beweis.

Ich spreche von Arbeitshypothese, weil mir meine Auffassung sowohl bei meinen finanziellen Tätigkeiten als auch bei meinem philanthropischen und internationalen Engagement gute Dienste geleistet hat. Sie ermutigte mich, in jeder Situation nach Fehlern zu forschen und, sobald ich sie gefunden hatte, aus der damit verbundenen Einsicht Nutzen zu ziehen. Auf der subjektiven Ebene erkannte ich, daß meine Interpretation notwendigerweise verzerrt war; das konnte mich jedoch nicht entmutigen, mir eine Meinung zu bilden. Im Gegenteil: Ich suchte nach Situationen, in denen meine Interpretation sich von der vorherrschenden unterschied. Stets achtete ich dabei auf meine Fehler, und gerade bei meinen Finanzgeschäften bot die Entdeckung eines Irrtums mir häufig Gelegenheit, aus meiner ursprünglich fehlerhaften Einschätzung später größtmöglichen Nutzen zu ziehen – oder meine Verluste zu begrenzen, wenn die ursprüngliche Einschätzung nicht einmal ein vorübergehend profitables Ergebnis zeitigen konnte. Die meisten Menschen geben nur widerwillig zu, daß sie unrecht haben; mir hingegen macht es Vergnügen, einen Fehler zu erkennen, weil ich weiß, daß mich diese Entdeckung vor finanziellen Einbußen bewahrt.

Auf der objektiven Ebene war mir stets klar, daß ausnahmslos alle Unternehmen und Branchen, in die ich investierte, Mängel aufweisen mußten – und mir war es lieber, wenn ich erfuhr, welche Fehler es waren. Das wiederum hielt mich nicht vom Investieren ab; vielmehr fühlte ich mich weitaus sicherer, wenn ich die wesentlichen Gefahrenpunkte kannte, weil ich dadurch lernte, auf welche Zeichen hin ich meine Investitionen abstoßen mußte. Keine Investition kann auf Dauer überragende Erträge abwerfen. Selbst wenn ein Unternehmen eine überlegene Marktposition hält, ein hervorragendes Management und außergewöhnlich hohe Profitspannen vorweist, kann die Aktie überbewertet sein – die Firmenleitung wird vielleicht bequem, und auch die allgemeine Wettbewerbssituation oder die gesetzlichen Rahmenbedingungen können sich ändern. Es ist ratsam, ständig nach dem Haar in der Suppe zu suchen. Wenn man weiß, wo der Fehler steckt, ist man dem anderen einen Schritt voraus.

Für meine Vorhaben auf den Finanzmärkten entwickelte ich eine eigene Variante von Poppers Modell der wissenschaftlichen Methode. Gewöhnlich stellte ich eine Hypothese auf, auf deren Grundlage ich dann investieren konnte. Sie mußte sich von der herrschenden Meinung unterscheiden, denn je größer der Unterschied, desto größer der potentielle Profit. Gab es hingegen keine Abweichung, war ein Engagement sinnlos. Dieses Verfahren entsprach einer – von Wissenschaftsphilosophen im übrigen heftig kritisierten – Devise Poppers: Je härter die Prüfung, desto wertvoller die Hypothese, die sie übersteht. In der Wissenschaft ist der Wert einer Hypothese nicht greifbar; auf den Finanzmärkten läßt er sich mühelos am Ertrag messen. Im Gegensatz zu einer wissenschaftlichen muß eine finanzielle Hypothese überdies, um profitabel zu sein, keineswegs wahr sein; es reicht aus, daß sie allgemein akzeptiert wird. Und doch kann sich eine falsche Hypothese nicht ewig halten. Deshalb investierte ich gern in fehlerhafte Hypothesen, die eine Chance auf allgemeine Akzeptanz hatten, vorausgesetzt ich wußte, wo der Fehler lag und konnte rechtzeitig verkaufen. Meine fehlerhaften Hypothesen nannte ich fruchtbare Irrtümer, und es ist wohl nicht übertrieben, wenn ich sie als Kern meiner Geschichtstheorie und meines Erfolges bezeichne.

Meine Arbeitshypothese, daß menschliche Konstrukte stets fehlerhaft sind, ist nicht nur unwissenschaftlich, sie hat noch einen weiteren schwerwiegenden Mangel: Wahrscheinlich ist sie falsch. Jedes Konstrukt leistet sich irgendwann Fehler, aber das bedeutet, wie gesagt, nicht unbedingt, daß es bereits zur Zeit seiner Konstruktion unzulänglich oder untauglich gewesen wäre. Aus diesem Grund möchte ich meine Arbeitshypothese verfeinern und in eine Form gießen, die nachdrücklicher Anspruch auf Wahrheit erheben kann, eine Aufgabe, für die ich abermals auf meine Theorie der Reflexivität zurückgreifen muß. In einem reflexiven Prozeß bleibt weder das Denken der Beteiligten noch der tatsächliche Zustand unverändert, weshalb eine Entscheidung oder Interpretation, auch wenn sie zu Beginn des Prozesses richtig war, in einer späteren Phase unzureichend sein kann. Die Behauptung, alle menschlichen Konstrukte seien unzulänglich, muß also um eine wichtige Voraussetzung erweitert werden: Sie ist nur dann wahr, wenn wir einer Theorie oder einer Politik die zeitlose Geltung wissenschaftlicher Gesetze zuschreiben.

Konstrukte wie Handlungen haben immer unbeabsichtigte Folgen, die sich vorher kaum abschätzen lassen. Selbst wenn man sie voraussehen könnte, sollte man gewöhnlich in seinem Tun fortfahren, weil das Gedachte erst in einiger Zukunft Gestalt annehmen wird. Deshalb ist meine Arbeitshypothese nicht unvereinbar mit der Überzeugung, daß man Handlungsverläufe bewerten kann und daß es tatsächlich einen optimalen Handlungskurs gibt. Das Optimum gilt aber nur für einen bestimmten Augenblick der Geschichte; was heute ideal sein mag, ist es morgen vielleicht schon nicht mehr. Unter diesen Voraussetzungen läßt sich nicht leicht arbeiten, und insbesondere Institutionen werden sich dabei schwertun, weil sie ein gewisses Maß an Trägheit nicht ablegen können. Je länger eine bestimmte Steuer erhoben wird, desto wahrscheinlicher wird sie auch umgangen. Das mag ein guter Grund dafür sein, nach einiger Zeit die Form der Besteuerung zu ändern, aber es ist kein guter Grund, überhaupt keine Steuern mehr zu erheben. Um ein Beispiel aus einem anderen Bereich anzuführen: Die katholische Kirche hat sich zu einem Gebilde entwickelt, das mit den Absichten Jesu nicht mehr viel zu tun hat, doch diese Tatsache reicht nicht aus, um dessen Lehren zu verwerfen.

Eine Theorie oder eine Politik kann also an einem bestimmten Punkt der Geschichte vorübergehend Geltung besitzen, ein Umstand, für den ich den Ausdruck fruchtbare Irrtümer verwende: fehlerhafte Konstrukte mit anfänglich begrüßenswerten Konsequenzen. Wie lange jene Konsequenzen begrüßenswert bleiben, hängt ganz davon ab, ob die Fehler erkannt und korrigiert werden. Denn wenn Konstrukte auch zunehmend verfeinert werden können, gilt doch mit einiger Wahrscheinlichkeit kein fruchtbarer Irrtum auf unbegrenzte Zeit. Und irgendwann, wenn der Spielraum für Verfeinerung und Weiterentwicklung erschöpft ist, wird ein neuer fruchtbarer Irrtum die Aufmerksamkeit der Menschen fesseln. Auch meine Äußerungen in diesem Buch mögen nichts als fruchtbare Irrtümer sein, zumal ich ohnehin dazu neige, die Ideengeschichte als eine Folge von lauter fruchtbaren Irrtümern zu betrachten.

Die Kombination dieser beiden Gedanken – daß alle geistigen Konstrukte fehlerhaft sind, einige von ihnen jedoch fruchtbar – stellt den Kern meiner Version radikaler Fehlbarkeit dar. Ganz gleich, ob es um die äußere Welt oder um meine eigenen Handlungen geht –

stets wende ich sie mit dem gleichen Eifer an. Schließlich hat sie mir als Fondsverwalter und in jüngerer Vergangenheit auch als Philanthrop gute Dienste geleistet. Ob ich auch als Autor Nutzen aus ihr ziehen kann, wird sich mit diesem Buch erweisen. Schließlich dient das radikale Verständnis von Fehlbarkeit als Grundlage meiner Geschichtstheorie und meiner Interpretation der Finanzmärkte, die ich später noch ausführen werde.

Ein persönlicher Nachtrag

Bei alldem ist meine Auffassung von Fehlbarkeit nicht bloß eine abstrakte Theorie, sondern Ergebnis sehr persönlicher Erfahrungen. Als Fondsverwalter mußte ich mich in hohem Maße auf meine Intuition verlassen: Schließlich war ich mir der Unzulänglichkeit all meines Wissens bewußt. Die wichtigsten Gefühle, die mich bei meiner Arbeit begleiteten, waren daher Zweifel, Ungewißheit, Angst, und wenn es daneben auch immer wieder Augenblicke der Hoffnung oder sogar der Euphorie gab, haben sie mich letztlich doch nur unsicher gemacht. Das allerdings bekümmerte mich nicht. Was mir Sorgen bereitete, waren vielmehr Gefühle der Sicherheit, und so empfand ich echte Freude nur dann, wenn ich, von plötzlicher Ungewißheit heimgesucht, entdeckte, worüber ich mir Sorgen machen mußte. Im großen und ganzen beispielsweise empfand ich die Verwaltung eines Hedgefonds[3] als überaus quälend, und nie habe ich meine Erfolge auf diesem Gebiet wirklich genießen können, weil ich mir dann keine Sorgen mehr gemacht und dergestalt meine Umsicht eingebüßt hätte. Dafür hatte ich jedoch keinerlei Schwierigkeiten, Fehler zuzugeben.

Erst als andere mich darauf hinwiesen, wurde mir klar, daß diese Einstellung ungewöhnlich sein könnte. Die Erleichterung, die ich verspürte, wenn ich in meinem Denken oder Tun Unzulänglichkeiten entdeckte, schien mir so selbstverständlich, so natürlich, daß ich glaubte, anderen müsse es genauso gehen. Das war mitnichten der Fall. Die meisten Menschen geben sich größte Mühe, Fehler zu leugnen oder zu vertuschen, die gerade dadurch zu einem festen Bestandteil ihrer Persönlichkeit werden. Nie werde ich zum Beispiel vergessen, wie ich mich im Jahre 1982 bei einem Besuch in Argentinien über den Schuldenberg informieren wollte, den das Land angehäuft hatte. Ich fragte eine Reihe von Politikern, die früheren Regierungen angehört hatten, wie sie heute mit einer solchen Situation umgehen würden. Sie antworten ohne Ausnahme, daß sie noch einmal das gleiche tun würden.

Später übertrug ich meine selbstkritische Haltung auf meine philanthropischen Aktivitäten, wobei ich entdeckte, daß auch Wohltätigkeit mit etlichen Paradoxien und unbeabsichtigten Folgen verbunden ist. Sie kann jene, denen sie zugute kommen soll, in bloße Objekte verwandeln, und sie kann mit Taten, die angeblich anderen helfen sollen, nicht selten dem Zweck dienen, lediglich das Ego des Gebers zu befriedigen. Schärfer formuliert: Menschen sind häufig wohltätig, weil sie sich als gut empfinden möchten, nicht weil sie anderen Gutes tun wollen.

Da ich solche Standpunkte vertrat, mußte ich anders an die Sache herangehen. Zunächst fiel mir auf, daß ich mich als Philanthrop ähnlich verhielt wie im Geschäftsleben. Immer ordnete ich die Interessen des Personals und der Antragsteller den Interessen der Stiftung unter, und hin und wieder scherzte ich sogar, unsere Stiftung sei die einzige misanthropische Stiftung der Welt. Ich erinnere mich: Einmal, bei einer Personalversammlung in Karlovy Vary in der Tschechoslowakei um 1991, trug ich meine Ansichten über Stiftungsarbeit vor und sagte, Stiftungen seien Treibhäuser der Korruption und Unfähigkeit und daß ich es für eine größere Leistung hielte, eine Stiftung, die versagt habe, aufzulösen, als eine neue zu gründen. Ein anderes Mal, in Prag bei einer Versammlung von höheren Funktionären europäischer Stiftungen, äußerte ich meine Überzeugung, »networking« habe nichts mit Arbeit zu tun – beides zur lang anhaltenden Verwunderung der Anwesenden.

Ich muß gestehen, im Lauf der Zeit bin ich einsichtiger geworden. Zwischen der Verwaltung eines Hedgefonds und einer Stiftung besteht nun einmal ein Unterschied. Bei einer Stiftung fehlt weitgehend der äußere Druck, allein interne Disziplin kann die Umsicht der Mitarbeiter lebendig erhalten. Außerdem erfordert die Leitung einer großen Stiftung ein gewisses Talent zur Menschenführung: Niemand liebt kritische Bemerkungen, jeder wünscht sich Lob und Ermutigung. Kaum jemand teilt meinen Hang, Irrtümer zu entdecken, und noch weniger teilen meine Freude daran. Um effektiv führen zu können, muß man die Menschen zufriedenstellen. Das, was Politikern und Konzernleitern zuzufliegen scheint, lernte ich nur mühsam.

Es gibt noch einen Punkt, den ich erwähnen möchte. Seitdem ich Stiftungen ins Leben gerufen habe, muß ich öffentliche Auftritte absolvieren, und sooft ich das tue, erwartet man von mir, daß ich Selbstvertrauen ausstrahle. Tatsächlich aber bin ich von Selbstzweifeln erfüllt, und ich genieße dieses Gefühl. Nur ungern würde ich darauf verzichten. Zwischen mir als öffentlicher Person und dem, was ich als mein wahres Selbst betrachte, besteht aus diesem Grund eine tiefe Kluft; und doch ist mir klar, daß sich beide Rollen wechselseitig beeinflussen. Voller Erstaunen habe ich registriert, wie meine öffentliche Aufgabe mich verändert hat. Ich bin eine »charismatische« Persönlichkeit geworden – auch wenn ich, Gott sei Dank, nicht ganz so fest an mich glaube, wie andere das tun. Und obgleich ich sie nicht mehr so scharf empfinde wie ehedem, versuche ich, an meine Grenzen zu denken. Natürlich: Es hat andere Karrieren »charismatischer« Persönlichkeiten gegeben, die vermutlich viel eher die Regel sind. Solche Menschen werden sich, so nehme ich an, daran halten, daß sie die Leute schon immer dazu bewegen wollten, an sie zu glauben – bis sie Erfolg damit hatten. Sie sind nicht voller Selbstzweifel und müssen auch nicht den Drang unterdrücken, diese zu äußern. Kein Wunder, daß sie eine andere Einstellung zur Fehlbarkeit haben.

Mich selbst interessiert die Frage, wie sich meine gegenwärtige »charismatische« Persönlichkeit zu den Finanzmärkten und zu meinem früheren Selbst als Fondsverwalter verhält, und meine Antwort ist: Es qualifiziert mich, Abschlüsse zu tätigen, ja sogar Märkte zu manipulieren, aber es disqualifiziert mich für die Verwaltung von Geld. Meine Äußerungen können Märkte in Bewegung bringen, obwohl ich mir alle Mühe gebe, diese Macht nicht zu mißbrauchen. Gleichzeitig habe ich die Fähigkeit verloren, innerhalb der Marktgrenzen zu operieren, wie ich es früher konnte, und ich habe den von Sorgen und Ängsten angetriebenen Mechanismus, der mich in der Vergangenheit bestimmte, abgebaut. Das ist eine lange Geschichte, die an anderer Stelle schon erzählt worden ist. Die Veränderung begann lange bevor ich mein »Charisma« erwarb. Als Fondsverwalter scheute ich die Öffentlichkeit: Damals wäre ein Bild von mir auf dem Umschlag eines Finanzmagazins mir wie eine Art Todeskuß vorgekommen, und wenn sich darin letzten Endes auch etwas wie Aberglauben ausdrückte, hatte ich doch gute, einleuchtende Gründe dafür. Öffentlich anerkannter Erfolg, so dachte ich, würde ein Gefühl der Euphorie auslösen, die mich, selbst wenn ich gegen sie ankämpfte, unweigerlich aus dem Tritt bringen würde. Und hätte ich eine Ansicht – sei es über den Markt, sei es über andere Dinge – erst einmal öffentlich geäußert, würde es mir schwerfallen, diese Ansicht zu ändern.

Man sieht: Es erfordert eine andere Geisteshaltung, auf den Finanzmärkten zu operieren, als man sie für politische oder gesellschaftliche Tätigkeiten braucht – oder auch einfach als menschliches Wesen. Die Praxis bestätigt das. In den meisten Finanzinstitutionen bestehen zwischen den Profitproduzenten und den Verwaltern der Organisation beträchtliche Spannungen; so war es zumindest, als ich noch mit diesen Institutionen vertraut war. Die begabtesten Produzenten machten sich am liebsten selbständig. So ist die Hedgefonds-Branche entstanden.

Die radikale Version von Fehlbarkeit, die ich als Arbeitshypothese verwandte, hat sich auf den Finanzmärkten als außerordentlich effektiv erwiesen, ja, sie hat selbst die Random-Walk-Hypothese um ein überzeugendes Maß übertroffen.[4] Läßt sie sich auch auf andere Aspekte der menschlichen Existenz anwenden? Das hängt davon ab, wie unser Ziel aussieht. Wenn wir die Realität verstehen wollen, halte ich sie für hilfreich; wollen wir die Realität jedoch manipulieren, funktioniert sie nicht so gut – Charisma ist da besser.

Um auf meine persönlichen Gefühle zurückzukommen: Ich habe gelernt, mich der neuen Wirklichkeit, in der ich tätig bin, anzupassen. Früher waren mir öffentliches Lob und öffentlicher Dank ausgesprochen unangenehm, inzwischen weiß ich, daß dies ein Reflex aus jenen Tagen ist, als ich noch aktiv Geld verwaltete und mich von den Ergebnissen meines Tuns leiten lassen mußte, nicht von dem, was andere Menschen davon hielten. Dankbarkeit ist mir noch immer unangenehm, und nach wie vor glaube ich, daß Philanthropie, wenn sie denn Lob verdienen soll, die Interessen der Gesellschaft über die Befriedigung des Egos stellen muß. Dennoch bin ich heute soweit, daß ich anerkennende Worte akzeptieren kann, weil mein Engagement für die Menschen dem oben beschriebenen Anspruch, so meine ich, in der Tat entspricht. Ob das auch weiterhin so sein wird, ist eine Frage, die mich beunruhigt. Aber solange sie mich beunruhigt, lautet die Antwort vermutlich: ja.

2. Eine Kritik der Wirtschaftswissenschaften

Immer wieder wird behauptet, ökonomische Angelegenheiten seien unabänderlichen Regeln unterworfen, vergleichbar den Gesetzen der Physik. Das ist falsch. Mehr noch: Entscheidungen und Strukturen, die sich auf diese Überzeugung stützen, wirken wirtschaftlich destabilisierend und sind politisch gefährlich. Denn das Marktsystem ist, wie jedes andere menschliche Konstrukt, seinem Wesen nach mangelhaft – eine Einsicht, die nicht nur der Analyse dieses Buchs zugrunde liegt, sondern auch meiner persönlichen Philosophie und meinem finanziellen Erfolg. Wenn ich behaupte, daß meine kritische Sicht der Wirtschaft und anderer gesellschaftlicher Einrichtungen besonders bedeutsam sei für die hier entfaltete Argumentation, dann muß ich mit dem eingangs eingeführten Begriff der Reflexivität erklären können, warum sich alle Theorien über ökonomische, politische und finanzielle Einrichtungen von den Gesetzen der Naturwissenschaften qualitativ unterscheiden. Nur wenn klar wird, daß und warum gesellschaftliche Institutionen im allgemeinen und Finanzmärkte im besonderen ihrem Wesen nach keine Voraussagen zulassen, sind auch meine übrigen Gedankengänge verständlich.

Jeder weiß, daß ökonomische Analysen nicht die gleiche universelle Geltung beanspruchen können wie die Naturwissenschaften. Die wenigsten aber erkennen den eigentlich entscheidenden Grund für dieses Manko und die unvermeidliche Instabilität all jener gesellschaftlichen und politischen Institutionen, die von der absoluten Geltung der ökonomischen Theorie ausgehen. Das Versagen von Märkten läßt sich nicht einfach auf unser unzulängliches Verständnis der Wirtschaft oder auf das Ausstehen zureichender Statistiken zurückführen: Schließlich könnten solche Probleme im Prinzip durch Forschung behoben werden, wenn der Fehler, an dem die Wirtschaftsanalyse wie die Ideologie des freien Marktes leiden, nicht weit grundlegender wäre. Er läßt sich nämlich gar nicht beheben. Denn im Unterschied zu den Prozessen, mit denen sich Physiker und Chemiker beschäftigen, wirken an wirtschaftlichen Prozessen denkende Individuen mit, die kraft ihrer Vorstellungen die Regeln sozialer Systeme ändern können. Hat man dieses Prinzip erst einmal verstanden, läßt sich am Anspruch der ökonomischen Theorie auf universelle Geltung nicht länger festhalten – und das ist keineswegs bloß eine intellektuelle Spielerei. Denn wenn wirtschaftliche Kräfte nicht allgemein gelten, wenn die ökonomische Theorie folglich keine naturwissenschaftliche Gültigkeit hat und diese auch nie behaupten kann, dann steht die gesamte Ideologie des Marktfundamentalismus auf dem Spiel.

Für die Wirtschaftswissenschaften und alle anderen Sozialwissenschaften birgt das Phänomen Reflexivität zwei unterschiedliche, freilich miteinander verknüpfte Probleme. Das eine betrifft den Gegenstand, das andere den wissenschaftlichen Beobachter, und so will ich zunächst untersuchen, wie Reflexivität auf den Gegenstand, dann wie sie auf den wissenschaftlichen Beobachter wirkt. Wir werden sehen, daß das erste Problem bereits die Grundlage der konventionellen Wirtschaftstheorie in Frage stellt; am zweiten jedoch scheitert sie.

Reflexivität in sozialen Phänomenen

Im folgenden beziehe ich mich auf Karl Poppers Theorie der wissenschaftlichen Methode. Sein ebenso einfaches wie elegantes Modell enthält drei Komponenten und drei Schritte. Die Bestandteile sind: spezifische Ausgangs- und spezifische Endbedingungen in einem wissenschaftlichen Experiment sowie Verallgemeinerungen von hypothetischem Charakter. Die Ausgangs- und Endbedingungen können durch Beobachtung verifiziert werden; Hypothesen dagegen lassen sich nicht verifizieren, sondern nur falsifizieren. Die grundlegenden wissenschaftlichen Schritte sind Vorhersage, Erklärung und Überprüfung. Man kann eine hypothetische Verallgemeinerung mit Ausgangsbedingungen kombinieren, um so eine bestimmte Vorhersage zu konstruieren. Und man kann sie mit spezifischen Endbedingungen verknüpfen, wenn man eine Erklärung formulieren möchte. Die Hypothese soll zeitlos gültig sein, was erst die wissenschaftliche Überprüfung gestattet. Zur Überprüfung gehört zudem der Vergleich der spezifischen Ausgangs- und Endbedingungen, um festzustellen, ob sie der Hypothese entsprechen. Eine Hypothese läßt sich auch durch noch so viele Überprüfungen nicht verifizieren; solange sie jedoch nicht falsifiziert wurde, bleibt sie gültig.

Die Asymmetrie zwischen Verifikation und Falsifikation ist meiner Meinung nach Poppers größter Beitrag nicht nur zur Wissenschaftsphilosophie, sondern zu unserem Weltverständnis überhaupt. Sie umgeht die Fallgruben der induktiven Argumentation: Wir brauchen nicht darauf zu beharren, daß die Sonne immer im Osten aufgehen wird, nur weil sie es bislang jeden Tag getan hat; es reicht aus, wenn wir diese Hypothese so lange akzeptieren, bis sie falsifiziert wird – eine elegante Lösung für ein ansonsten unüberwindliches logisches Problem. Jetzt nämlich können wir mit nicht verifizierbaren Hypothesen bestimmte Vorhersagen und Erklärungen formulieren.

Vielleicht habe ich noch nicht deutlich genug hervorgehoben, daß Hypothesen zeitlos gültig sein müssen, um eine Überprüfung zu ermöglichen. Ist ein bestimmtes Ergebnis im Experiment nicht wiederholbar, dann hat die Überprüfung keinerlei Beweischarakter. Aus reflexiven gesellschaftlichen Prozessen ergeben sich jedoch irreversible historische Prozesse, und deshalb läßt die Hypothese der Reflexivität zeitlos gültige Verallgemeinerungen nicht zu. Genauer:

Die Generalisierungen, die sich über reflexive Ereignisse anstellen lassen, können nicht als allgemeingültige Voraussagen und Erklärungen verstanden werden.[5] Mit dieser Behauptung ist Poppers Modell der wissenschaftlichen Methode keinesfalls entwertet. Das Modell bleibt ebenso subtil und überzeugend wie zuvor. Wir machen nur eine Einschränkung: Auf reflexive Phänomene ist es nicht anwendbar. Und ebendies erklärt auch die Kluft zwischen Natur- und Sozialwissenschaften, findet sich Reflexivität doch nur in Situationen, an denen denkende Individuen beteiligt sind.

Natürlich ist es gefährlich, in das Verständnis der Realität unverrückbare Trennlinien einzuführen. Begehe ich diesen Fehler, wenn ich versuche, die Sozialwissenschaften von den Naturwissenschaften zu trennen? Gesellschaftliche Phänomene sind nicht immer reflexiv. Selbst in Situationen, in denen sowohl partizipative wie kognitive Funktionen am Werk sind, setzen sie nicht notwendigerweise einen reflexiven Rückkopplungsmechanismus in Gang, der sowohl die Situation als auch das Denken der Beteiligten beeinflußt. Und sollte es doch zu einem Rückkopplungsprozeß kommen, so kann man diesen möglicherweise ignorieren, ohne die Wirklichkeit in stärkerem Ausmaß zu verzerren. Die Anwendung naturwissenschaftlicher Methoden auf gesellschaftliche Phänomene kann also durchaus lohnende Ergebnisse zeitigen. Dies war das Ziel der klassischen Wirtschaftstheorie, und in vielen Situationen hat es ja auch recht gut funktioniert.

Dennoch besteht ein fundamentaler Unterschied zwischen Natur- und Sozialwissenschaften, der bislang nicht hinreichend erkannt wurde. Um ihn besser zu verstehen, müssen wir uns mit dem zweiten Problem auseinandersetzen, mit der Beziehung des wissenschaftlichen Beobachters zu seinem Gegenstand.

Reflexivität und Sozialwissenschaftler

Die Wissenschaft ist selbst ein soziales Phänomen und als solches potentiell reflexiv, denn Forscher sind mit ihrem Gegenstand sowohl als Beteiligte wie als Beobachter eng verbunden. Der hervorstechende Zug der wissenschaftlichen Methode, wie anhand Poppers Modell erläutert, liegt nun aber darin, daß sich die beiden Funktionen nicht wechselseitig beeinflussen: Die Theorien der Wissenschaftler wirken sich nicht auf ihre Experimente aus. Im Gegenteil, Popper zufolge sind es die Experimente, welche die Tatsachen liefern, an denen sich wissenschaftliche Hypothesen prüfen lassen.

Solange es eine klare Trennung zwischen Aussagen und Tatsachen gibt, kann kein Zweifel am Ziel wissenschaftlicher Tätigkeiten bestehen: nämlich Wissen zu erlangen. Die Ziele der jeweiligen Forscher mögen dabei ganz andere sein. Einige von ihnen werden den Erwerb von Wissen um des Wissens willen anstreben, anderen geht es um den damit verbundenen Nutzen, wieder andere suchen nach persönlichen Vorteilen. Was immer die Motive sind: Das Maß des Erfolgs ist das Wissen, und es ist ein objektives Kriterium. Wer nach persönlichen Vorteilen strebt, kann dies nur, indem er wahre Aussagen macht; verfälscht er Experimente, wird er wahrscheinlich ertappt. Wer die Natur seinem Willen unterwerfen will, kann das nur, wenn er zunächst Wissen erwirbt. Die Natur folgt ihrem Lauf unabhängig von den Theorien, die sich auf sie beziehen, und so können wir sie nur dann für unsere Zwecke nutzen, wenn wir die Gesetze verstehen, die ihren Gang bestimmen. Einen einfacheren Weg gibt es nicht.

Es hat lange gedauert, bis das erkannt wurde. Jahrtausendelang versuchten sich die Menschen in etlichen Formen von Magie, Ritual und Wunschdenken, um die Natur direkt zu beeinflussen, und nur widerwillig haben sie die strenge wissenschaftliche Methode schließlich akzeptiert. Viel Zeit verging, bis die Forschung ihre

Überlegenheit bewiesen hat, aber als die Naturwissenschaften immer größere Entdeckungen machten, errangen sie einen Status, der dem der Magie und Religion in früheren Zeiten gleichkam. Die Übereinkunft über den Zweck, die Akzeptanz bestimmter Konventionen, die Verfügbarkeit eines objektiven Kriteriums und die Möglichkeit, zeitlos gültige Verallgemeinerungen zu begründen, trugen gemeinsam zum Erfolg der Naturwissenschaften bei. Als Modell für Wissenschaft überhaupt werden sie heute als krönende Leistung des menschlichen Intellekts anerkannt.

Diese schöne Verbindung wird zerrissen, wo immer der Sachverhalt reflexiv ist. Zum einen fällt es schwer, positive Resultate zu erzielen, sperrt sich der Gegenstand doch gegen die Entdeckung zeitlos gültiger und daher überprüfbarer Hypothesen, die gerade die Autorität naturwissenschaftlicher Gesetze begründen. Es ist unschwer festzustellen, daß sich die Errungenschaften der Sozialwissenschaften im Vergleich mit denen der Naturwissenschaften nicht sonderlich gut ausnehmen. Zum anderen hat das objektive Kriterium, nämlich die Tatsachen selbst, seine Unabhängigkeit eingebüßt, was es abermals schwerer macht, die Maßstäbe der Naturwissenschaften anzuwenden. Tatsachen können beeinflußt werden durch Aussagen, die über sie gemacht werden. Das gilt nicht nur für die jeweils Beteiligten, sondern auch für die Wissenschaftler. Die Reflexivität ist ein Kurzschluß von Aussagen und Tatsachen, und dieser Kurzschluß betrifft eben Wissenschaftler und Beteiligte gleichermaßen.

Hier sind wir an einem wichtigen Punkt angelangt, den ich dadurch unterstreichen möchte, daß ich die in der Reflexivität enthaltene Unbestimmtheit mit jener Unbestimmtheit vergleiche, die sich im Verhalten von Quantenteilchen beobachten läßt. Die Unbestimmtheit ist ähnlich, aber die Beziehung des Beobachters zu seinem Gegenstand ist eine andere. Das Verhalten der Quantenteilchen bleibt dasselbe, ob man nun Heisenbergs Unschärferelation anerkennt oder nicht. Demgegenüber kann das Verhalten von Menschen sehr wohl durch wissenschaftliche Theorien ebenso wie von anderen Überzeugungen beeinflußt werden. So hat sich die Einflußsphäre der Marktwirtschaft nicht zuletzt deshalb erweitert, weil die Menschen an die Kraft des Marktes nun einmal glauben. In der Naturwissenschaft vermögen Theorien die Phänomene, auf die sie sich beziehen, nicht zu verändern; in der Sozialwissenschaft können sie das. Dies läßt ein zusätzliches Element der Ungewißheit entstehen, das in Heisenbergs Unschärferelation fehlt, und genau deshalb besteht eine Kluft zwischen Natur- und Sozialwissenschaften.

Ich gebe zu: Wissenschaftler könnten Vorsichtsmaßnahmen ergreifen, um ihre Aussagen von deren Gegenstand zu isolieren, etwa durch Geheimhaltung ihrer Prognosen. Aber warum sollten sie das tun? Liegt der Zweck der Wissenschaft darin, Wissen um des Wissens willen zu akkumulieren, oder dient sie anderen Zwecken? In den Naturwissenschaften stellt sich die Frage nicht, weil Zwecke nur realisiert werden können, wenn zunächst Wissen gesammelt wird. Das gilt nicht für die Sozialwissenschaften, denn die Reflexivität ermöglicht eine Abkürzung. Eine Theorie muß nicht wahr sein, um das Verhalten von Menschen zu verändern.

Das klassische Beispiel dafür, daß pseudowissenschaftliche Beobachter ihren Gegenstand ihrem Willen zu unterwerfen suchten, war der untaugliche Versuch, unedle Metalle in Gold zu verwandeln. Alchimisten mühten sich lange, bevor sie erkannten, daß sich all ihre Hoffnungen als haltlos erwiesen. Ihr Scheitern war unvermeidlich, wird das Verhalten unedler Metalle doch von Gesetzen allgemeiner Gültigkeit beherrscht, die sich durch keinerlei Aussagen, Beschwörungen oder Rituale beeinflussen lassen. Das Ansehen, welches die modernen Wirtschaftswissenschaftler insbesondere in der Politik und auf den Finanzmärkten genießen, zeigt, daß die mittelalterlichen Alchimisten aufs falsche Pferd setzten. Unedle Metalle sind zwar nicht durch Beschwörungen in Gold zu verwandeln, aber Menschen können durchaus auf Finanzmärkten reich und in der Politik mächtig werden, indem sie falsche Theorien vertreten oder *selffulfilling prophecies* machen. Mehr noch: Ihre Erfolgschancen vergrößern sich, sobald sie sich den Mantel der Wissenschaft umhängen. Es ist bemerkenswert, daß sowohl Marx als auch Freud den wissenschaftlichen Status ihrer Theorien mit Nachdruck beanspruchten und viele ihrer Schlußfolgerungen auf ihre Autorität als »Forscher« gründeten. Sobald man sich diesen Punkt klargemacht hat, wird schon der bloße Ausdruck »Sozialwissenschaften« suspekt. Er ist häufig nicht mehr als eine magische Phrase, verwendet von sozialen Alchimisten in dem Bemühen, ihres Gegenstands durch Beschwörungsrituale Herr zu werden.

Sozialwissenschaftler haben tatsächlich nichts unversucht gelassen, die Naturwissenschaften nachzuahmen, jedoch mit bemerkenswert geringem Erfolg – mitunter trugen ihre zwanghaften Imitationsversuche sogar unfreiwillig komische Züge. Zwischen dem Scheitern der Sozialwissenschaftler und dem der Alchimisten besteht jedoch ein gravierender Unterschied: Die Alchimisten scheiterten nahezu total, die Sozialforscher hingegen, die sich der Autorität der Naturwissenschaften bemächtigten, konnten beträchtliche Wirkungen in Politik und Gesellschaft erzielen. Das Verhalten der Menschen gerät – gerade weil es nicht von der »Realität« beherrscht wird – leicht unter den Einfluß von Theorien. Auf dem Feld der Naturphänomene ist die wissenschaftliche Methode nur dann effektiv, wenn diese Theorien stimmen; in sozialen, politischen und ökonomischen Fragen indes können Theorien auch Wirkung zeigen, wenn sie keinerlei Gültigkeit besitzen. So ist die Alchimie als Wissenschaft gescheitert, die Sozialwissenschaft dagegen als Alchimie erfolgreich.

Karl Popper erkannte, daß politische Ideologien das Prestige der Wissenschaft ausnutzen, um den Verlauf der Geschichte zu beeinflussen, eine Gefahr, die ihm im Fall des Marxismus besonders akut erschien. Um die wissenschaftliche Methode gegen solchen Mißbrauch zu schützen, stellte er die These auf, daß Theorien, die nicht falsifiziert werden können, unwissenschaftlich sind. Doch reflexive

Phänomene lassen sich beim besten Willen nicht in Poppers Modell einpassen, und selbst Theorien, die seinen Anforderungen genügen, können zu politischen Zwecken genutzt werden. So haben sich die Ökonomen alle Mühe gegeben, die Einführung von Werturteilen zu vermeiden, und doch konnten ihre Theorien gerade deshalb von den Verfechtern des *laissez faire* übernommen und verwendet werden – als Grundlage für das umfassendste Werturteil, das man sich nur denken kann: die Behauptung, daß sich nirgendwo bessere Ergebnisse erzielen lassen als unter den Bedingungen der Marktkonkurrenz.

Gleichwohl gibt es einen Weg, die wissenschaftliche Methode zu schützen. Wir müssen nur erklären, daß die Sozialwissenschaften keinen Anspruch auf jenen Status erheben können, den wir den Naturwissenschaften einräumen, und daß sich dies niemals ändern wird, ungeachtet aller möglichen Durchbrüche in der statistischen Forschung. Dadurch würde verhindert, daß sich pseudowissenschaftliche Gesellschaftstheorien mit fremden Federn schmücken, ganz abgesehen davon, daß die sklavische Nachahmung der Naturwissenschaften auf Gebieten ein Ende hätte, auf denen sie völlig fehl am Platze ist. Niemanden würde man entmutigen, universell gültige Gesetze für das menschliche Verhalten aufzustellen, aber man würde doch dazu beitragen, unsere Erwartungen an die möglichen Resultate solcher Forschung auf ein realistisches Niveau zu senken. Wir könnten mithin lernen, uns mit den Grenzen unseres Wissens abzufinden. Und wir könnten die Sozialwissenschaften aus jener Zwangsjacke befreien, die ihr durch den Ehrgeiz ihrer Protagonisten, sich wissenschaftlichen Status zu verschaffen, verpaßt wurde – ein Ziel, für das ich mich schon in meinem Buch ›Die Alchemie der Finanzen‹ eingesetzt habe, in dem ich die Sozialwissenschaften als falsche Metapher bezeichnete. Kurz, Poppers Modell funktioniert nur mit zeitlos gültigen Verallgemeinerungen. Die Reflexivität jedoch ist ein zeitgebundener, irreversibler Prozeß und paßt demzufolge nicht in das von ihm entworfene Schema.

Wenn wir die Grenzen der Sozialwissenschaften anerkennen, heißt das indessen nicht, daß wir bei der Erforschung gesellschaftlicher Phänomene von nun an nicht mehr nach der Wahrheit suchen. Unsere Suche muß lediglich mit der Erkenntnis einhergehen, daß in einigen Aspekten des menschlichen Verhaltens keine zeitlos gültigen Gesetze herrschen und daß gesellschaftliche Phänomene von den Theorien beeinflußt werden können, die sie eigentlich erklären sollen. Entsprechend ist die Untersuchung gesellschaftlicher Vorgänge mitunter von Zielen bestimmt, die mit der Suche nach Wahrheit nichts zu tun haben, und der beste Weg, einen solchen Mißbrauch der wissenschaftlichen Methode zu verhindern, liegt eben in der Erkenntnis, daß Gesellschaftstheorien ihren Gegenstand selbst verändern können.

Eine Kritik der ökonomischen Theorie

Die ökonomische Theorie ist der ambitionierteste Versuch, die Naturwissenschaften nachzuahmen, und der bei weitem erfolgreichste. Die klassischen Ökonomen ließen sich von Newton inspirieren, sie suchten zeitlos gültige Gesetze aufzustellen, die sowohl bei der Erklärung als auch bei der Voraussage wirtschaftlichen Verhaltens Verwendung finden konnten, und stützten sich dabei namentlich auf den Begriff des Gleichgewichts. Dieser Terminus erlaubte es, sich im Zuge der ökonomischen Analyse voll und ganz auf das Endresultat zu konzentrieren und vorübergehende Störungen zu ignorieren. Ein Pendel kommt stets am gleichen Punkt zur Ruhe, unabhängig davon, wie weit es vorher ausschlug, und durch dieses physikalische Prinzip sahen sich die Wirtschaftswissenschaftler in den Stand gesetzt, zeitlos gültige Regeln über das Gleichgewicht der Märkte zu formulieren.

In der Tat: Der Begriff des Gleichgewichts ist ungemein nützlich. Aber er kann auch in die Irre führen. Zu Unrecht hat er die Aura des Empirischen. Im realen Leben nämlich läßt sich Gleichgewicht nur selten beobachten, und insbesondere Marktpreise zeigen einen notorischen Hang zur Fluktuation, zum Wechsel. Der Prozeß, der sich dabei beobachten läßt, tendiert angeblich zum Gleichgewicht. Allerdings wird dieses vielleicht niemals erreicht, und wenn es auch wahr ist, daß sich die Marktteilnehmer den Marktpreisen anpassen, kann diese Anpassung doch einem äußerst beweglichen Ziel gelten. Und deshalb ist die Bezeichnung Anpassungsprozeß für das Verhalten der Teilnehmer wohl das falsche Wort.

Gleichgewicht ist das Produkt eines axiomatischen Systems. Die ökonomische Theorie ist im Grunde so konstruiert wie die Logik oder die Mathematik: Sie beruht auf bestimmten Postulaten, und sämtliche Schlußfolgerungen werden durch logische Schritte aus diesen abgeleitet. Die Möglichkeit, daß das Gleichgewicht niemals erreicht wird, muß der Konstruktion keinen Abbruch tun, doch wenn ein hypothetisches Gleichgewicht als ein Modell dargestellt wird, das der Realität entspricht, dann ist das eine signifikante Verzerrung. Die euklidische Geometrie war und bleibt ein vollkommen gültiges axiomatisches System, gleichwohl lieferte sie völlig falsche Interpretationen der Realität – wie etwa die Annahme, die Erde sei flach.

Das Gleichgewicht ist nicht in jedem Fall ein bewegliches Ziel. Es gibt viele Alltagssituationen, in denen die kognitive Funktion konstant bleibt und der Schnittpunkt der Angebots- und Nachfragekurven den Punkt des Gleichgewichts fixiert. Andere Entwicklungen indes bleiben unberücksichtigt, wenn man die Kurven von Nachfrage und Angebot als gegeben annimmt. Dies wurde mit methodologischen Gründen gerechtfertigt. So hat man behauptet, die Wirtschaftswissenschaften befaßten sich nicht mit Angebot und Nachfrage an sich, sondern nur mit der Beziehung dieser beiden Faktoren.[6] Dem aber liegt eine unausgesprochene Voraussetzung zugrunde: nämlich daß der Preismechanismus nur in einer Richtung funktioniert, indem er die Bedingungen von Angebot und Nachfrage passiv widerspiegelt. Wenn Verkäufer wissen, wieviel sie zu jedem Preis anzubieten bereit sind, und wenn Käufer wissen, wieviel sie zu kaufen bereit sind, dann ist zur Erzielung des Gleichgewichts nur erforderlich, daß der Markt den einen Preis herausfindet, der Angebot und Nachfrage gerecht wird. Aber was geschieht, wenn die Preisbewegungen selbst schon die Bereitschaft der Käufer und Verkäufer zum Handel mit ihren Waren bei gegebenen Preisen beeinflussen, etwa weil sie in naher Zukunft ein weiteres Steigen der Preise erwarten? Diese Möglichkeit – ein häufig auftretendes Phänomen auf Finanzmärkten und auch in Industriezweigen mit sich rasch entwickelnder Technik – wird schlicht übergangen. Die Annahme, Nachfrage- und Angebotskurven seien unabhängig voneinander gegeben, ist Voraussetzung für die Bestimmung von Marktpreisen. Denn ohne diese Unabhängigkeit wären die Preise nicht eindeutig festgelegt. Die Ökonomen wären dann nicht mehr in der Lage, im Sinne der Naturwissenschaften zu verallgemeinern. Der Gedanke, die Bedingungen von Angebot und Nachfrage könnten voneinander oder zumindest von anderen Marktereignissen abhängig sein, wird all jenen unsinnig erscheinen, die von der gängigen ökonomischen Theorie geprägt sind; aber genau diese Abhängigkeit legt das Konzept der Reflexivität nahe, und genau dies demonstrieren auch die Finanzmärkte in ihren Bewegungen.

Setzt man unabhängig voneinander gegebene Bedingungen von Nachfrage und Angebot voraus, dann schaltet man die Möglichkeit jeder reflexiven Interaktion von vornherein aus. Was hat das zur Folge? Wie wichtig ist die Reflexivität im Verhalten der Märkte und Ökonomien? Betrachten wir das Geschehen selbst. In meinem Buch ›Die Alchemie der Finanzen‹ analysierte ich mehrere Fälle von Reflexivität, in denen die Gleichgewichtstheorie keine hinreichende Erklärung liefert. Im Falle des Aktienmarkts konzentrierte ich mich auf das Phänomen der Hebelwirkung des Eigenkapitals. Ist eine Firma oder eine Branche überbewertet, kann sie Aktien ausgeben und die Erträge verwenden, um inflationierte Erwartungen zu rechtfertigen – bis zu einem gewissen Punkt. Wird umgekehrt eine schnell wachsende Firma unterbewertet, kann sie vielleicht die ihr offenstehenden Möglichkeiten nicht nutzen, wodurch sie die Unterbewertung rechtfertigt – aber auch dies nur bis zu einem gewissen Punkt. Auf der Grundlage dieser Beispiele entwickelte ich eine Boom/Bust-Theorie für den Aktienmarkt, die gute Resultate zeitigte und die ich später noch detaillierter behandle.

Bei der Untersuchung der Devisenmärkte bemerkte ich das Auftreten von Teufelskreisen und günstigen Spiralbewegungen, in denen Wechselkurse und die Fundamentaldaten, die sie angeblich spiegeln, in einer sich selbst verstärkenden Weise miteinander verbunden waren. Dadurch entstanden Trends, die über längere Zeiträume anhielten, bis sie sich schließlich umkehrten. Für den Dollar machte ich einen Teufelskreis mit dem Kulminationspunkt im Jahr 1980 aus und analysierte eine günstige Spiralbewegung zwischen 1980 und 1985. Ich nannte sie Reagans imperiale Spirale. Hätte ich das Buch später geschrieben, hätte ich auf eine ähnliche Entwicklung in Deutschland hinweisen können, ausgelöst durch die deutsche Wiedervereinigung von 1990. Wegen ihrer Auswirkungen auf den europäischen Wechselkursmechanismus vollzog sie sich auf andere Art: 1992 führte sie zur Abwertung des Pfundes. Solch lang andauernde, gut zu erkennende Trends ermutigen zur Trendspekulation und verstärken damit die Instabilität.

Bei der Untersuchung des Bankensystems beobachtete ich einen reflexiven Zusammenhang zwischen dem Akt der Kreditaufnahme und den Sicherheiten, die über die Kreditwürdigkeit des Kreditnehmers entscheiden. Dies läßt ein asymmetrisches Boom/Bust-Muster entstehen, in dem Kreditausweitung und ökonomische Aktivität allmählich an Tempo gewinnen und schließlich ein abruptes Ende finden. Deutlich sichtbar waren der reflexive Zusammenhang und das asymmetrische Muster in dem großen internationalen Kreditaufnahmeboom der siebziger Jahre, der in der mexikanischen Krise von 1982 gipfelte. Ein ähnlicher Prozeß entfaltet sich heute, 1998, während ich diese Zeilen schreibe.

Die genannten Beispiele sollten ausreichen, um die Unzulänglichkeit der Gleichgewichtstheorie zu demonstrieren und den Versuch zu rechtfertigen, eine allgemeine Theorie der Reflexivität zu entwickeln, die das Gleichgewicht lediglich als Sonderfall begreift. Immerhin genügte ein einziges Experiment über die Lichtablenkung im Schwerefeld der Sonne, um die Mängel der Newtonschen Physik nachzuweisen und die Evidenz von Einsteins Relativitätstheorie vor Augen zu führen. Zwischen Einsteins und meiner Theorie besteht jedoch ein großer Unterschied. Einstein konnte ein spezifisches Ereignis voraussagen – das Michelson-Experiment, das die Invarianz der Lichtgeschwindigkeit nachwies, oder die Sonnennähe des Merkur, die die allgemeine Relativitätstheorie bestätigte. Ich hingegen kann gar nichts voraussagen: außer der Unvorhersagbarkeit. Wenn eine Theorie der Reflexivität Gehör finden soll, müssen wir unsere Erwartungen hinsichtlich unserer Fähigkeit, gesellschaftliche und historische Ereignisse antizipieren und erklären zu können, deutlich herunterschrauben.

Bevor ich fortfahre, möchte ich noch einige theoretische Punkte klarstellen. Erstens mit Blick auf das Gleichgewicht. Es gibt neben der Reflexivität auch weitere Faktoren, die auf die Tendenz zum Gleichgewicht einwirken können. Einer davon ist Innovation. Brian Arthur und andere haben den Begriff der wachsenden Erträge entwickelt, der Produktionssteigerungen über das klassische Gleichgewicht hinaus rechtfertigt, in der Hoffnung, technische Fortschritte würden die Produktionskosten deutlich absenken und damit Marktbeherrschung sowie große Profite ermöglichen. Diese Theorie hat eine der heiligsten normativen Schlußfolgerungen der ökonomischen Theorie untergraben: die Optimalität des freien Handels.

Zweitens mit Blick auf die Reflexivität. Sie manifestiert sich darin, daß sich die Werte und Erwartungen von Menschen fortlaufend ändern. Doch das allein genügt nicht; die menschliche Wahrnehmung muß auch den tatsächlichen Zustand beeinflussen, sonst ließe sich der Einstellungswandel als bloße Geräuschkulisse abtun und man würde noch immer auf ein schließliches Gleichgewicht setzen. Ich glaube nicht, daß man der Realität allzu große Gewalt antut, wenn man bei mikroökonomischen Analysen die Reflexivität außer acht läßt. Eine Ausnahme bilden möglicherweise Werbung und Marketing, die eher die Nachfragekurve beeinflussen als eine bestehende Nachfrage befriedigen. Aber selbst diese Tätigkeiten sind nicht immer reflexiv in dem Sinne, in dem ich den Begriff soeben definiert habe; und es verhindert nicht die Herausbildung eines Gleichgewichts, wenn Firmen einen Teil ihrer Mittel für Nachfrageausweitung und andere Teile für Nachfragebefriedigung verwenden.

Die Situation ändert sich sofort, sobald es um Finanzmärkte und makroökonomische Fragen geht. Hier spielen Erwartungen eine wichtige Rolle – und zwar eine reflexive. Die Teilnehmer gründen ihre Entscheidungen auf ihre Erwartungen, und die Zukunft, die sie vorwegzunehmen suchen, hängt wiederum von den Entscheidungen ab, die sie heute treffen. Unterschiedliche Entscheidungen bringen eine unterschiedliche Zukunft hervor; sie beziehen sich also nicht, wie oft angenommen, auf etwas unabhängig Gegebenes. Daraus entspringt ein Element der Ungewißheit, sowohl in bezug auf die Entscheidungen wie auch deren Folgen. Es kann theoretisch nur ausgeschaltet werden, indem man geradezu heroisch vollkommenes Wissen voraussetzt. Aber diese Annahme ist unhaltbar, läßt sie doch die Tatsache außer acht, daß Menschen frei sind, zwischen verschiedenen Handlungsoptionen zu wählen. Vollkommenes Wissen wovon? Sämtliche Wahlmöglichkeiten aller Beteiligten? Das ist undenkbar, wenn sich die Wahlmöglichkeiten auf ein Ergebnis beziehen, das seinerseits von Entscheidungen abhängt. Die Beteiligten müssen daher nicht nur wissen, wie das eventuelle Gleichgewicht aussehen könnte, sie müssen es auch wollen. Und sie müssen wissen, daß alle anderen es kennen und wollen. Daß all diese Voraussetzungen gegeben sind, ist recht unwahrscheinlich, aber man hat es allen Ernstes behauptet.

Wir müssen einsehen, daß absolutes Wissen unerreichbar ist und ein Element der Ungewißheit immer bleiben wird. Heißt das, daß der Begriff des Gleichgewichts für die reale Welt keine Rolle mehr spielt? Dies ist keine zwingende Folgerung, denn es muß noch etwas anderes eintreten, damit das Gleichgewicht zu einem beweglichen Ziel wird: Die Erwartungen müssen die Zukunft beeinflussen, auf die sie sich beziehen. Mehr noch, der Einfluß muß derart sein, daß er Veränderungen in diesen Erwartungen herbeiführt, die ihrerseits wieder die Zukunft verändern. Solche selbstbezüglichen Rückkopplungsmechanismen kommen natürlich nicht jedes Mal in Gang, aber sie treten zu häufig auf, als daß man sie ignorieren dürfte. Sie sind endemisch in Finanzmärkten, wo aktuelle Preisänderungen die Zukunft verändern können, die die gegenwärtigen Preise doch diskontieren sollen. Sie sind auch charakteristisch für makroökonomische Strategien in der Politik, die von Ereignissen auf Finanzmärkten beeinflußt werden und ihrerseits die Finanzmärkte beeinflussen. Der Versuch, das Verhalten von Finanzmärkten und makroökonomische Entwicklungen mittels der Gleichgewichtsanalyse zu erklären, ist daher verfehlt. Dennoch hat die Wirtschaftswissenschaft eben dies versucht, indem sie sämtliche Manifestationen des Ungleichgewichts auf sogenannte exogene Erschütterungen zurückführte – ein Unterfangen, das mich an die Bemühungen des Ptolemäus erinnert, die Bewegung der Himmelskörper durch die Konstruktion zusätzlicher Kreise zu erklären, wenn die Planeten nicht ihren vorgeschriebenen Bahnen folgen wollten.

Im tatsächlichen Alltagsgeschehen sind sich sowohl die Mitspieler als auch die Gesetzgeber des Marktes darüber im klaren, daß Gleichgewicht eine Illusion ist. Es gibt wohl kaum ein Feld, auf dem Theorie und Praxis so weit auseinanderklaffen wie in ökonomischen Fragen; deshalb gewinnen hier auch Alchimie und andere Formen der Magie derart breiten Raum. Ich weiß das nicht zuletzt deshalb, weil mir – vor allem in asiatischen Ländern – der Ruf eines

Zauberers anhaftet, der ganze Märkte manipulieren könnte, wenn er es nur wollte. Aber auch die Einschätzungen des Vorsitzenden der US-Notenbank, Alan Greenspan, insbesondere seine Warnung vor »irrationalen Übertreibungen der Märkte«, beruhen auf der Einsicht in die Reflexivität – nur daß er den Begriff nicht verwendet. In der Vergangenheit fanden sich die größten Künstler der reflexiven Alchimie zweifellos im japanischen Finanzministerium; zur Zeit sind ihnen allerdings die Tricks ausgegangen.

Ich muß zugeben, daß ich mit den vorherrschenden Theorien effizienter Märkte und rationaler Erwartungen nicht vertraut bin. Ich halte sie für überflüssig; die Mühe, sie eingehend zu studieren, habe ich mir nie gemacht, weil ich auch ohne sie ganz gut zurechtgekommen bin. Daß das kein schwerwiegender Fehler war, zeigt unter anderem der Zusammenbruch des Long-Term Capital Management, einem Hedgefonds, dessen Manager von der Anwendung der modernen Gleichgewichtstheorie zu profitieren hofften und sich in ihren Arbitrage-Strategien von den Ansichten der Wirtschafts-Nobelpreisträger aus dem Jahr 1997 inspirieren ließen – die Auszeichnung hatten letztere für ihre theoretische Arbeit über Preisgestaltung bei Optionen erhalten. Daß einige der erfolgreichen Teilnehmer auf Finanzmärkten moderne Theorien, die das Funktionieren ebenjener Märkte erklären, für völlig nutzlos halten, mag an sich schon als beißende Kritik gelten, aber es ist noch keine formale Demonstration ihrer Unzulänglichkeit. Das Scheitern des Long-Term Capital Management erlaubt da treffendere Schlüsse.

Gleichwohl ist der Begriff des Gleichgewichts ungemein hilfreich, um die Mängel der realen Welt zu beleuchten. Wir könnten keine Theorie des dynamischen Ungleichgewichts aufstellen, diente uns das Gleichgewichtskonzept nicht als Folie. Mit der Wirtschaftswissenschaft selbst liege ich eigentlich nicht im Streit – außer daß sie mir nicht weit genug geht, weil sie eben den reflexiven Zusammenhang, der zwischen Marktentwicklung und den Bedingungen von Angebot und Nachfrage besteht, völlig außer acht läßt.

Um Finanzmärkte und makroökonomische Prozesse angemessen zu verstehen, brauchen wir ein neues Paradigma. Wir müssen dem Begriff des Gleichgewichts den Begriff der Reflexivität zur Seite stellen. Es ist nicht so, daß die Reflexivität die Gleichgewichtstheorie als axiomatisches System gänzlich entwerten würde, sie fügt ihr aber eine Dimension hinzu, die sonst unberücksichtigt bliebe. In gewisser Hinsicht ähnelt das der Verbindung von Planimetrie mit der Vorstellung, daß die Erde rund ist. Die Gleichgewichtstheorie soll zeitlos gültige Verallgemeinerungen liefern, Reflexivität hingegen eröffnet eine historische Dimension. Mit dem Zeitpfeil wird ein historischer Prozeß eingeführt, der zum Gleichgewicht tendieren kann oder auch nicht. In der realen Welt ist das der entscheidende Unterschied.

Die Frage der Werte

Die ökonomische Theorie nimmt die Werte und Vorlieben der Beteiligten als gegeben an. Unter dem Deckmantel dieser methodischen Konvention stellt sie stillschweigend gewisse Behauptungen hinsichtlich der Werte auf. Vor allem geht sie davon aus, daß nur Marktwerte berücksichtigt werden sollten, also nur diejenigen Überlegungen, die einem Marktteilnehmer bei der Entscheidung in den Sinn kommen, was er einem anderen Teilnehmer in freiem Austausch zu zahlen bereit ist. Diese Behauptung ist gerechtfertigt, sofern sie sich auf die Festlegung von Marktpreisen bezieht, aber sie läßt eine ganze Reihe individueller und sozialer Werte außer Betracht, die sich im Marktverhalten nicht niederschlagen. Und wenn sich Entscheidungen nicht um Marktpreise drehen, dürfen diese Werte eben nicht mißachtet werden. Wie die Gesellschaft organisiert sein sollte, wie Menschen ihr Leben leben sollten – solche Fragen dürfen nicht allein auf der Grundlage von Marktwerten entschieden werden.

Doch eben dies ist der Fall. Umfang und Einfluß der ökonomischen

Theorie haben längst jene Grenzen gesprengt, die mit den Postulaten des axiomatischen Systems eigentlich gesetzt waren. Die Marktfundamentalisten verwandelten eine axiomatische, wertneutrale Theorie in eine Ideologie, die das politische und ökonomische Verhalten nachhaltig und gefährlich beeinflußt. Wie Werte, die nur auf dem Markt Geltung haben sollten, so massiv in gesellschaftliche Bereiche vordringen können, in denen sie eigentlich nichts zu suchen haben, ist eine der Schlüsselfragen, die meinem Buch zugrunde liegen.

Die von der ökonomischen Theorie als gegeben angenommenen Werte umfassen immer zwei Aspekte: Eine bestimmte Menge von einer Sache kann einer bestimmten Menge einer anderen gleichgesetzt werden. Die Vorstellung, daß einige Werte nicht verhandelbar sind, wird von vornherein verworfen; genauer: Solche Werte existieren im Feld der Wirtschaft angeblich nicht. Nur individuelle Präferenzen werden akzeptiert, kollektive Bedürfnisse dagegen mißachtet. Das bedeutet, daß der gesamte Bereich von Gesellschaft und Politik außerhalb des Blickfeldes bleibt. Wäre die Argumentation der Marktfundamentalisten richtig, daß das ungehinderte Verfolgen des Eigeninteresses dem Gemeinwohl am besten diene, dann wäre das nicht weiter schlimm. Aber diese Schlußfolgerung ignoriert, wie gesagt, die kollektiven Bedürfnisse, und darum ist der Standpunkt der Marktfundamentalisten haltlos.

Empirische Untersuchungen von Entscheidungsprozessen haben gezeigt, daß das menschliche Verhalten selbst in puncto individueller Präferenzen nicht den Annahmen der Wirtschaftstheorie entspricht. Demnach sind die Präferenzen der Menschen nicht widerspruchsfrei und unveränderlich, sondern hängen von den jeweils anstehenden Problemstellungen ab. Seit Bernoulli, also seit dem frühen 18. Jahrhundert, geht die ökonomische Theorie davon aus, daß Individuen die Ergebnisse ihrer Entscheidungen im Lichte künftigen Wohlstands bewerten. Tatsächlich aber artikulieren sie die Ergebnisse als relative Gewinne und Verluste. Dies ist kein geringfügiger Unterschied, denn wer seine Handlungsresultate anhand des Kriteriums Wohlstand beurteilt, wird eher Risiken eingehen als jemand, der sich am Maßstab Verlust orientiert.[7]

Ich gehe noch einen Schritt weiter und behaupte, daß das menschliche Verhalten vom jeweiligen Bezugsrahmen abhängt. Die Wahl der Rahmen entbehrt zwar nicht einer gewissen Folgerichtigkeit, doch ist sie keineswegs zuverlässig, und häufig bestehen merkliche Brüche zwischen verschiedenen Bezugssystemen. Ich spreche hier aus persönlicher Erfahrung. Häufig hatte ich das Gefühl, eine multiple Persönlichkeit zu sein, hin- und hergerissen zwischen Geschäft, sozialer Verantwortung und Privatleben. Und wenn sich die Rollen hin und wieder vermischten, brachte mich das nicht selten in Verlegenheit. Dennoch habe ich mich bewußt bemüht, die verschiedenen Aspekte meiner Existenz zu integrieren, und heute kann ich zum Glück sagen, daß mir das auch gelungen ist. Wenn ich mich deshalb als glücklich bezeichne, dann meine ich damit, daß mich die harmonische Zusammenführung der verschiedenen Persönlichkeitsfacetten zutiefst befriedigt. Dieses Glück wäre mir vermutlich verwehrt geblieben, wenn ich auf den Finanzmärkten aktiv geblieben wäre. Die Verwaltung von Geld erfordert eine zielstrebige Hingabe an das Geldverdienen; dem müssen sämtliche Überlegungen untergeordnet werden. Im Gegensatz zu anderen Beschäftigungen kann die Verwaltung eines Hedgefonds sowohl Gewinne als auch Verluste zeitigen; man kann es sich nicht leisten, auch nur einen Augenblick unaufmerksam zu sein. Es ist bemerkenswert, daß die Werte, die mich bei meinen Geldgeschäften leiteten, jenen Werten ähnelten, die von der Wirtschaftstheorie gefordert werden: Sie umfaßten das sorgfältige Abwägen der Alternativen, sie waren ihrem Wesen nach eher kardinal als ordinal,[8] sie waren dauerhaft, graduell und zielstrebig darauf gerichtet, das Verhältnis von Risiko und Profit zu optimieren – einschließlich höherer Risiken zu Zeitpunkten eines günstigen Verhältnisses.

Wenn ich von meinen persönlichen Erfahrungen ausgehe, muß ich zugeben, daß die von der ökonomischen Theorie postulierten Werte tatsächlich von Belang sind für wirtschaftliche Tätigkeiten im allgemeinen und das Verhalten von Marktteilnehmern im besonderen. Eine Verallgemeinerung dieser Erfahrungen scheint mir deshalb gerechtfertigt, weil die Marktteilnehmer, die sich nicht an solche Werte halten, wahrscheinlich durch den Konkurrenzdruck ausgeschaltet oder zumindest zur Bedeutungslosigkeit verdammt werden.

Die wirtschaftliche Tätigkeit stellt natürlich nur einen Ausschnitt der menschlichen Existenz dar. Zweifellos spielt sie eine gewichtige Rolle, doch gibt es viele andere Aspekte, die wir nicht aus den Augen verlieren dürfen. Für unsere Zwecke unterscheide ich zwischen der wirtschaftlichen, politischen, gesellschaftlichen und individuellen Sphäre, auch wenn die Grenzen hier manchmal fließend sind. Leicht ließen sich noch konkretere Gesichtspunkte anführen, etwa der Druck des Kollegenkreises, der Einfluß der Familie, die Macht der öffentlichen Meinung oder das Verhältnis von Heiligem und Profanem. Hier kommt es mir jedoch darauf an, daß das wirtschaftliche Tun nur eine mögliche Verhaltensart ist und daß die Werte, die die ökonomische Theorie als gegeben annimmt, nicht die einzigen von Belang sind.

Wie also verhalten sich ökonomische Werte zu den Werten anderer Sphären? Das ist keine Frage, die sich ein für allemal beantworten ließe – es sei denn mit der Aussage, daß ökonomische Werte allein die Gesellschaft nicht am Leben erhalten können. Sie bringen schließlich nur zum Ausdruck, was ein individueller Marktteilnehmer einem anderen in freiem Austausch für eine Ware freiwillig zu zahlen bereit ist. Diese Wertbestimmung setzt voraus, daß jeder Teilnehmer das ausschließliche Ziel verfolgt, seinen Profit unter Ausschließung aller sonstigen Überlegungen zu maximieren. Obwohl eine solche Beschreibung dem Marktverhalten gerecht werden mag, bedarf es noch einiger anderer Werte, soll die Gesellschaft, ja das menschliche Leben überhaupt weiter bestehen. Welche Werte sind das, und wie lassen sie sich mit den Marktwerten in Einklang bringen? Eine Frage, die mich nicht nur seit geraumer Zeit beschäftigt, sondern auch verwirrt. Das Studium der Wirtschaftswissenschaften liefert keine gute Vorbereitung auf dieses Problem – wir müssen über die ökonomische Theorie hinausgehen. Statt Werte als gegeben anzunehmen, müssen wir einsehen, daß sie reflexiver Natur sind. Das wiederum bedeutet, daß unter verschiedenen Bedingungen verschiedene Werte vorherrschen und daß es einen Rückkopplungsmechanismus gibt. Dieser verknüpft sie mit den tatsächlichen Bedingungen, und so kommt ein einzigartiger historischer Prozeß in Gang. Auch Werte sind fehlbar, was heißen soll, daß sich Werte, die in einem bestimmten Augenblick der Geschichte vorherrschen, in einem anderen möglicherweise als unzulänglich und ungeeignet erweisen. So wird im gegenwärtigen historischen Moment den Marktwerten eine Bedeutung zugesprochen, die vollkommen überzogen und unangemessen ist.

Wollen wir den Begriff der Reflexivität auch auf Werte anwenden, muß das anders geschehen als im Falle von Erwartungen. Bei Erwartungen dient das Ergebnis als Kriterium; bei Werten ist das nicht so. Die christlichen Märtyrer schworen ihrem Glauben nicht einmal dann ab, als sie den Löwen zum Fraß vorgeworfen wurden. Wahrscheinlich bräuchte ich eine andere, emotionalere Bezeichnung für die Rückkopplung zwischen Realität und Denken als »kognitive Funktion«, doch ich finde keine. Mehr davon später.

3. Reflexivität auf Finanzmärkten

Wie im vorhergehenden Kapitel gezeigt, gründet sich die traditionelle Wirtschaftstheorie auf die Annahme absoluten Wissens und den Begriff des Gleichgewichts. Ich möchte nun die Diskussion näher an die Realität heranführen, nämlich durch die Behauptung, daß die Teilnehmer an Finanzmärkten notwendigerweise Vorurteile in ihren Entscheidungsprozeß einbringen. Das Wort Vorurteil verwende ich hier für das Urteilselement, das in die Erwartungen aller am Markt Beteiligten eingeht. Jeder Marktteilnehmer steht vor der Aufgabe, einem künftigen Ereignisverlauf einen gegenwärtigen Wert beizumessen, doch dieser Verlauf wiederum ist abhängig von den gegenwärtigen Werten, die alle Marktteilnehmer gemeinsam ihm zuschreiben. Das Vorurteil zeichnet sich dadurch aus, daß es nicht rein passiv ist: Es spiegelt nicht nur den Verlauf der Ereignisse, es beeinflußt ihn auch. Dem Konzept des Gleichgewichts, wie es die Wirtschaftstheorie verwendet, fehlt dieses aktive Moment.

Es ist nicht leicht, den Begriff Vorurteil angemessen anzuwenden. Er läßt sich nicht richtig bestimmen, weil wir nicht wissen, wie eine Welt ohne Vorurteile aussehen würde. Unterschiedliche Menschen haben unterschiedliche Vorurteile, aber niemand vermag ohne sie zu leben und zu arbeiten. Das gilt sogar für den Fall, daß jemand die Zukunft präzise antizipiert. Glücklicherweise bietet die äußere Welt einen Anhaltspunkt – kein Maß – für die Vorurteile der Teilnehmer, nämlich den tatsächlichen Ereignisverlauf. Es gibt keine vom Denken der Beteiligten unabhängige Realität, sie ist mit ihren Reflexionen eng verwoben. Mit anderen Worten: Die Vorurteile der Beteiligten wirken sich auf den tatsächlichen Ereignisverlauf unmittelbar aus. Der wiederum wird sich aller Wahrscheinlichkeit nach von den Erwartungen der Beteiligten unterscheiden, und die jeweilige Abweichung liefert einen Hinweis auf die wirkenden Vorurteile. Leider ist sie, wie gesagt, ein schwacher Anhaltspunkt, kein vollständiges Maß, trägt der tatsächliche Ereignisverlauf doch bereits die Folgen, welche die Vorurteile der Beteiligten haben, in sich. Ein solches Phänomen, teilweise wahrnehmbar, teilweise verborgen, besitzt als Instrument wissenschaftlicher Analyse nur begrenzten Wert. Wir können nun nachvollziehen, warum die Wirtschaftswissenschaftler so eifrig darauf bedacht waren, es aus ihrem Universum zu verbannen. Dennoch ist es, da bin ich mir sicher, der Schlüssel zum Verständnis der Finanzmärkte.

Der Ereignisverlauf, den die Teilnehmer an den Finanzmärkten vorauszusehen versuchen, besteht aus Marktpreisen. Die sind zwar leicht zu beobachten, doch sie sagen nichts über die Vorurteile der Beteiligten aus. Wollen wir uns dem jeweiligen Vorurteil nähern, benötigen wir eine andere Variable, die nicht schon von diesem beeinflußt ist. Die konventionelle Interpretation der Finanzmärkte gibt vor, eine solche Variable zu kennen: die Fundamentaldaten, die sich in den Marktpreisen angeblich spiegeln. Nehmen wir den Aktienmarkt: Firmen haben Bilanzen und Gewinne, und sie zahlen Dividenden. Die Marktpreise sind es nun, die die vorherrschenden Erwartungen hinsichtlich dieser Fundamentaldaten zum Ausdruck bringen sollen – eine Deutung, der ich zwar nicht zustimme, die aber einen hervorragenden Ausgangspunkt liefert, um die Vorurteile der Beteiligten zu untersuchen.

Für den Zweck, den ich hier verfolge, genügt es, wenn ich Gleichgewicht als Übereinstimmung zwischen den Ansichten der Beteiligten und den Fundamentaldaten definiere. Ich glaube, dies läßt sich durchaus mit der Art und Weise vereinbaren, wie der Begriff in der Wirtschaftstheorie verwendet wird. Entscheidend sind die zukünftigen Fundamentaldaten. Nicht die Gewinne, Bilanzen und

Dividenden des letzten Jahres spiegeln sich in den Aktienpreisen, sondern der künftige, erwartete Strom von Gewinnen, Dividenden und Anlagewerten schlägt sich darin nieder. Dieser Strom existiert noch nicht, ist also kein Objekt des Wissens, sondern des Abschätzens. Tritt die Zukunft ein, ist sie durch das vorangegangene Mutmaßen geprägt. Dieses Mutmaßen findet seinen Ausdruck in den Aktienkursen, die wiederum die Fundamentaldaten beeinflussen können. Ähnliche Argumente gelten, wie wir später noch sehen werden, für Devisen, Kredite und Waren. Doch bleiben wir zunächst beim Aktienmarkt: Eine Firma kann Kapital aufnehmen, indem sie Aktien verkauft; der Preis, zu dem sie verkauft, wird den Gewinn pro Aktie bestimmen. Er ist außerdem von Bedeutung für die Bedingungen, zu denen die Firma Kredit aufnehmen kann. Kurzum, das Bild der Firma, wie es in ihrem Aktienkurs zum Ausdruck kommt, vermag die Substanz zu beeinflussen. Wann immer dies geschieht, entsteht die Möglichkeit einer reflexiven Interaktion – und genau dann wird das Gleichgewicht zu einem trügerischen Begriff, weil die Fundamentaldaten nicht länger als unabhängige Variable dienen, mit denen der Aktienkurs übereinstimmt. Das Gleichgewicht wird zu einem beweglichen Ziel – wenn in einer solchen Situation überhaupt noch davon die Rede sein kann, denn die Bewegung der Aktienkurse kann die Fundamentaldaten in die gleiche Richtung drängen, in die sich auch die Aktien bewegen.

Die Zukunft, welche die Marktteilnehmer zu antizipieren suchen, besteht in erster Linie aus Aktienkursen, nicht aus Fundamentaldaten. Diese sind nur insoweit von Bedeutung, als sie die Aktienkurse beeinflussen. Finden umgekehrt die Aktienkurse einen Weg, die Fundamentaldaten zu beeinflussen, so kommt mitunter ein sich selbst verstärkender Prozeß in Gang, der beide Faktoren recht weit vom Gleichgewichtszustand abdrängt. In einer solchen Situation wäre dann ein trendfolgendes Verhalten gerechtfertigt, das die Finanzmärkte in einen Bereich führen kann, den ich als fernab vom Gleichgewicht liegend bezeichnen möchte. Schließlich wird die

Kluft zwischen Anspruch und Wirklichkeit, Erwartung und Ergebnis so groß, daß der Prozeß sich umkehrt. All das heißt jedoch nicht, daß trendfolgendes Verhalten notwendigerweise irrational ist. So wie bestimmte Tiere gute Gründe haben, Herden zu bilden, gilt das auch für Investoren. Nur an Wendepunkten kommen Trendfolger zu Schaden; und sind sie intelligent genug, werden sie wahrscheinlich überleben. Anders gewendet: Investoren, die sich aus Prinzip absondern und ihr Glück strikt an die Fundamentaldaten binden, werden nicht selten von der Herde niedergetrampelt.

Nur gelegentlich kann der Aktienkurs einer einzelnen Firma ihre Fundamentaldaten beeinflussen. Erst im größeren Rahmen finden wir reflexive Interaktionen, die mit einer gewissen Regelmäßigkeit auftreten. So tendieren Devisenbewegungen zur Selbstbestätigung, Kreditausweitung und Kreditverknappung zu einem zyklischen Muster. Sich selbst verstärkende, aber letzten Endes selbstzerstörerische Prozesse sind auf Finanzmärkten gang und gäbe, auch wenn sie nur selten angemessen dokumentiert werden können.

Zur Illustration möchte ich einen besonderen Fall aus ›Die Alchemie der Finanzen‹ heranziehen: den sogenannten Boom der Mischkonzerne, der Ende der sechziger Jahre seinen Höhepunkt erreichte. Zu jener Zeit waren Investoren bereit, für Firmen, die ein schnelles Wachstum des Gewinns pro Aktie erzielen konnten, ein hohes Kurs-Gewinn-Verhältnis (KGV) zu zahlen. Dieser Aspekt – Ertragswachstum – spielte bei ihren Überlegungen eine größere Rolle als die anderen Fundamentaldaten, wie Dividenden etwa oder Bilanzen. Wie dieses Wachstum der Erträge pro Aktie zustande kam, interessierte die Investoren kaum, und einige Unternehmen verstanden das zu nutzen. Im Normalfall waren Mischkonzerne Hightech-Rüstungsfirmen, die in der jüngeren Vergangenheit ein schnelles Wachstum der Erträge erzielt hatten und ein entsprechend hohes KGV. Sie beschlossen, ihre hochbewerteten Aktien für den Kauf anderer Firmen zu verwenden, deren Aktien zu einem niedrigeren KGV veräußert wurden, was zu höheren Erträgen pro

Aktie führte. Die Investoren konzentrierten sich auf das Wachstum der Erträge und gewährten den Aktien hohe KGVs, was den Firmen wiederum die Möglichkeit eröffnete, auf diese Weise fortzufahren. Bald gab es viele Nachahmer. Selbst Unternehmen, deren Aktien mit einem niedrigen KGV begannen, konnten allein dadurch, daß sie ihre Absicht verkündeten, zu einem Mischkonzern zu werden, ein höheres KGV erreichen. Der Boom hatte begonnen.

Zunächst wurden die Daten jeder Firma einzeln bewertet, dann jedoch nahm man die Mischkonzerne zunehmend als Gruppe wahr. Es bildete sich ein neuer Typ von Investor heraus, der sogenannte Go-Go-Fondsverwalter oder Revolverheld, der eine besondere Nähe zum Management der Mischkonzerne entwickelte. Auf diesem Weg lernten die Mischkonzerne schnell, ihre Aktienkurse ebenso gut zu managen wie ihre Erträge. Die Aktien stiegen, aber irgendwann konnte die Realität die Erwartungen nicht länger stützen. Die Erwerbungen mußten immer größer werden, um das eingeschlagene Tempo beizubehalten, und schließlich war der Bogen überspannt. Der Versuch Saul Steinbergs, die Chemical Bank zu übernehmen, markierte den eigentlichen Wendepunkt: Das Unterfangen wurde vom Establishment bekämpft und abgewehrt.

Als die Aktienkurse zu fallen begannen, ging es Schlag auf Schlag. Sämtliche Probleme, die während der Zeit des schnellen Wachstums unter den Teppich gekehrt worden waren, traten nun ans Licht. Die Ertragsberichte brachten eine unangenehme Überraschung nach der anderen. Die Investoren waren all ihrer Illusionen beraubt, und die Manager wollten sich nach den berauschenden Tagen des auf Zukauf gegründeten Erfolgs kaum mehr herablassen, die mühevolle Pflicht des Tagesgeschäfts zu übernehmen. Eine Rezession verschärfte diese ohnehin schon angespannte Situation, und etliche der ursprünglich so verheißungsvollen Mischkonzerne lösten sich ebensoschnell auf wie sie entstanden waren. Die Investoren rechneten inzwischen mit dem Schlimmsten, und das trat in manchen Fällen auch tatsächlich ein. Doch nach und nach stabilisierte sich die Lage, und die überlebenden Firmen, meist mit neuem Management, befreiten sich langsam, aber sicher aus den Trümmern der Vergangenheit.[9]

Es war der Boom der Mischkonzerne, der mich veranlaßte, das Modell einer Boom/Bust-Folge zu entwickeln: Am Anfang stehen immer ein herrschendes Vorurteil und ein bestimmter Trend. Im Falle der Mischkonzerne war das Vorurteil die Präferenz für schnelles Ertragswachstum pro Aktie und der Trend die Fähigkeit der Firmen, ein hohes Ertragswachstum pro Aktie zu erzielen, indem sie ihre Aktien zum Erwerb anderer Firmen verwendeten, die zu einem niedrigeren KGV gehandelt wurden. In der Anfangsphase (1) ist der Trend kaum wahrnehmbar. Erst in der Periode der Beschleunigung (2) wird der Trend erkannt und durch das herrschende Vorurteil verstärkt. Erleiden die Preise einen Rückschlag, setzt eine Phase der Überprüfung (3) ein; bleibt es dennoch bei Vorurteil und Trend, treten beide zusehends stärker hervor (4). Vermag die Realität den übertriebenen Erwartungen nicht mehr gerecht zu werden, kommt der Augenblick der Wahrheit (5), gefolgt von einer Zwielichtperiode (6), in der die Menschen das Spiel immer noch weitertreiben, obwohl sie schon nicht mehr daran glauben. Schließlich erreicht die Entwicklung einen Wendepunkt (7), an dem sich der Trend bricht; das Vorurteil kehrt sich um, was zu einer katastrophalen Beschleunigung in die entgegengesetzte Richtung führt (8), gemeinhin als Crash bekannt.

Die skizzierte Ereignisfolge ist natürlich idealtypisch, doch die Aktienkurven verschiedener Mischkonzerne entsprechen ihr ziemlich genau. Nicht jeder Boom/Bust-Prozeß entspricht diesem Muster. In ›Die Alchemie der Finanzen‹ beschrieb ich einen anderen Idealfall, bei dem, typisch für Devisenmärkte, Auf- und Abschwung symmetrischer sind. In der Realität spielen verschiedene reflexive Prozesse ineinander, jeweils eine einzigartige Kombination bildend. Jeder Fall ist anders, und der Chartverlauf weist zahllose Variationen auf. Ein besonders aufschlußreiches Beispiel für eine

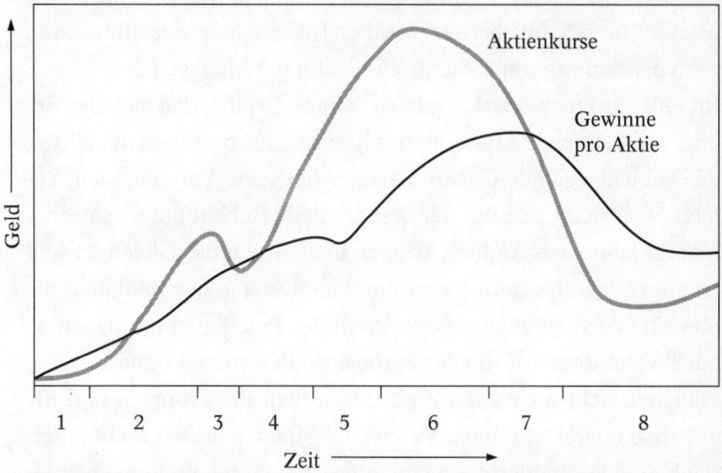

Boom/Bust-Folge war der plötzliche Vertrauensverlust auf den Finanzmärkten des Fernen Ostens im Jahre 1997, der nicht nur die Fundamentaldaten in Asien, sondern in der ganzen Welt beeinflußte. Doch darauf komme ich später noch.

In dem oben beschriebenen Modell ist nichts endgültig festgelegt. Die verschiedenen Phasen können von verschiedener Intensität und Dauer sein. Ihrer Folge scheint jedoch eine gewisse Logik zugrunde zu liegen: Es wäre eigenartig, stieße man nach dem Moment der Wahrheit auf eine Beschleunigungsperiode oder auf einen Wendepunkt vor dem Augenblick der Wahrheit. Herbeigeführt wird der Prozeß, der jederzeit abbrechen kann, durch die Interaktion von Vorurteil und Trend, Denken und Realität. In der Mehrzahl der Fälle wirkt der reflexive Rückkopplungsmechanismus eher selbstkorrigierend als selbstverstärkend. Eine ausgewachsene Boom/Bust-Folge entfaltet sich daher selten; gleichwohl ist die Reflexivität – ob sich selbst verstärkend oder korrigierend – stets greifbar. Gegenwärtig läßt sie sich besonders gut im Boom der Internetaktien beobachten: Die Popularität des Internet und der Internetaktien schaukeln sich gegenseitig hoch. Eine ähnliche reflexive Verbindung besteht im übrigen zwischen Unternehmensgewinnen und der Verwendung von Aktienoptionen für das Management.

Im Fall der Finanzmärkte gibt es keinen Zweifel, daß sich der Begriff der Reflexivität für eine Analyse weitaus besser eignet als der des Gleichgewichts. Gewiß, letzterer hat seine Vorteile, nicht zuletzt, weil sich ohne ihn der beschriebene Rückkopplungsmechanismus kaum verständlich machen ließe. Kurz, das Gleichgewicht ist ein ebenso fruchtbarer Irrtum wie die Fundamentaldaten, die uns eine Aussage über das Vorurteil der Beteiligten ermöglichen, auch wenn sie selbst von diesem beeinflußt werden können.

Gleichgewicht meint den Zustand, in dem Erwartungen und Ergebnisse übereinstimmen. Das ist auf Finanzmärkten nicht zu erreichen, doch immerhin läßt sich feststellen, ob ein herrschender Trend zum Gleichgewicht hin strebt oder in die entgegengesetzte Richtung. Dies ist ein wichtiger Fortschritt, denn erkennen wir einen herrschenden Trend und eine Divergenz zwischen Erwartungen und Ergebnissen, ermöglicht uns das ein Urteil darüber, ob die Entwicklung destabilisierend ist oder nicht. Wissenschaftlich läßt sich dieser Weg nicht gehen, obwohl ich weiß, daß die Übernahme von Poppers Theorie der wissenschaftlichen Methode hier sehr nützlich sein kann. Darum habe ich es auch stets so gehalten, eine Hypothese als Grundlage meiner Erwartungen aufzustellen, um sie dann am tatsächlichen Ereignisverlauf zu überprüfen. In meiner aktiven Zeit als Geldverwalter geriet ich in ganz besondere Erregung, wenn ich die Spur eines anfänglich selbstverstärkenden, aber am Ende selbstzerstörerischen Prozesses aufnahm. Mir lief das Wasser im Mund zusammen, als wäre ich einer von Pawlows Hunden. So wie man Wirtschaftswissenschaftlern nachsagte, zehn der letzten drei Rezessionen vorausgesagt zu haben, ging es mir mit Boom/Bust-Sequenzen. Meist irrte ich mich, denn nicht jede Situation eignet sich für die Aufstellung einer reflexiven These. Doch die wenigen Gelegenheiten, bei denen ich recht hatte, lohnten den

Aufwand, weil das Profitpotential um einiges höher lag als in Situationen annähernden Gleichgewichts. Für ein solches Vorgehen benötigt ein Fondsmanager Phantasie, Intuition und eine überaus kritische Einstellung.

In ›Die Alchemie der Finanzen‹ habe ich einen in verschiedener Hinsicht bemerkenswerten Fall dokumentiert: den der Grundstücks-Investment-Trusts Anfang der siebziger Jahre. In einem Maklerbericht hatte ich einen Boom/Bust-Prozeß vorausgesagt, und dann rollte das Szenario, einer griechischen Tragödie gleich, genauso wie vermutet ab. Ich selbst gehörte zu den größeren Mitspielern, die sowohl im Auf- wie im Abschwung ihren Nutzen daraus zogen. Von meiner Analyse ausgehend, daß die meisten Investment-Trusts bankrott gehen würden, verkaufte ich die Aktien während ihres Niedergangs weiterhin leer, so daß ich schließlich auf meinen Shortpositionen mehr als hundert Prozent verdiente – ein nahezu unglaublicher Vorgang.

Selbst in Situationen, in denen sich meine These als falsch erwies, konnte ich häufig noch Profit erzielen. Wenn ich eine bestimmte Entwicklung voraussah, folgte ich der Regel, erst zu investieren und dann zu prüfen. War meine These plausibel, konnte ich mich gewöhnlich mit Profit zurückziehen; war sie es nicht, so beruhigte es mich, den Fehler entdeckt zu haben, ging ich doch davon aus, daß jede Ausgangsbehauptung an irgendeinem Punkt unzulänglich sein muß.

Nach einer Weile nahm ich aufgrund meiner Erfahrungen an, daß sich der Aktienmarkt, ähnlich wie ich selbst auch, an eine Form von Poppers Theorie der wissenschaftlichen Methode hält – natürlich unbewußt. Mit anderen Worten: Er übernimmt eine These und überprüft sie; erweist sie sich als falsch, wie das gewöhnlich der Fall ist, versucht er es mit einer anderen. Auf diesen Prozeß sind die Fluktuationen des Marktes zurückzuführen. Er vollzieht sich auf verschiedenen Bedeutungsebenen, und die herausgebildeten Muster sind rekursiv.

Die vom Markt übernommene These ist häufig trivial. Manchmal erschöpft sie sich in der Aussage, daß sich Preise gewisser Firmen und Gruppen zu einem bestimmten Zeitpunkt nach oben oder unten bewegen. In solchen Fällen ist es aber oft schon zu spät, wenn ein Teilnehmer herausfindet, warum der Markt eine bestimmte These übernommen hat – sie ist bereits entwertet. Lohnender ist, die Fluktuationen durch eine Untersuchung der Marktmuster zu antizipieren. Das ist die Aufgabe der Analysten, an der ich nie sonderlich interessiert war. Ich zog es vor, eine nichttriviale, das heißt reflexive These abzuwarten. Natürlich hatte der Markt sie schon zu überprüfen begonnen, bevor ich eine solche Behauptung formulieren konnte, aber beim Formulieren selbst konnte ich dem Markt einen Schritt voran sein. Solche historischen, reflexiven Thesen sind nur selten greifbar; dazwischen gibt es lange seichte Perioden, in denen es sich empfiehlt, überhaupt nichts zu tun.

Ich bezweifle, ob ich heute bei alldem noch mithalten könnte. Inzwischen sind sich doch viele Marktteilnehmer des in der Reflexivität liegenden Potentials bewußt. So hat es einen bemerkenswerten Wandel fort von den Fundamentaldaten hin zu technischen Überlegungen gegeben. Im selben Maße, in dem der Glaube der Marktteilnehmer an die Fundamentaldaten abnimmt, gewinnt der an die Kraft der technischen Analyse hinzu. Für die Stabilität der Märkte ist das nicht unwichtig, doch bevor ich darauf zu sprechen komme, möchte ich an eine Unterscheidung erinnern, die in meinem begrifflichen Rahmen eine Schlüsselrolle spielt: die Unterscheidung von Zuständen annähernden Gleichgewichts und solchen, die weitab vom Gleichgewicht liegen. Ich habe diese Begriffe der Chaostheorie entliehen, zu der mein Ansatz eine gewisse Nähe aufweist. Unter Bedingungen des annähernden Gleichgewichts operiert der Markt mit trivialen Thesen, so daß eine Bewegung, die von der Balance wegführt, wahrscheinlich eine Gegenbewegung auslöst, welche die Preise in die ursprüngliche Position zurücktreibt. Diese Fluktuationen ähneln dem Wellengekräusel in einem Schwimmbecken.

Im Gegensatz dazu beeinflußt eine reflexive These, sofern sie sich zu behaupten vermag, nicht nur die Preise, sondern auch die Fundamentaldaten. Und statt einer ruhigen Rückkehr zum Ausgangspunkt ist eher eine Flutwelle zu erwarten. Bei ausgeprägten Boom/Bust-Folgen läßt sich von Gleichgewicht nicht mehr sprechen. Das verleiht ihnen ihre historische Bedeutung. Doch wo liegt die Grenze zum Ungleichgewicht?

Die Schwelle des dynamischen Ungleichgewichts wird überschritten, wenn ein real herrschender Trend und ein Vorurteil der Marktteilnehmer voneinander abhängen. Trend wie Vorurteil entwickeln sich dann weiter, als es ohne eine solche reflexive Verbindung möglich gewesen wäre. In den neunziger Jahren etwa brachte die Begeisterung der internationalen Investoren und Banker für asiatische Aktien und Vermögenswerte inländische Booms hervor, die durch hohe Bewertungen und leichten Kreditzugang noch zusätzlich angeheizt wurden. Diese Booms beschleunigten das Wachstum in den asiatischen Ländern und erhöhten erneut die Bewertungen, die ihrerseits weitere Kapitalzuflüsse aus dem Ausland anzogen. Allerdings gab es einen Haken bei der Sache: Ohne die informelle Dollaranbindung hätte sich der Boom nicht so weit entwickeln können. Sie war es, die den Ländern erlaubte, das Handelsdefizit länger als ratsam aufrechtzuerhalten. Doch mehr dazu später.

Ein herrschendes Vorurteil allein bewirkt nicht viel; es sei denn, es findet einen Weg, durch die Erzeugung oder Verstärkung eines realen Trends aufgewertet zu werden. Ich weiß, daß mein Argument in gewisser Hinsicht tautologisch ist: Bei einer doppelten Rückkopplung können wir von einem dynamischen Ungleichgewicht sprechen. Vielleicht lohnt es sich, auf diesem Argument zu beharren: Das Denken der Marktteilnehmer ist immer vorurteilsbehaftet, aber das führt nicht notwendigerweise zu einer Boom/Bust-Folge. So hätte der Mischkonzern-Boom abgekürzt werden können, wenn die Investoren rechtzeitig erkannt hätten, daß ihr Begriff vom Ertragswachstum pro Aktie einen Fehler aufwies – spätestens dann, als die Mischkonzerne begannen, diesen Fehler auszunutzen. Und der asiatische Boom hätte abgekürzt werden können, wenn die Investoren und Kreditgeber erkannt hätten, daß die Kapitalzuflüsse und laufenden Defizite in der Region zwar »produktive« Investitionen finanzierten, diese Investitionen jedoch nur so lange »produktiv« blieben, wie der Kapitalzustrom anhielt.

Doch damit nicht genug. Denn was passiert, wenn die reflexive Verbindung von Fundamentaldaten und Bewertungen von Marktteilnehmern erfaßt wird? Auch hieraus erwächst womöglich eine Quelle der Instabilität. Es kann zu einer Betonung der sogenannten technischen Faktoren führen, unter Vernachlässigung der Fundamentaldaten, und eine trendverstärkende Spekulation auslösen. Wie also läßt sich Stabilität bewahren? Nur indem man sich weiterhin auf die Fundamentaldaten verläßt, trotz der Tatsache, daß sie von unseren Bewertungen abhängig sind. Beständigkeit kann mitunter durch Unkenntnis gestützt werden. Sind sich Marktteilnehmer der Reflexivität nicht bewußt, bleiben die Märkte stabil, bis sich durch irgendein Schlupfloch ein Boom/Bust-Prozeß einzuschleichen vermag. Doch wie kann Stabilität gewährleistet werden, wenn die Marktteilnehmer die mögliche Reflexivität aller Beziehungen erst einmal erkannt haben? Die Antwort lautet, daß sie dies nicht allein erreichen können; vielmehr muß die Bewahrung der Stabilität, und das ist mir sehr wichtig, Ziel der Politik werden.

Der Begriff der Reflexivität ist selbst reflexiv. Die ökonomische Theorie hat – bewußt oder unbewußt – die Tendenz zum Gleichgewicht dadurch gefördert, daß sie die Reflexivität ignorierte und die Bedeutung der Fundamentaldaten herausstrich. Im Gegensatz dazu kommt meine Argumentation zu dem Schluß, daß Märkte nicht sich selbst überlassen werden dürfen. Das Wissen um die Reflexivität trägt so lange zur Erhöhung der Instabilität bei, wie die Behörden nicht ebenfalls darum wissen und, sobald die Entwicklung aus dem Ruder zu laufen droht, angemessen intervenieren.

Das Problem der Instabilität stellt sich schärfer als je zuvor. Der

Glaube an die Fundamentaldaten schwindet zusehends, und trendfolgendes Verhalten läßt sich immer häufiger beobachten – genährt durch den wachsenden Einfluß institutioneller Investoren, deren Leistung eher an relativen als an absoluten Erfolgen gemessen wird, und durch die großen Banken, die als Market maker im Devisen- und Derivatenhandel agieren: Sowohl als Market maker wie als Anbieter von Absicherungsmechanismen profitieren sie von der zunehmenden Unbeständigkeit. Die Rolle der Hedgefonds ist zwiespältiger: Durch den Einsatz von Hebelwirkung tragen sie zur Unbeständigkeit bei, doch insoweit sie sich von absoluten statt relativen Erfolgszielen leiten lassen, handeln sie häufig gegen den Trend. Die Finanzmärkte selbst entwickeln sich in einer historischen, reflexiven Art und Weise, und genau deshalb sollten wir die Gefahr wachsender Instabilität keinesfalls auf die leichte Schulter nehmen.

4. Reflexivität in der Geschichte

Ich interpretiere Finanzmärkte als historischen Prozeß, und ich glaube, daß meine Deutung auch für das Geschichtsverständnis im allgemeinen von Belang ist – womit ich nicht nur die Geschichte der Menschheit meine, sondern alle Formen menschlicher Interaktion. Doch bevor ich dies weiter ausführe, möchte ich noch einmal daran erinnern, daß Menschen auf der Grundlage unzulänglichen Verständnisses handeln und ihre Interaktion reflexiv ist.

Wie schon erwähnt, können wir Ereignisse in zwei Kategorien aufteilen: stumpfsinniges Alltagsgeschehen, das die Wahrnehmung in keiner Weise verändert, und einzigartige, historische Vorgänge, die die Geisteshaltung der Beteiligten beeinflussen und zu einem Wandel der herrschenden Zustände führen. Die Unterscheidung ist tautologisch, aber nützlich. Die erste Kategorie von Ereignissen ist für die Gleichgewichtsanalyse geeignet, die zweite nicht: Sie läßt sich nur als Teil eines historischen Prozesses verstehen.

Bei alltäglichen Geschehnissen tritt weder in der partizipativen noch in der kognitiven Funktion eine erwähnenswerte Veränderung ein. Im Falle einzigartiger, historischer Entwicklungen hingegen operieren beide Funktionen parallel, und weder die Perspektiven der Beteiligten noch die Situation, auf die sie sich beziehen, bleiben gleich. Ebendieser Umstand rechtfertigt es, solche Vorgänge als historisch zu bezeichnen.

Der historische Prozeß, wie ich ihn sehe, ist offen. In einer Situation mit denkenden Subjekten sind Ereignisse nicht so zu verstehen, daß sich eine Tatsache unmittelbar an die nächste reiht; vielmehr verschränken sich Tatsachen mit Wahrnehmungen und Wahrnehmungen mit Tatsachen – ineinander verflochten wie bei einem Schnürsenkel. Die Geschichte ist jedoch eine ganz besondere Art von Schnürsenkel: Teils tatsächlich real, teils lediglich aus den Gedanken der Akteure bestehend, ist er nicht aus ein und derselben Machart. Die beiden Materialien passen nicht zueinander, und die Unterschiede zwischen ihnen bestimmen die Form der Ereignisse, die sie verbinden. Der bereits geknüpfte Knoten ist fest geschnürt, aber die Zukunft ist offen. Dies unterscheidet sich stark von Naturphänomenen, bei denen sich zeitlos gültige Gesetze sowohl für die Erklärung der Vergangenheit als auch für die Voraussage der Zukunft anwenden lassen.

Diese »Schnürsenkeltheorie« der Geschichte deutet auf ein Zusammenspiel unseres Denkens mit der Realität hin. Sie läßt sich interpretieren als eine Synthese von Hegels Dialektik der Ideen und Marxens dialektischem Materialismus. Hegel trug die Dialektik einer Idee vor, die schließlich zum Ende der Geschichte führen würde: Freiheit. Marx, oder genauer Engels, lieferte die Antithese, indem er behauptete, daß die Produktionsverhältnisse den ideologischen Überbau bestimmen. Die Schnürsenkeltheorie könnte nun als eine Synthese dieser beiden Stränge begriffen werden. Nicht Gedanken *oder* materielle Verhältnisse entwickeln sich in dialektischer Manier, sondern erst das Wechselspiel zwischen beiden bringt einen dialektischen Prozeß hervor. Ich verwende das Wort Dialektik nur deshalb nicht häufiger, weil ich mir die damit verbundene Last nicht auch noch aufbürden will. Schließlich legte Marx eine deterministische Geschichtstheorie vor, die meiner eigenen Position vollkommen zuwiderläuft. Das Wechselspiel zwischen dem Materiellen und dem Ideellen ist gerade deshalb so interessant, weil sie einander nicht entsprechen oder determinieren – ein Mangel an Übereinstimmung, der die Vorurteile der reflektierenden Individuen zu einer kausalen Kraft in der Geschichte macht. Kurzum, die Irrtümer, Fehlinterpretationen und Mißverständnisse der Beteiligten spielen die gleiche Rolle im historischen

Prozeß wie genetische Mutationen im biologischen: Sie machen Geschichte.

Boom/Bust

Auch wenn der Boom/Bust-Prozeß für die Geschichte ebenso relevant ist wie für die Finanzmärkte, kann die historische Entwicklung natürlich auch ganz andere Wege einschlagen. Es besteht etwa die Möglichkeit, daß das herrschende Vorurteil und der herrschende Trend von Anfang an selbstkorrigierend sind, so daß der Boom/Bust-Prozeß gar nicht erst in Gang kommt. Dieser selbstberichtigende Prozeß ist weniger dramatisch und tritt auch häufiger auf. Die meisten historischen Entwicklungen haben überhaupt keine wiederkehrende Form, kein regelmäßiges Muster. Das liegt daran, daß die Realität unendlich komplex ist und jeder Prozeß, den wir uns zu genauerer Untersuchung auswählen, mit einer Reihe anderer Prozesse interagiert.

Der Boom/Bust-Prozeß erhält besondere Bedeutung, weil er Zustände des annähernden Gleichgewichts mit weit aus dem Gleichgewicht geratenen Zuständen verbindet. Seine Rolle in der Geschichte möchte ich an einem konkreten Beispiel erläutern: dem Aufstieg und Fall des Sowjetsystems. Am Ende dieses Prozesses war ich sehr engagiert und ließ mich von der Geschichtsauffassung leiten, die ich hier vortrage. Ich entwickelte eine Boom/Bust-Interpretation, die ich 1990 in meinem Buch ›Opening the Soviet System‹ dargelegt habe. Dort sagte ich in etwa folgendes:

Die ursprüngliche Voreinstellung und der ursprüngliche Trend führten zu einer geschlossenen Gesellschaft. Die Starre des Dogmas und die Starre der gesellschaftlichen Bedingungen verstärkten sich wechselseitig. Seinen Zenit erreichte das System in den letzten Jahren der stalinistischen Herrschaft. Es verfügte über ein Machtzentrum, ein Wirtschaftssystem, ein territoriales Imperium, eine Ideologie. Das System war allumfassend, von der Außenwelt isoliert und starr. Doch die Lücke zwischen dem tatsächlichen Zustand und seiner offiziellen Interpretation war groß genug, um das System heute als einen Fall statischen Ungleichgewichts präsentieren zu können.

Nach Stalins Tod, als Chruschtschow die stalinistische Herrschaft anprangerte, gab es einen kurzen Augenblick der Wahrheit; aber schließlich vermochte sich die Hierarchie wieder zu festigen. Es begann eine Periode des Zwielichts, in der sich das Dogma zwar noch auf administrative Methoden, jedoch nicht mehr auf den Glauben an seine Geltung stützen konnte. Erstaunlicherweise nahm die Rigidität des Systems in dieser Phase sogar noch zu. Solange ein Diktator das Steuer in der Hand hatte, konnte der Kurs der Kommunistischen Partei nach Lust und Laune verändert werden. Aber nun, als das Regime von Bürokraten beherrscht wurde, ging diese wie auch immer zu bewertende Flexibilität verloren. Gleichzeitig nahm auch der Terror ab, mit dem die Menschen gezwungen wurden, das kommunistische Dogma zu akzeptieren, und es setzte ein erster Auflösungsprozeß ein. Institutionen fingen an, um Positionen zu rangeln. Da keine von ihnen wahre Autonomie genoß, mußten sie sich auf eine Art Tauschhandel mit anderen Institutionen einlassen. Allmählich trat ein ausgefeiltes System des institutionellen Feilschens an die Stelle zentraler Planung. Und es entwickelte sich eine informelle Wirtschaft, die die vom formalen System offengelassenen Lücken ausfüllte. Diese Periode des Zwielichts ist jener Zeitraum, der heute als Stagnationsphase bezeichnet wird; die Unzulänglichkeit des Systems ließ sich nicht länger verbergen, und der Reformdruck stieg.

Die Reformen beschleunigten den spürbaren Verfall, weil sie Alternativen ins Spiel brachten oder legitimierten, während das System, wenn es überleben wollte, gerade auf das Fehlen von Alternativen angewiesen war. Das wirtschaftliche Umdenken zeitigte in allen kommunistischen Ländern Erfolge – mit der bemerkenswerten Ausnahme der Sowjetunion selbst. Die chinesischen Reformer nannten diese Phase die Goldene Zeit, in der das vorhandene Kapital umgelenkt wurde, um die Bedürfnisse der Verbraucher zu befriedigen. Doch die Reformbewegungen gründeten sich auf ein Mißverständnis: Das System konnte nicht reformiert werden, weil es die wirtschaftliche Zuweisung von Kapital nicht zuließ. Sobald die vorhandenen Kapazitäten neu ausgerichtet waren, mußte der Reformprozeß auf Schwierigkeiten stoßen.

Das ist durchaus verständlich. Der Kommunismus verstand sich als ein Gegengift gegen den Kapitalismus, der den Arbeiter vom Produkt seiner Arbeit entfremdet hatte. Alles Eigentum hatte der Staat übernommen, und der Staat, definiert durch die Partei, verkörperte das kollektive Interesse. Somit hatte die Partei den Auftrag, das Kapital zuzuweisen. Das wiederum bedeutete, daß Kapital nicht nach ökonomischen, sondern nach politischen, quasireligiösen Maßstäben zugewiesen wurde. Die beste Analogie hierzu ist vermutlich der Pyramidenbau der Pharaonen: Der Anteil der Ressourcen, der in die Investitionen floß, wurde maximiert, während der daraus resultierende ökonomische Nutzen gleich Null war. Und die Investitionen in der Sowjetunion nahmen, eine weitere Ähnlichkeit, die Form monumentaler Projekte an. Die gigantischen Staudämme, die Stahlwerke, die Marmorhallen der Moskauer Untergrundbahn und die Wolkenkratzer – alles Produkte der stalinistischen Architektur – können wir auch als Pyramiden eines modernen Pharaos begreifen. Wasserkraftwerke produzieren Energie, und Stahlwerke produzieren Stahl, aber wenn der Stahl und die Energie lediglich zur Produktion weiterer Staudämme und Stahlwerke verwendet werden, dann unterscheiden sich die Folgen für die Wirtschaft nicht sehr von den Auswirkungen des Pyramidenbaus.

Unter den weit vom Gleichgewicht entfernten Bedingungen einer geschlossenen Gesellschaft müssen Verzerrungen auftreten, die in einer offenen Gesellschaft unvorstellbar wären. Könnte es dafür ein besseres Beispiel geben als die sowjetische Wirtschaft? Das kommunistische System schrieb dem Kapital keinen Wert zu; genauer, es erkannte nicht einmal den Begriff des Eigentums an. Kein Wunder, daß die Wirtschaftstätigkeit im sowjetischen System einfach nicht effizient war. Dafür hätte die Partei ihre Rolle als Wächter und Verteiler des Kapitals aufgeben müssen. An diesem Punkt mußte alles Öffnungsstreben unweigerlich scheitern.

Das Fehlschlagen der ökonomischen Reformversuche beschleunigte den Auflösungsprozeß, weil es die Notwendigkeit politischer Neuerungen deutlich machte. Mit der Perestroika in der Sowjetunion gelangte dieser Prozeß dann in seine Endphase, denn die Goldene Zeit blieb, wie bereits erwähnt, aus, und der wirtschaftliche Nutzen war gering. Als der Lebensstandard mehr und mehr sank, wandte sich die öffentliche Meinung endgültig gegen das System; es kam zu einer unkontrollierbaren Entwicklung, die schließlich im totalen Zusammenbruch der Sowjetunion mündete.

Dies entspricht ziemlich genau dem Muster, das wir auch auf Finanzmärkten beobachten können, allerdings mit einem wichtigen Unterschied: Auf Finanzmärkten scheint sich die Boom/Bust-Folge als Prozeß der Beschleunigung zu manifestieren, während der Kreislauf im Falle des Sowjetsystems zwei Phasen umfaßte: einen Prozeß der Verlangsamung, der im Stillstand des Stalin-Regimes kulminierte, sowie einen Prozeß der Beschleunigung, der schließlich zum Kollaps führte.[10]

Ich behaupte nun, daß sich ein solcher zweiphasiger Boom/Bust-Prozeß auch auf Finanzmärkten findet. Man denke nur an das amerikanische Bankensystem, das nach seinem Zusammenbruch 1933 streng reglementiert wurde, woraufhin es 35 Jahre brauchte, um wieder auf die Beine zu kommen. Im Gefolge der Ölkrise und des internationalen Kreditaufnahmebooms in den siebziger Jahren, als die Banken den Überschuß der ölproduzierenden Länder in Umlauf brachten, schwenkte das Bankensystem auf ein dynamisches Ungleichgewicht um. Die Pointe dieses ungewöhnlichen Vergleichs zwischen dem Aufstieg und Fall des Sowjetsystems und dem Aufstieg und Fall des amerikanischen Bankensystems liegt darin, zu zeigen, daß Ungleichgewichtszustände sowohl bei extremem Stillstand wie bei rapidem Wandel auftreten können. Die geschlossene Gesellschaft ist das eine, Revolution und Chaos das andere Extrem; in beiden Fällen ist ein reflexiver Prozeß am Werk, der sich allerdings durch die zeitliche Dimension unterscheidet. In einer geschlossenen Gesellschaft geschieht über lange Zeiträume hinweg nur wenig; in einer Revolution passiert binnen kurzem viel. In jedem Fall sind die Wahrnehmungen weit von der Realität entfernt.

Dies ist eine wichtige Einsicht, denn bei der Diskussion über Boom/Bust-Prozesse auf Finanzmärkten neigt man normalerweise dazu, in Begriffen der Beschleunigung zu denken. Doch der Trend kann seinen Ausdruck auch in Form von Verlangsamung oder Stagnation finden. Die Entwicklung der Bankenaktien von der Großen Depression bis 1972 ist ein Beispiel für diese Möglichkeit.[11] In der Geschichte sind die Fälle von Unveränderlichkeit oder des statischen Ungleichgewichts sogar häufiger anzutreffen.

Ein Begriffsrahmen

Die Einsicht in die Bedingungen von Ungleichgewicht trägt dazu bei, einen Begriffsrahmen herauszubilden, der historische Situationen in drei Kategorien aufzuteilen vermag: annäherndes Gleichgewicht, statisches Ungleichgewicht und dynamisches Ungleichgewicht. Die Möglichkeit eines statischen Gleichgewichts wurde durch die Tatsache ausgeschlossen, daß die Teilnehmer ihre Entscheidungen immer auf eine voreingenommene Interpretation der Realität stützen. Dies läßt drei Möglichkeiten übrig.

1. Das reflexive Wechselspiel zwischen der kognitiven und der partizipativen Funktion verhindert, daß Denken und Realität sich allzuweit voneinander entfernen. Die Menschen lernen aus der Erfahrung; sie handeln auf der Grundlage vorurteilsbehafteter Sichtweisen, aber es gibt einen kritischen Prozeß, der zur Korrektur die-

ser Vorurteile tendiert. Vollkommenes Wissen bleibt zwar unerreichbar, doch es besteht zumindest eine Tendenz zum Gleichgewicht. Die partizipative Funktion sorgt dafür, daß die reale Welt, wie sie von den Teilnehmern erlebt wird, sich ständig ändert; zugleich sind die Menschen jedoch durch ein Ensemble grundlegender Werte so eingebunden, daß ihre Vorurteile nicht allzusehr von den realen Ereignissen abweichen können. Dieser Zustand, den ich annäherndes Gleichgewicht nenne, ist charakteristisch für eine offene Gesellschaft wie die moderne westliche Welt. Eine solche Gesellschaft hängt eng mit einer kritischen Denkweise zusammen. Wir können dies als die »normale« Beziehung von Denken und Realität bezeichnen, weil wir aus unserer eigenen Erfahrung mit ihr vertraut sind.

2. Es gibt auch Situationen, in denen die Sichtweisen der Teilnehmer von der realen Existenz der Dinge recht weit entfernt sind und beide keine Tendenz zur Annäherung zeigen – in einigen Fällen können sie sogar noch weiter auseinandertreiben. Systeme, die mit einem ideologischen Vorurteil operieren, sind nicht bereit, sich an wechselnde Umstände anzupassen. Sie versuchen, die Realität in ihren Begriffsrahmen zu pressen, selbst wenn sie damit keinen Erfolg haben können. Unter dem Druck des herrschenden Dogmas werden mitunter auch die gesellschaftlichen Bedingungen ziemlich starr, aber die Realität dürfte von ihrer autorisierten Interpretation relativ weit abweichen. Tatsächlich ist es möglich, daß sich die beiden mangels eines korrigierenden Mechanismus noch weiter voneinander entfernen, weil auch der stärkste Zwang keine Veränderungen in der realen Welt bewirken kann. Dieser Zustand ist charakteristisch für eine geschlossene Gesellschaft wie das antike Ägypten oder die Sowjetunion. Er kann als statisches Ungleichgewicht beschrieben werden.

3. Es ist aber auch möglich, daß sich die Dinge so schnell entwickeln, daß das Verständnis der Teilnehmer nicht Schritt halten kann und die Situation außer Kontrolle gerät. Die Kluft, die zwi-

schen herrschenden Sichtweisen und tatsächlichen Bedingungen besteht, vermag unerträglich zu werden, was auf eine Revolution oder eine andere Art Zusammenbruch hindeutet. Wieder gibt es eine Divergenz zwischen Denken und Realität, aber sie muß vorübergehend sein. Das weggefegte Ancien régime wurde schließlich durch ein neues Herrschaftssystem ersetzt. Dies läßt sich als Regimewechsel oder dynamisches Ungleichgewicht beschreiben.

Die hier eingeführte Aufteilung läßt sich mit den drei Aggregatzuständen des Wassers vergleichen: flüssig, fest, gasförmig. Die Analogie mag weit hergeholt sein, aber sie ist reizvoll. Um ihr einen Sinn zu verleihen, müssen wir die Grenzlinien finden, die das annähernde Gleichgewicht vom Ungleichgewicht trennen. Im Falle des Wassers sind die Grenzlinien eine Frage der Temperatur. Im Falle der Geschichte hingegen können sie nicht so präzise gezogen werden. Gleichwohl müssen sie auch hier einen wahrnehmbaren Unterschied liefern: Sonst wird der ganze Rahmen zu einem bloßen Gedankenspiel.

Regime

Um das zu entdecken, was Popper das Abgrenzungskriterium genannt hätte, müssen wir zunächst überlegen, was da überhaupt abgegrenzt werden soll. Zu diesem Zweck führe ich den Begriff »Regime« ein. Ein Regime ist ein Ensemble gesellschaftlicher Bedingungen, deren Beziehung, obwohl sie eng zusammenhängen, fehlerhaft oder mangelhaft sein muß, so daß sie den Keim der Selbstzerstörung in sich trägt. Regime ist ein unscharfer Begriff, aber für meine Zwecke dennoch nützlich. Er läßt sich auf zahlreiche Situationen anwenden. Regime findet man sowohl in Institutionen als auch im Leben einzelner Menschen. So kann eine Ehe als Regime betrachtet werden. Regime haben keine festgelegten Grenzen; sie überlappen sich und folgen einander. Im Unterschied etwa zu Maschinen sind sie keine wirklich geschlossenen Systeme.

Ein Regime kann als Versuch begriffen werden, in ein seinem Wesen nach offenes System eine Art Abschließung einzuführen, ein Ensemble von Regeln, das auf bestimmte Weise so lange vorherrscht, daß es wahrnehmbar ist. Regime haben mit Herrschaft und mit Regeln zu tun. Und sie besitzen zwei Aspekte: die Art, wie Menschen denken, und die Art, wie die Dinge wirklich sind. Diese Aspekte stehen in einem reflexiven Verhältnis: Die Denkweise beeinflußt den tatsächlichen Zustand und umgekehrt, ohne daß jemals eine Übereinstimmung zwischen beiden erreicht würde.

Idealtypen

Vor etwa vierzig Jahren, Anfang der Sechziger, entwickelte ich Gesellschaftsmodelle, die ich heute als Regime bezeichnen würde, indem ich verschiedene Einstellungen zum historischen Wandel unterschied: eine traditionelle Denkweise, die die Möglichkeit von Veränderung ignoriert und den herrschenden Zustand als den einzig möglichen akzeptiert; eine kritische Denkweise, die die Möglichkeit von Veränderung vollständig auslotet; und eine dogmatische Denkweise, die keinerlei Ungewißheit ertragen kann. Ich argumentierte, daß bestimmte gesellschaftliche Organisationsformen diesen Denkweisen entsprächen; ich nannte sie organische Gesellschaft, offene Gesellschaft und geschlossene Gesellschaft. Natürlich war die Übereinstimmung von Denkweisen und gesellschaftlichen Strukturen alles andere als vollkommen. Sowohl in der offenen als auch in der geschlossenen Gesellschaft fehlten im Verhältnis von Realität und Denken Momente, die jeweils nur oder doch zumindest in einem größeren Maße in der anderen Gesellschaftsform zu finden waren. Die geschlossene Gesellschaft versprach Sicherheit und Kontinuität, die offene hingegen Freiheit und individuellen Entfaltungsspielraum. Entsprechend standen diese beiden Prinzipien gesellschaftlicher Organisation in Opposition zueinander. Die offene Gesellschaft erkannte unsere Fehlbarkeit an, die geschlossene leugnete sie. Wer von beiden recht hatte, ließ sich unmöglich sagen. Ein solches Urteil konnte man nur mit Blick auf die Handlungsfolgen fällen, doch angesichts der Fülle unbeabsichtigter Konsequenzen war selbst dieses Kriterium unzuverlässig. Eine echte Wahl war vonnöten, und ich entschied mich für die Weite der offenen Gesellschaft.[12]

Offene Gesellschaft

Als ich 1979 den Open Society Fund gründete, hatte er, wie ich es damals formulierte, die Aufgabe, geschlossene Gesellschaften zu öffnen, offene Gesellschaften zu stärken und eine kritische Denkweise zu fördern. Nach einem mißglückten Start in Südafrika konzentrierte ich mich auf die Länder unter kommunistischer Herrschaft, insbesondere auf mein Heimatland Ungarn. Meine Formel lautete einfach: Jede Aktivität oder Assoziation, die nicht unter Aufsicht der Behörden steht, schafft politische und gesellschaftliche Alternativen und schwächt damit das Machtzentrum. Meine Stiftung in Ungarn, 1984 in Zusammenarbeit mit der ungarischen Akademie der Wissenschaften gegründet, trat offen als Förderer der Zivilgesellschaft auf. Doch richtiger unterstützten nicht nur wir die Zivilgesellschaft, die Zivilgesellschaft unterstützte auch uns. Letztlich blieben uns dadurch viele der Stolpersteine erspart, unter denen Stiftungen gewöhnlich leiden. Ermutigt durch den Erfolg wurde ich Philanthrop, trotz meiner Skepsis gegenüber aller Philanthropie. Als das sowjetische Imperium zu bröckeln begann, warf ich mich ins Getümmel, und ich merkte, daß man in einer revolutionären Zeit Dinge tun kann, die zu anderen Zeiten undenkbar wären. Mit Hilfe meiner Boom/Bust-Theorie glaubte ich die Situation besser zu verstehen als die meisten anderen; außerdem war ich mir über meine Ziele klar und verfügte über ausreichende finanzielle Mittel. Dies versetzte mich in eine einzigartige Position, und ich scheute keine Mühe, diese auch zu nutzen. Innerhalb weniger

Jahre vergrößerte ich den Etat meiner Stiftungen um das Hundertfache.

Allerdings entdeckte ich im Zuge des sowjetischen Zusammenbruchs einen Fehler in meinem Begriffsrahmen, der offene und geschlossene Gesellschaften als Alternativen behandelte. Während des Kalten Krieges, zu einer Zeit, als zwei entgegengesetzte Prinzipien gesellschaftlicher Organisation einander in tödlichem Konflikt gegenüberstanden, mochte die Dichotomie zureichend gewesen sein, doch der Konstellation nach 1989 wurde sie nicht mehr gerecht.

Ich sah, daß der Kollaps einer geschlossenen Gesellschaft nicht automatisch zur Herausbildung einer offenen Gesellschaft führen muß; im Gegenteil, er kann zum Schwinden jeglicher Autorität und zu sozialer Desintegration führen. Ein schwacher Staat stellt für die offene Gesellschaft ebenso eine Bedrohung dar wie ein autoritärer Staat.[13] Plötzlich war klar, daß die offene Gesellschaft nicht nur durch totalitäre Ideologien in Gefahr geraten kann, sondern auch durch andere Faktoren.

Die Herausbildung des globalen Kapitalismus in den neunziger Jahren bestätigte diese Schlußfolgerung. Ich fühlte mich verpflichtet, meine Ansichten gründlich zu überprüfen, und der Begriffsrahmen, den ich hier darlege, ist das Ergebnis dieses Prozesses. Heute sehe ich die offene Gesellschaft in einer gefährlichen Zwischenposition, bedroht durch dogmatische Überzeugungen aller Art: Einige wollen eine geschlossene Gesellschaft erzwingen, andere treiben die Desintegration unseres Gemeinwesens voran. Die offene Gesellschaft ist an die Bedingungen des annähernden Gleichgewichts geknüpft; mögliche Alternativen sind nicht nur das statische Ungleichgewicht der geschlossenen Gesellschaft, sondern auch ein dynamisches Ungleichgewicht. Daß manche Mängel offener Gesellschaften auch zu ihrem Zusammenbruch führen können, war mir immer bewußt, doch nahm ich an, ein solcher Zusammenbruch werde unweigerlich die Herausbildung einer geschlossenen

Gesellschaft nach sich ziehen. Was ich nicht erkannte war, daß Zustände dynamischen Ungleichgewichts auf unbestimmte Zeit andauern können oder, mit anderen Worten, daß sich eine Gesellschaft am Rande des Chaos zu halten vermag, ohne tatsächlich in den Abgrund zu stürzen. Das war ein eigenartiger Fehler, weil ich mit der Theorie der Evolution komplexer Systeme, der zufolge das Leben am Rande des Chaos existiert, vertraut bin. Der Rahmen, den ich hier vorstelle, soll nicht zuletzt diesen Irrtum korrigieren.

Grenzlinien

Wir können jetzt zu der Frage zurückkehren, die ich weiter oben gestellt habe: Was unterscheidet die Bedingungen des annähernden Gleichgewichs von denen des Ungleichgewichts? Wann zerstört eine Boom/Bust-Folge oder ein anderer Prozeß das annähernde Gleichgewicht der offenen Gesellschaft? Wir haben gesehen, daß die Interaktion von Denken und Realität leicht zu Exzessen führt – sowohl der Rigidität als auch des Chaos. Damit die offene Gesellschaft Bestand haben kann, brauchen wir eine Art Anker, der verhindert, daß das Denken der Menschen sich allzuweit von der Realität entfernt. Doch worin besteht dieser Anker?

Wollen wir eine angemessene Antwort finden, müssen wir zunächst zwischen Erwartungen und Werten unterscheiden. Schließlich gründen sich Entscheidungen nicht nur auf Wahrnehmung, sondern auch auf Werte, denen die Menschen Geltung verschaffen wollen. Im Falle der Erwartungen ist der Anker leicht auszumachen: Es ist die Realität selbst. Solange die Menschen erkennen, daß es einen Unterschied zwischen Realität und Denken gibt, liefern die Tatsachen ein Kriterium, mit dem die Stichhaltigkeit der jeweiligen Erwartungen beurteilt werden kann. Reflexivität mag die Ereignisse unvorhersehbar machen, aber sobald sie eintreten, sind sie eindeutig – zumindest in dem Sinne, daß wir die Richtigkeit unserer Prognosen prüfen können.

Unter Bedingungen des statischen Ungleichgewichts sind Denken und Realität weit voneinander entfernt und zeigen keine Tendenz zur Annäherung. In einer geschlossenen Gesellschaft können die Erwartungen nicht in der Realität verankert sein, weil sie, sofern sie von der offiziellen Lehre abweichen, nicht geäußert werden dürfen. Es besteht eine Kluft zwischen der offiziellen Sichtweise auf die Wirklichkeit und den Tatsachen selbst: Wird sie geschlossen, löst das eine ungeheure Erleichterung und ein Gefühl der Befreiung aus.

Unter Bedingungen des dynamischen Ungleichgewichts finden wir den genau entgegengesetzten Zustand; die Situation verändert sich zu schnell für das Auffassungsvermögen der Menschen – ein Graben zwischen Denken und Realität ist die Folge. Die Interpretation der Ereignisse kann mit der Geschwindigkeit der Ereignisse nicht Schritt halten; die Menschen verlieren die Orientierung, und die Dinge geraten außer Kontrolle. Deshalb kann auch die Realität nicht mehr als Anker für die Erwartungen dienen, was sich während der Auflösung des Sowjetsystems beobachten ließ. Wie ich später noch darlegen werde, bin ich der Meinung, daß das kapitalistische Weltsystem in ein dynamisches Ungleichgewicht geraten ist. Doch zunächst müssen wir uns dem anderen möglichen Anker der offenen Gesellschaft zuwenden, den ethischen und moralischen Werten.

Werte

Können wir unterscheiden, welche Rolle Werte unter Bedingungen des annähernden Gleichgewichts und denen des Ungleichgewichts spielen? Hier befinde ich mich – aus subjektiven wie aus objektiven Gründen – auf unsicherem Terrain, und meine Argumentation ist daher auch eher vorläufiger Art. Die subjektive Komponente habe ich bereits erwähnt: Ich bin als Ökonom ausgebildet und habe mich immer zu verstehen bemüht, wie die Werte des Marktes sich zu jenen Werten verhalten, die die Entscheidungen in anderen Lebensbereichen leiten: gesellschaftlich, politisch oder persönlich. Dabei war ich immer wieder zutiefst irritiert und vermute, daß es nicht nur mir so ging. Über Werte im allgemeinen und die Beziehung von Marktwerten und sozialen Werten im besonderen scheint heutzutage viel Verwirrung zu herrschen. Hier verschmilzt die subjektive mit der objektiven Schwierigkeit. Ich möchte das Problem zunächst auf der theoretischen und dann auf der praktischen Ebene darstellen.

Auf der theoretischen Ebene hat die Erkenntnis ein objektives Kriterium, nämlich die Realität, an der sie gemessen werden kann. Wie wir gesehen haben, ist das Kriterium nicht vollständig unabhängig, aber es ist unabhängig genug, um als objektiv bezeichnet zu werden: Kein Teilnehmer ist in einer Position, aus der er dem Verlauf der Ereignisse seinen Willen aufzuzwingen vermag. Werte indes können nicht mit objektiven Kriterien beurteilt werden, weil man von ihnen gar nicht erwartet, daß sie mit der Realität übereinstimmen: Die Kriterien, an denen sie gemessen werden sollen, sind in ihnen selbst enthalten.

Weil Werte nicht durch Realität beschränkt sind, können sie weit stärker variieren als Tatbestände. Das macht jede Diskussion über Werte so schwierig. Die Wirtschaftswissenschaften taten gut daran, sie als gegeben anzunehmen. Mit Hilfe dieses methodischen Schachzugs konnte die ökonomische Theorie den Begriff des Gleichgewichts aufstellen. Obwohl ich dem Begriff kritisch gegenüberstehe, ist er für meine Analyse unverzichtbar; nur so vermag ich zu zeigen, wie auf den Finanzmärkten Situationen entstehen konnten, die fernab des Gleichgewichts liegen. Für den Nichtmarktsektor der Gesellschaft steht erstaunlicherweise kein entsprechender Begriff zur Verfügung.

Auf der praktischen Ebene scheinen wir heute an einem akuten Mangel an sozialen Werten zu leiden. Natürlich haben die Menschen schon immer den Niedergang der Moral beklagt, aber hier ist eine Kraft am Werk, die die Gegenwart von vergangenen Zeiten unterscheidet: die Ausbreitung der Marktwerte. Marktwerte sind in Bereiche der Gesellschaft vorgedrungen, in denen früher Profitüberlegungen nichts zu suchen hatten. Ich denke dabei an zwischenmenschliche Beziehungen, Politik und die freien Berufe wie Recht und Medizin. Mehr noch, es hat einen allmählichen, aber dennoch tiefen Wandel gegeben, was das Funktionieren des Marktmechanismus betrifft. Erstens sind an die Stelle dauerhafter Geschäftsbeziehungen vereinzelte Tauschakte getreten. Der Lebensmittelladen, in dem Eigentümer und Kunde einander kennen, wich dem Supermarkt und inzwischen sogar dem Internet. Zweitens wurden die nationalen Wirtschaftssysteme nach und nach von einer international tätigen Wirtschaft überlagert, ohne daß die internationale Gemeinschaft, sofern sie überhaupt existiert, mehr als nur einige wenige Werte gemein hätte.

Tauschgesellschaft

Die Ersetzung von persönlichen Beziehungen durch Tauschakte ist ein historischer Prozeß, der zwar niemals an ein wirkliches Ende gelangen wird, aber gleichwohl schon weit fortgeschritten ist – erheblich weiter zumindest als Anfang der sechziger Jahre, als ich in die Vereinigten Staaten übersiedelte und zum ersten Mal darüber nachdachte. Ich kam aus England, und die nationalen Unterschiede verblüfften mich: Beziehungen in den Vereinigten Staaten waren viel schneller anzuknüpfen oder zu beenden. Der Trend hat sich seitdem zweifellos verstärkt. Noch immer gibt es Ehen und Familien, doch im Investmentbanking etwa haben Tauschakte die Beziehungen fast vollständig überlagert – ein markantes Beispiel für die Veränderungen, die in vielen gesellschaftlichen Institutionen und Bereichen eingetreten sind.

In der Londoner City war es in den fünfziger Jahren fast unmöglich, irgendein Geschäft abzuschließen, ohne daß zuvor eine persönliche Beziehung bestanden hätte. Es ging nicht darum, was man wußte, sondern wen man kannte. Das war der wichtigste Grund, warum ich London verließ: Weil ich in London keine guten Verbindungen besaß, hatte ich in New York viel bessere Chancen. Binnen kurzem knüpfte ich normale Handelskontakte zu führenden Unternehmen, obwohl ich in einem relativ unbekannten Maklerbüro arbeitete. Das wäre mir in London niemals möglich gewesen. Aber selbst in New York war die Emission von Wertpapieren noch immer vollständig von Beziehungen beherrscht: Unternehmen waren an Syndikaten in einer bestimmten Hackordnung beteiligt, und jede Auf- oder Abwärtsbewegung einer Firma auf dieser Leiter war ein größeres Ereignis. All das hat sich geändert. Jede Transaktion steht für sich, und Investmentbanker konkurrieren um jedes einzelne Geschäft.

Der Unterschied zwischen Tauschakten und Beziehungen ist durch die Spieltheorie in Form des sogenannten Gefangenendilemmas gut analysiert. Zwei Gauner sind gefaßt worden und werden verhört. Wenn der eine gegen den anderen aussagt, kann der eine ein niedrigeres Strafmaß erwarten, während der andere mit größerer Sicherheit verurteilt wird. Beide zusammen werden besser abschneiden, wenn sie zueinander loyal bleiben, doch kann auch jeder für sich auf Kosten des anderen profitieren. Im Falle eines einzelnen Tauschakts ist es vielleicht rational zu betrügen; in einer dauerhaften Beziehung hingegen zahlt sich Loyalität aus. Die Spieltheorie legt dar, wie sich im Laufe der Zeit kooperatives Verhalten entwickeln kann, verdeutlicht aber auch, daß Kooperation und Loyalität untergraben werden, wenn man Beziehungen durch Tauschakte ersetzt.[14]

All dies bezieht sich auf die ursprüngliche Frage nach den Grenzlinien, die das gesellschaftliche Ungleichgewicht und die bewahrende Rolle der Werte definieren. Wir neigen dazu, soziale oder moralische Werte für gegeben zu nehmen. Wir bezeichnen sie als intrinsisch, was nahelegt, daß ihre Geltung irgendwie von den herrschenden Bedingungen unabhängig ist. Wie ich weiter oben hervorgehoben habe, könnte nichts falscher sein. Werte sind reflexiv. Sie werden beeinflußt durch gesellschaftliche Bedingungen und tragen ihrerseits dazu bei, gesellschaftliche Bedingungen zu dem zu machen, was sie sind. Einige glauben vielleicht, daß Gott dem Menschen die Zehn Gebote gab, und die Gesellschaft wird gerechter und stabiler sein, wenn sie diese befolgen. Umgekehrt ist dann das Fehlen moralischer Zwänge für die Erzeugung von Instabilität verantwortlich.

Eine auf Tauschakten beruhende Gesellschaft, so glaube ich, untergräbt gemeinsame Werte und lockert die moralischen Hemmungen. Kollektive Werte bringen die Sorge um andere zum Ausdruck. Sie implizieren, daß der einzelne einer Gemeinschaft angehört – sei es eine Familie, ein Stamm, eine Nation oder die Menschheit –, deren Interessen vor den Eigeninteressen des Individuums rangieren. Eine auf Tauschakten basierende Marktwirtschaft ist jedoch alles andere als eine Gemeinschaft. Jeder muß seine Interessen wahren, und in einer wölfischen Welt werden Skrupel zur Belastung. In einer reinen Tauschgesellschaft können Menschen, die keine Rücksicht auf andere nehmen, sich freier bewegen und werden wahrscheinlich als erste durchs Ziel gehen.

Doch selbst eine solche Gesellschaft vermag nicht alle ethischen und moralischen Überlegungen einfach über Bord zu werfen. Die äußeren Zwänge sind zu beseitigen, aber einige innere Hemmungen lassen sich nicht so leicht überwinden. Auch wenn sich Menschen heute vor allem als zielstrebige Konkurrenten hervortun, ist dies ein Wandel, der erst vor relativ kurzer Zeit erfolgte. Außerdem sind sie nicht so geboren: Menschen verinnerlichen, während sie aufwachsen, kollektive Werte. Daher bleibt die Frage der Werte von Bedeutung. Eine reine Tauschgesellschaft könnte niemals Bestand haben; dennoch sind wir ihr näher als zu jedem anderen Zeitpunkt der Geschichte. Wie wir sehen werden, gilt das besonders auf globaler Ebene.

Zwei Wertformen

Was können wir nun über die Grenzlinie sagen, die die Zustände des annähernden Gleichgewichts von den weitab vom Gleichgewicht liegenden Zuständen trennt? Und welche Rolle spielen die Werte dabei? Zunächst können wir zwischen zwei Wertformen unterscheiden: zum einen sind das die Grundprinzipien, die die Menschen ungeachtet ihrer Konsequenzen haben, und andererseits ist es die Zweckmäßigkeit, der zufolge sich die Akteure ausschließlich von den vermuteten Folgen ihres Tuns leiten lassen. Menschen, die an Grundwerte glauben, sehen deren Ursprung meist nicht in ihrem eigenen Denken, so daß die Gültigkeit der Werte kaum davon abhängt, ob einzelne sich an sie halten. Gewöhnlich verbindet man Grundwerte mit religiösen Überzeugungen, obwohl die Aufklärung Vernunft und Wissenschaft in eigenständige Quellen unabhängiger Autorität verwandelt hat. Zweckmäßigkeit dagegen wird nicht von einer äußeren Instanz gestützt; im Gegenteil, häufig steht sie sogar in Konflikt mit herrschenden gesellschaftlichen Verhaltensrichtlinien und ist daher oft mit Minderwertigkeits- oder gar Schuldgefühlen verbunden. Wer zweckmäßig handelt, sucht ständig nach Anerkennung, und wird ein Handlungsverlauf nicht von denen gebilligt, auf die es ankommt, gilt er kaum als ratsam. Erst wenn die ungehinderte Verfolgung der Eigeninteressen allgemeinen Zuspruch erfährt, wird sie zweckmäßig.

Die Unterscheidung von Grundprinzipien und Zweckmäßigkeit ist offensichtlich künstlich, aber genau das macht sie nützlich. Beide Kategorien sind extrem – es muß noch etwas dazwischen geben. Dies ist der Zustand des annähernden Gleichgewichts, der die offene Gesellschaft auszeichnet, die ich zu beschreiben suche. Wir brauchen zwei Trennlinien: eine, die das annähernde Gleichgewicht vom statischen Ungleichgewicht unterscheidet, und eine andere, die es vom dynamischen Ungleichgewicht abhebt. Die erste hat mit Grundprinzipien zu tun, die zweite mit Zweckmäßigkeit.

Grundprinzipien

Die offene Gesellschaft braucht eine Übereinkunft darüber, was richtig und was falsch ist, und die Menschen müssen bereit sein, das Richtige zu tun, selbst wenn es unangenehme Folgen hat: Verteidige dein Vaterland, stehe ein für die Freiheit. Das ist nicht selbstverständlich. In einer Tauschgesellschaft, in der Zweckmäßigkeit vorherrscht, neigen die Menschen dazu, unangenehme Konsequenzen zu meiden. Aber selbst eine bedingungslose Verpflichtung, Grundwerten Geltung zu verschaffen, kann die offene Gesellschaft bedrohen, denn Menschen vergessen allzuschnell die Tatsache, daß Handlungen auch unbeabsichtigte Folgen haben können. Der Weg zur Hölle ist mit guten Vorsätzen gepflastert. Wir müssen bereit sein, unsere Prinzipien im Lichte der Erfahrung der jeweiligen Situation anzupassen, was zweifellos eine kritische Einstellung erfordert. Und wir müssen erkennen, daß niemand im Besitz der absoluten Wahrheit ist.

Die Unfähigkeit, unbeabsichtigte Folgen vorauszusehen, hat Verschwörungstheorien zur Folge: Wenn etwas Unangenehmes passiert, muß jemand dafür verantwortlich sein. Das Beharren auf absoluten Werten läßt das entstehen, was ich das Entweder-oder-Syndrom nenne: Hat ein bestimmtes Prinzip negative Folgen, muß, so glaubt man, die Lösung in seinem Gegenteil liegen. Diese Denkweise ist ziemlich absurd, aber überraschend weit verbreitet. Das Entweder-oder-Syndrom markiert den Unterschied zwischen Fundamentalismus und Grundprinzipien. Es kann leicht zu extremen, von der Realität weit entfernten Positionen führen, ist also charakteristisch für den religiösen wie den moralischen Fundamentalismus.

Bevor wir die Hoffnung aufgeben, eine Zwischenposition zu finden, in der die offene Gesellschaft mit starken Grundwerten vereinbar ist, sollten wir uns erinnern, daß nicht alle an einer Situation Beteiligten eine kritische Einstellung herausbilden müssen, damit eine kritische Denkweise dominiert. Die kritische Denkweise ist robust genug, um mit Fundamentalismen zurechtzukommen; sie kann sogar fundamentalistische Überzeugungen so weit aufweichen, daß diese das Bestehen von Alternativen berücksichtigen: Religionen haben die Tendenz gezeigt, toleranter gegenüber anderen Glaubensrichtungen zu sein, sobald ihre Vertreter um die Loyalität der Menschen konkurrieren mußten. Aber das ist nicht immer der Fall. Manche religiöse und politische Bewegungen gewinnen Anhänger gerade aufgrund ihrer extremen Intoleranz. Sind sie damit zu erfolgreich, wie die Nationalsozialisten und Kommunisten in der Weimarer Republik, gerät die offene Gesellschaft in Gefahr; und wenn eine von ihnen alle anderen unterdrückt und sich so eine Monopolstellung verschafft, können wir zu Recht von einer dogmatischen Denkweise oder einer geschlossenen Gesellschaft sprechen.

Zweckmäßigkeit

Die zweite Trennlinie zwischen einer stabilen offenen Gesellschaft und einer, die sich in dynamischem Ungleichgewicht befindet, ist problematischer, allerdings auch von größerer Bedeutung für unsere Situation. Wenn die Menschen ihren Glauben an Grundprinzipien aufgeben und sich nur noch von den Ergebnissen ihres Handelns leiten lassen, wird die Gesellschaft instabil. Warum ist das so? Unsere Fähigkeit, die Konsequenzen unseres Tuns vorauszusehen, ist mangelhaft; daher würden sich unsere Werte ständig ändern, wenn wir immer darauf setzten, daß die Handlungsfolgen unsere Absichten prägen. Das wäre an sich noch nicht allzu schlimm; instabil wird die Situation, weil die Ergebnisse unserer Handlungen keine verläßliche Aussage über die Richtigkeit des Denkens liefern, das diesen Handlungen zugrunde liegt.

Die reflexive Verbindung von Denken und Realität vermag Entscheidungen anzustoßen, die letztlich untragbar sind. Zum Beispiel kann die Erhebung niedrigerer Steuern den Menschen das Gefühl größeren Reichtums vermitteln und damit zu weiteren Steuersenkungen anregen, aber dieser Prozeß kann so weit führen, daß das soziale Sicherungssystem und vielleicht sogar die Gesellschaft selbst in Gefahr gerät. Die reflexive Verbindung kann jedoch auch in die andere Richtung wirken: Sobald ein Ziel erreicht ist, wirkt es nicht mehr so erstrebenswert wie zu dem Zeitpunkt, als es noch in weiter Ferne lag; Erfolg kann, nach anfänglicher Begeisterung, sauer werden, was zu kurzlebigen Moden führt. Hat zum Beispiel eine Generation materiellen Reichtum geschaffen, können sich ihre Kinder den Luxus leisten, jegliche Arbeitsmoral abzulehnen. Der Finanzmarkt steckt voller Beispiele, in denen trendfolgendes Verhalten eine Quelle von Instabilität darstellt. Das gleiche gilt für die Gesellschaft im ganzen. Wenn Grundprinzipien im Namen der Zweckmäßigkeit allgemein ignoriert werden und schlichtweg alles möglich wird, verlieren die Menschen die Orientierung, und es verstärkt sich die Sehnsucht nach festen Regeln. Stabilität läßt sich nur aufrechterhalten, wenn die Menschen an einigen Grundprinzipien festhalten – ungeachtet der Konsequenzen. Wird Erfolg zum einzigen Kriterium, nach dem Handlungen beurteilt werden, dann gibt es nichts, was die reflexive Interaktion noch halten kann; sie treibt ab und gerät in Gebiete weitab vom Gleichgewicht.

Doch wie kann die Bereitschaft, einige Grundwerte zu akzeptieren, vermeiden, daß ein gesellschaftlich destabilisierender Boom/Bust-Prozeß außer Kontrolle gerät? Hier wird vielleicht die Erfahrung nützlich sein, die ich im Labor der Finanzwelt gewonnen habe, denn die Antwort lautet: Man muß trendfolgendes Verhalten verhindern, das für die Stabilität der Gesellschaft ebenso bedrohlich ist wie auf Finanzmärkten.

Dies ist ein wichtiger Punkt, aber vielleicht zu abstrakt. Er läßt sich jedoch leicht anhand einiger praktischer Beispiele von den Finanzmärkten illustrieren. In ›Die Alchemie der Finanzen‹ habe ich gezeigt, daß Währungsbewegungen aufgrund der trendfolgenden Spekulation dazu neigen, über das Ziel hinauszuschießen, und ähnliches können wir auf den Aktien-, Warentermin- und Grundstücksmärkten beobachten – die holländische Tulpenmanie war der Prototyp. Solche Bewegungen würden, so meint man zunächst, nicht zum Exzeß führen, wenn sich die Marktteilnehmer der Bewertung der sogenannten Fundamentaldaten stärker verpflichtet fühlten. Das Problem dabei ist, daß der Glaube an Fundamentaldaten zumindest auf Finanzmärkten falsch ist. Ich habe nachgewiesen, daß ebendiese Daten, die als objektives Kriterium gelten, häufig reflexiv sind und daß Boom/Bust-Prozesse durch die Unfähigkeit ausgelöst werden, das zu erkennen. Das galt für den Boom der Mischkonzerne Ende der sechziger Jahre, es galt für den internationalen Kreditaufnahmeboom der späten Siebziger, und es gilt für die gegenwärtige Weltfinanzkrise. Es ist fatal, wenn man die Fundamentaldaten ignoriert und sich dem Trend anschließt – aber ebenso fatal ist es, wenn man an die Fundamentaldaten glaubt, denn die Märkte werden das mit einiger Wahrscheinlichkeit als Fehler quittieren. Nicht gerade gute Aussichten für Stabilität!

Hier müssen wir nun klar unterscheiden zwischen den Werten, die ökonomisches Verhalten leiten, und den in der Gesellschaft herrschenden Werten. Daß die Boom/Bust-Folgen auf Finanzmärkten mitunter auch auf den wenig sinnvollen Glauben an Fundamentaldaten zurückzuführen sind, hat keine Auswirkung auf Grundwerte im allgemeinen. Die Fundamentaldaten auf den Finanzmärkten mit fundamentalen Werten gleichzusetzen, liefe lediglich darauf hinaus, mein Argument auf ein Wortspiel zu gründen. Man kann zeigen, daß Grundwerte in einer Tauschgesellschaft immer auf unsicherem Boden ruhen. Dies ist nicht so eindeutig wie die Behauptung, Grundwerte seien nachweisbar falsch, aber es reicht aus, um Zweifel an der Stabilität der offenen Gesellschaft anzumelden.

Warum schließlich sollen sich Menschen von einem Gefühl für Recht und Unrecht leiten lassen, ohne auf die Konsequenzen zu achten? Warum sollen sie denn nicht dem Erfolg nachjagen, mit welchen Mitteln auch immer? Dies sind legitime Fragen, auf die es keine einfache Antwort gibt. Sie mögen viele schockieren, aber das zeigt nur, daß diese Menschen nicht erkennen, daß Moralempfinden ein erworbenes Empfinden ist. Es muß den Menschen durch die Gesellschaft vermittelt werden, in der sie leben, durch Eltern, Schule, Gesetze, Traditionen; es ist nötig, um das Gemeinwesen zu erhalten. In einer völlig frei schwebenden Tauschgesellschaft steht das Individuum an oberster Stelle. Und aus Sicht des einzelnen muß man nicht moralisch handeln, um Erfolg zu haben; das kann sogar ein Hindernis sein. Je mehr Menschen andere Menschen anhand des Kriteriums Erfolg beurteilen, desto weniger moralisch müssen sie sein. Um sich an einen Moralkodex zu halten, muß man das Gemeinwohl über das Eigeninteresse stellen. In einer Gesellschaft, in der stabile Beziehungen vorherrschen, ist das kein großes Problem, weil Erfolg nicht leichtfällt, wenn man dabei die herrschenden Normen verletzt. Wenn man aber kaum in Beziehungen eingebunden ist, verlieren gesellschaftliche Normen ihre bindende Kraft, und wenn Zweckmäßigkeit zur gesellschaftlichen Norm wird, verliert das Gemeinwesen seine Stabilität.

Die gefährdete Zwischenposition

Es zeigt sich, daß das annähernde Gleichgewicht der offenen Gesellschaft von zwei Seiten bedroht wird; sie ist eingeklemmt zwischen dem statischen Ungleichgewicht der geschlossenen Gesellschaft und dem dynamischen Ungleichgewicht einer reinen Tauschgesellschaft. Dies weicht von meinem ursprünglichen Rahmen ab, der lediglich von einem Gegensatz zwischen offener und geschlossener Gesellschaft ausging – was im übrigen den Bedingungen des Kalten Krieges entsprach. Der heutigen Situation ist die Annahme angemessener, daß die offene Gesellschaft durch zweierlei bedroht wird: durch fundamentalistische Ideologien einerseits und einen Mangel an gemeinsamen Werten andererseits.

Man kann natürlich am Sinn eines Begriffsrahmens zweifeln, der sich veränderten Bedingungen so leicht anpassen läßt, aber Begriffsrahmen sind immer unvollkommen und zeitgebunden. Sie können, wie ich weiter oben zeigte, niemals mehr sein als ein fruchtbarer Irrtum. Das entledigt uns jedoch nicht der Verpflichtung, Fehler zu korrigieren – was ich hiermit getan habe. Der Wertemangel war in meinem ursprünglichen Modell der offenen Gesellschaft bereits vorhanden, doch damals sah ich nur die klare Opposition von offener und geschlossener Gesellschaft. Die jüngste Geschichte lehrt uns, daß es zumindest eine weitere Möglichkeit gibt: Instabilität und Chaos, die den Zusammenbruch ganzer Gesellschaften bewirken können.

Nehmen wir einige Beispiele. Der Zerfall der Sowjetunion hat zu einem Machtvakuum geführt, das die Freiheit ebenso bedrohen kann, wie es die frühere Unterdrückungspolitik getan hat.[15] In den Neunzigern erlebten wir Zusammenbrüche staatlicher Ordnungen im ehemaligen Jugoslawien und in Albanien, in verschiedenen Teilen Afrikas (Somalia, Ruanda, Burundi, Kongo) und in Asien (Afghanistan, Tadschikistan, Kambodscha). Die Welt zeigt sich insgesamt in einer instabilen Lage: Es gibt eine Weltwirtschaft, aber keine Weltpolitik. Sicherlich vereinfache ich, wenn ich Instabilität als *eine* Alternative beschreibe, denn Instabilität kann viele Formen annehmen; doch müssen wir vereinfachen, um einer verwirrenden Welt einen gewissen Sinn abzuringen. Solange wir uns dessen bewußt sind, kann der hier entwickelte Begriffsrahmen nicht nur bis zu einem gewissen Grad den gegenwärtigen Zustand erhellen, sondern auch helfen, ihn stabiler zu gestalten.

Die offene Gesellschaft ist immer in Gefahr, doch gegenwärtig stellen Instabilität und der Mangel an gemeinsamen Werten vermutlich eine größere Bedrohung dar als totalitäre Ideologien. Kommunismus und sogar Sozialismus sind diskreditiert; lebendig dagegen ist der Glaube an den *laissez faire*-Kapitalismus, der es zum Prinzip erhoben hat, kollektive Werte für überflüssig zu halten. Wie läßt sich angesichts dieser Entwicklung die offene Gesellschaft verteidigen? Nur durch Menschen, die lernen – oder sich daran erinnern –, daß es zwischen richtigem und zweckmäßigem Handeln einen Unterschied gibt, und die das Richtige selbst dann zu tun versuchen, wenn es nicht zweckmäßig ist. Das ist viel verlangt. Die kühle Berechnung des Eigeninteresses jedenfalls führt nicht dorthin. Das Eigeninteresse diktiert, das zu sagen, zu denken, zu tun, was zweckmäßig ist. Es ist wohl nicht von der Hand zu weisen, daß sich immer mehr Menschen diese Berechnung zu eigen gemacht und sich für die Zweckmäßigkeit entschieden haben. Wenn sie auch weiterhin ihre Verpflichtung auf moralische Prinzipien verkünden, dann nur, weil das zweckmäßig ist. Und ihre Position wird noch gestützt durch die herrschende Tendenz, Eigeninteresse als moralischen Grundsatz zu akzeptieren. Diese Tendenz manifestiert sich, wie ich im zweiten Teil meines Buches zeige, im Marktfundamentalismus, in geopolitischem Realismus, in einer kruden Interpretation des Darwinismus und in verschiedenen neuen Disziplinen wie »Ökonomie des Rechts«. Sie hat dem Marktmechanismus erlaubt, in Bereiche der Gesellschaft einzudringen, die ihm bis vor kurzem versperrt waren.

Persönliche Neigung und gesellschaftlicher Trend verstärken sich gegenseitig. Man bekennt sich zu keinem anderen Prinzip mehr als dem des puren Eigeninteresses. Nur noch Erfolg wird bewundert; Politiker werden gerühmt, weil sie gewählt werden, nicht wegen der Prinzipien, die sie vertreten. Geschäftsleute werden geschätzt wegen ihres Reichtums, nicht wegen ihrer Integrität oder ihres Beitrags zum Gemeinwohl. Die Frage »Was ist richtig?« wurde ersetzt durch die Frage »Was ist effektiv?«; dadurch ist es leichter geworden, ohne moralischen Leitfaden Erfolg zu haben. Ich muß wohl nicht erklären, warum ich hierin eine große Gefahr für die Stabilität unserer Gesellschaft sehe.[16]

5. Die offene Gesellschaft

Die größte Herausforderung unserer Zeit besteht darin, Grundwerte zu etablieren, die in einer globalen, weitgehend durch Geschäfte verbundenen Gesellschaft gelten. Grundprinzipien sind traditionell von einer externen Instanz wie Religion oder Wissenschaft abgeleitet worden. Aber heute gibt es keine derartige, fraglos anerkannte Instanz mehr. Uns bleiben nur interne Quellen der Wertstiftung. Eine solide Basis, auf die wir unsere Prinzipien gründen können, ist die Einsicht, daß wir fehlbar sind. Fehlbarkeit ist ein allgemein menschlicher Zug und läßt sich daher auf die Weltgesellschaft anwenden. Fehlbarkeit ist auch eine Quelle von Reflexivität, und diese wiederum kann Instabilität erzeugen oder, um es direkter zu sagen, Bedingungen einer politischen und wirtschaftlichen Krise. Es liegt in unser aller Interesse, solche Zustände zu vermeiden. Und das eben könnte der gemeinsame Boden sein, auf dem sich eine Weltgesellschaft errichten ließe. Doch dazu müßten wir das Konzept der offenen Gesellschaft zuerst als eine wünschenswerte gesellschaftliche Organisationsform akzeptieren.

Leider haben die meisten Menschen den Begriff der offenen Gesellschaft bislang noch nicht einmal gehört und sind entsprechend auch gar nicht in der Lage, ihn als Ideal zu betrachten. Aber ohne den bewußten Willen und die gemeinsame Anstrengung, die offene Gesellschaft zu erhalten, wird sie nicht überleben können. Natürlich werden die Verfechter des *laissez faire* diesen Satz bestreiten, denn sie sind ja der Auffassung, daß gerade die ungehinderte Verfolgung von Eigeninteressen für die beste aller möglichen Welten sorgt – eine Auffassung, die sich im übrigen Tag für Tag als Lüge erweist. Inzwischen müßte eigentlich jeder eingesehen haben, daß die Finanzmärkte sich nicht selbst erhalten können; und die Bewahrung des Marktmechanismus sollte als gemeinsames Ziel begriffen werden, als oberstes Interesse über allen Eigeninteressen der Marktteilnehmer. Nur wenn die Menschen davon überzeugt sind, daß die offene Gesellschaft eine wünschenswerte Organisationsform ist, werden sie bereit sein, ihre Eigeninteressen zu zügeln, und nur dann wird die offene Gesellschaft überleben können.

Eine offene Gesellschaft muß sich, wenn sie die Menschen gewinnen will, vom gegenwärtigen Stand der Dinge abheben. Schließlich soll sie als Ideal dienen können. Einer allein auf Wirtschaftstransaktionen basierenden Gesellschaft fehlen gemeinsame Werte. Hätten wir ideale Verhältnisse, würde eine offene Gesellschaft diesen Mangel beheben. Gleichwohl könnte sie nicht alle Mißstände beseitigen. Dann nämlich wäre sie ja nicht mehr fehlbar, was wiederum dem Prinzip der Falsifizierung widersprechen und also genau das zurückweisen würde, worauf sie beruht. Daraus folgt: Die offene Gesellschaft muß eine besondere Art Ideal darstellen, nämlich ein bewußt unvollkommenes Ideal. Damit aber unterscheidet sie sich von den Idealen, für die sich die Menschen gewöhnlich begeistern. Wer Fehlbarkeit akzeptiert, akzeptiert zugleich, daß es so etwas wie Vollkommenheit gar nicht geben kann und daß wir uns mit dem nächstbesten Zustand begnügen müssen, also auch mit einer unvollkommenen Gesellschaft, die Verbesserungen gegenüber aber stets offen ist. Das wäre meine Definition einer offenen Gesellschaft. Kann ein solches Verständnis von Gesellschaft auf breite Unterstützung hoffen?

Die Bedeutung allgemeingültiger Ideen

Das vielleicht größte Hindernis dafür, daß die offene Gesellschaft als ein Ideal akzeptiert wird, liegt darin, daß viele Menschen allgemeingültige Ideen ablehnen. Diese Erfahrung konnte ich machen, als ich das Netzwerk meiner Stiftungen gründete. Ich muß ehrlich zugeben, daß ich davon überrascht war. Während der Herrschaft der Kommunisten und auch danach, in den berauschenden Tagen der Revolution, hatte ich keine Mühe, Menschen zu finden, die sich von den Prinzipien einer offenen Gesellschaft begeistern ließen, selbst wenn sie in anderen Kategorien dachten. Es war leicht, ihnen zu erklären, was ich mir unter einer offenen Gesellschaft vorstellte: Ich sah diese schlicht als das Gegenteil der geschlossenen Gesellschaft, in der meine Gesprächspartner gelebt hatten, und damit wußten alle, was gemeint war. Doch die Haltung des Westens enttäuschte und verunsicherte mich zunehmend. Zuerst glaubte ich, die Menschen in den offenen Gesellschaften des Westens würden einfach zu langsam erkennen, welche historische Chance sich abzeichnete. Schließlich mußte ich mir eingestehen, daß sie sich einfach nicht genug um eine offene Gesellschaft im Sinn einer allgemeingültigen Idee kümmerten, weswegen sie den ehemaligen Ostblockländern eben auch nicht mit entsprechendem Eifer halfen. Das ganze Gerede von Freiheit und Demokratie war offenkundig nichts anderes als – Propaganda.

Nach dem Zusammenbruch des Sowjetsystems welkte die Idealvorstellung der offenen Gesellschaft allmählich und verlor an Reiz – sogar in den einst geschlossenen Gesellschaften. Die Menschen wurden plötzlich in einen Überlebenskampf verwickelt, und alle, die sich weiterhin um das Gemeinwohl sorgten, mußten sich fragen, ob sie sich nicht an die Werte eines vergangenen Zeitalters klammerten. Dies war auch so, denn allgemeingültige Ideen wurden den Menschen immer verdächtiger. Der Kommunismus war eine solche Idee gewesen, und wir wußten doch alle, wohin er geführt hatte!

Das gab mir den Anstoß, den Begriff der offenen Gesellschaft zu überdenken, und ich kam zu dem Schluß, daß er von größerer Bedeutung ist denn je. Allgemeingültige Ideen sind unerläßlich – auch die Verfolgung von Eigeninteressen ist eine allgemeingültige Idee, selbst wenn man sie als solche nicht erkennt – und mitunter, bis zum bitteren logischen Ende geführt, sehr gefährlich. Auf der anderen Seite können wir aber das Denken nicht einfach abstellen; die Welt, in der wir leben, ist viel zu kompliziert, als daß wir sie ohne Leitbilder verstehen würden. Damit stieß ich auf den Begriff der Fehlbarkeit, die das Fundament einer jeden offenen Gesellschaft bildet. Ich habe ja bereits gezeigt, daß das von mir neu formulierte Konzept der offenen Gesellschaft nicht einfach das Gegenteil der geschlossenen Gesellschaft ist, nicht deren bloße Umkehrung; in meiner Konzeption steht die offene Gesellschaft in jenem instabilen Zwischenbereich, wo sie von allen Seiten durch radikale universelle Ideen bedrängt wird, nämlich von allen Formen des Extremismus, wozu auch der Marktfundamentalismus gehört.

Wer den Begriff der offenen Gesellschaft paradox findet, hat eindeutig recht. Die allgemeine Vorstellung, allgemeingültige Ideen, die bis zum letzten getrieben werden, seien gefährlich, ist ein weiteres Beispiel vom Paradoxon des Lügners. Das ist das Fundament, auf dem der Begriff der Fehlbarkeit ruht. Wenn wir das Argument bis zum Ende verfolgen, stehen wir tatsächlich vor einer Entscheidung: Entweder wir akzeptieren unsere Fehlbarkeit, oder wir leugnen sie. Und wenn wir sie akzeptieren, führt uns das zu den Prinzipien der offenen Gesellschaft.

Die Aufklärung

Ich möchte versuchen, die der offenen Gesellschaft zugrundeliegenden Prinzipien aus der Einsicht in unsere Fehlbarkeit zu entwickeln. Der dabei auftretenden Schwierigkeiten bin ich mir bewußt. Jede philosophische Frage kann endlos zu neuen Fragen führen. Wollte ich voraussetzungslos, also mit einer Tabula rasa anfangen, wäre mein Vorhaben so gut wie aussichtslos. Fehlbarkeit impliziert, daß man politische und moralische Prinzipien nicht wiederum aus a priori gegebenen Prinzipen ableiten kann – Immanuel Kant möge in Frieden ruhen. Doch zum Glück muß ich auch gar nicht bei Punkt Null anfangen. Die Philosophen der Aufklärung, vor allem eben auch Kant, haben den Versuch unternommen, allgemeingültige Gesetze aus der Vernunft abzuleiten. Damit hatten sie nur begrenzt Erfolg, was nur beweist, daß Menschen fehlbar sind und einer offenen Gesellschaft bedürfen.

Die Aufklärung war, was die bis dahin in Moral und Politik geltenden Prinzipien anbelangt, ein Riesenschritt nach vorn. Zuvor hatte man moralische und politische Macht an externe Instanzen rückgebunden, göttliche wie weltliche. Es stellte eine unerhörte Neuerung dar, die Vernunft darüber entscheiden zu lassen, ob etwas richtig oder falsch, gut oder schlecht sei. Das war der Anfang der Moderne. Ob wir wollen oder nicht, die Aufklärung bildet die Grundlage unserer Ideen hinsichtlich Politik und Wirtschaft, ja unserer Sicht der Dinge überhaupt. Die Philosophen dieser Zeit werden heute nicht mehr gelesen, gleichwohl sind ihre Ideen fester Bestandteil unseres Denkens. Die Herrschaft der Vernunft, die Suprematie der Wissenschaft und die Vorstellung, daß alle Menschen Brüder sind: dies waren ihre wichtigsten Themen. Die politischen, gesellschaftlichen und moralischen Grundwerte der Aufklärung sind in der amerikanischen Unabhängigkeitserklärung eindrucksvoll dargelegt, und weltweit dient dieses historische Dokument den Menschen weiterhin als Inspiration.

Die Aufklärung kam nicht aus dem Nichts. Ihre Wurzeln hatte sie im Christentum, das wiederum auf der monotheistischen Tradition des Alten Testaments und auf der griechischen Kultur aufbaute. Man sollte sich bewußtmachen, daß diese Ideen alle als allgemeingültige Sätze entworfen wurden – mit Ausnahme des Alten Testaments, in dem sich viele Elemente der Stammesgeschichte mit dem Monotheismus mischen. Anstatt die Tradition als oberste Instanz anzuerkennen, unterwarf die Aufklärung auch sie einer kritischen Überprüfung. Mit atemberaubenden Ergebnissen. Die Kreativität des menschlichen Geistes wurde entfacht. Wen kann es da wundern, daß man dieser neuen Denkmethode bis zur letzten Konsequenz folgte? In der Französischen Revolution wurde jegliche traditionelle Autorität eliminiert, die Vernunft in allen Fragen zur Letztinstanz erklärt. Die Vernunft aber war einer solchen Aufgabe nicht gewachsen, und der Eifer von 1789 verkam zur Schreckensherrschaft von 1793. Doch die Grundsätze der Aufklärung wurden dadurch nicht entwertet; im Gegenteil, die Armeen von Napoleon trugen die modernen Ideen durch ganz Europa.

Die Leistungen der Moderne sind ohne Vergleich. Die wissenschaftliche Methode führte zu wunderbaren Entdeckungen, und die Technik ermöglichte ihre produktive Anwendung. Die Menschheit begann, die Natur zu beherrschen. Unternehmen nutzten die Möglichkeiten, und Märkte dienten dazu, das Angebot der Nachfrage anzugleichen. So konnten Produktions- und Lebensstandard ein Niveau erreichen, das in früheren Zeiten unvorstellbar war.

Trotz dieser eindrucksvollen Errungenschaften konnte die Vernunft die in sie gesetzten Erwartungen nicht ganz erfüllen, insbesondere in den Bereichen Gesellschaft und Politik. Die Lücke zwischen Intentionen und Ergebnissen war nicht zu überbrücken. Es verhielt sich tatsächlich so: Je radikaler die Intentionen, desto enttäuschender die Ergebnisse. Meiner Meinung nach gilt das für den Kommunismus wie für den Marktfundamentalismus. Ich möchte für die unbeabsichtigten Konsequenzen nur ein Beispiel anführen, weil es für die Situation, in der wir uns befinden, äußerst bedeutsam ist. Als man sich daranmachte, die ursprünglichen politischen Ideen der Aufklärung in die Tat umzusetzen, entstanden auch die Nationalstaaten. Um die Herrschaft der Vernunft einzuleiten, rebellierte das Volk gegen seine Herrscher, und es war die Macht des Monarchen, die die Massen an sich rissen. So entstand der Nationalstaat, in dem alle Macht vom Volke ausgeht. Ganz gleich, was seine Verdienste sind, in der Wirklichkeit ist der Nationalstaat nur noch ein entferntes Echo seiner universalistischen Ursprungsidee.

In der Kultur bereitete die Auflösung der Tradition den geistigen

Nährboden für große Kunst und Literatur. Aber nach einer langen Zeit aufregender Experimente, in deren Verlauf die Wurzeln aller Macht aufgedeckt wurden, verflüchtigte sich in der zweiten Hälfte des 20. Jahrhunderts ein Großteil der Inspiration. Das Spektrum der Möglichkeiten hat sich derart erweitert, daß die für künstlerisches Schaffen notwendige Disziplin darin keinen Halt mehr findet. Manchen Künstlern und Schriftstellern gelingt es, ihre Privatsprache zu etablieren, doch die gemeinsame Grundlage scheint irgendwie verloren.

Die Gesellschaft scheint von einer ähnlichen Krankheit befallen. Die Philosophen der Aufklärung, allen voran Kant, versuchten, allgemeingültige Grundsätze der Moral aufzustellen, die in den universalistischen Attributen der Vernunft ihre Begründung finden sollten. Kant wollte den Nachweis erbringen, daß die Vernunft eine bessere Grundlage für die Moral bietet als irgendeine traditionelle, externe Instanz. Aber in unserer modernen Tauschgesellschaft wird jede Moralität in Frage gestellt. Zwar gibt es das Bedürfnis nach moralischer Führung, und weil es nicht befriedigt wird, verspürt man es vielleicht sogar deutlicher als früher. Doch gerade die Prinzipien und Grundsätze, die eine solche Führung ermöglichen könnten, werden allgemein angezweifelt. Warum sollte man sich um die Wahrheit kümmern, wenn ein Satz nicht wahr sein muß, um wirksam zu werden? Warum sollte man ehrlich sein, wenn der Erfolg den Menschen Achtung und Anerkennung sichert und nicht Ehrlichkeit oder Tugend? Obwohl gesellschaftliche Grundwerte und moralische Grundsätze in Frage gestellt werden, am Wert des Geldes zweifelt niemand. Deshalb hat das Geld die Rolle der wirklichen, inneren Werte usurpiert. Die Ideen der Aufklärung, die unser Weltbild und dessen edle Aspirationen noch prägen, bestimmen weiterhin unsere Erwartungen, aber die vorherrschende Stimmung ist Ernüchterung.

Es ist höchste Zeit, daß wir die Vernunft, wie sie von der Aufklärung verstanden wurde, genau jener kritischen Überprüfung unterwerfen, der die Aufklärung die damals herrschenden externen religiösen und säkularen Mächte unterzogen hat. Wir leben bereits seit zweihundert Jahren im Zeitalter der Vernunft: lange genug, daß wir die Grenzen der Vernunft hätten entdecken können. Heute stehen wir an der Schwelle zum Zeitalter der Fehlbarkeit. Dessen Ergebnisse werden möglicherweise nicht minder atemberaubend sein. Und wenn wir aus früheren Erfahrungen lernen, werden wir vielleicht manche jener Exzesse vermeiden können, die für gewöhnlich das Heraufkommen einer neuen Epoche begleiten.

Beginnen müssen wir mit einer Erneuerung der Moral und der gesellschaftlichen Grundwerte, indem wir deren reflexiven Charakter akzeptieren. Das führt unmittelbar zum Konzept der offenen Gesellschaft als einer wünschenswerten Form gesellschaftlicher Organisation. Da sowohl Fehlbarkeit als auch Reflexivität allgemeingültige Begriffe sind, vermögen sie eine gemeinsame Basis für alle Menschen dieser Erde zu schaffen. Ich hoffe, wir können bei ihrer Anwendung einige jener Fallen vermeiden, die sich mit universalistischen Begriffen normalerweise stellen. Natürlich hat auch das Konzept der offenen Gesellschaft Defizite, doch der Mangel besteht hauptsächlich darin, eher zuwenig als zuviel anzubieten. Genauer gesagt, das Konzept ist zu allgemein, um uns ein Rezept für spezifische Lösungen an die Hand zu geben. Das ist aber in der Sache begründet und läßt uns reichlich Raum, Dinge auszuprobieren. Der Begriff wird uns jedenfalls eine sichere Grundlage für die benötigte Weltgesellschaft geben.

Moralphilosophie

Kant leitete seinen kategorischen Imperativ von einem moralisch Handelnden her, der von jeglichen Eigeninteressen und Begierden absieht und sich nur von der Vernunft bestimmen läßt. Ein derart Handelnder zeichnet sich durch transzendentale Freiheit und Autonomie des Willens aus, im Gegensatz zur »Heteronomie« desjenigen Menschen, dessen Willen äußeren Bedingungen unterliegt.[17] Er kann moralische Imperative erkennen, die insofern objektiv sind, als sie für alle vernünftigen Wesen gelten. Die Maxime, daß wir anderen gegenüber nur das tun sollen, was wir ihnen uns gegenüber zugestehen würden, ist ein solcher kategorischer Imperativ. Die absolute Gültigkeit der Imperative wird abgeleitet aus der Idee des Menschen als rational handelndes Wesen.

Nun besteht das Problem darin, daß der von Kant beschriebene rational Handelnde schlichtweg nicht existiert. Er ist eine durch Abstraktion geschaffene Illusion. Die Philosophen der Aufklärung neigten dazu, sich als vollkommen unabhängig und vorurteilsfrei zu betrachten, tatsächlich aber waren sie ihrer Gesellschaft tief verhaftet, die geprägt war von der christlichen Moral und einem ausgesprochenen Sinn für soziale Verpflichtungen. Sie wollten ihre Gesellschaft ändern. Zu diesem Zweck erfanden sie das interesselose Individuum, das, nur der Vernunft verpflichtet, allein dem Gebot seines Gewissens und keiner externen Instanz folgt. Dabei übersahen sie, daß ein tatsächlich interesseloses Individuum gerade nicht das Pflichtbewußtsein besitzen kann, das sie als wünschenswert erachteten. Gesellschaftliche Werte kann man verinnerlichen, aber sie stammen nicht von einem interesselosen Vernunftwesen, sondern wurzeln in der Gemeinschaft, der das Individuum angehört. Die moderne neurologische Forschung ist noch einen Schritt weiter gegangen und hat Menschen ausfindig gemacht, deren Gehirn auf ganz besondere Weise verletzt wurde; ihre Fähigkeit, Geschehnisse distanziert zu betrachten, blieb erhalten, dafür wurde aber ihr Identitätsgefühl beschädigt. So war ihre Urteilskraft beeinträchtigt, und ihr Verhalten gestaltete sich zunehmend exzentrisch und unverantwortlich.

Damit scheint eindeutig erwiesen, daß Moral aus einem Zugehörigkeitsgefühl zu einer Gemeinschaft entsteht – sei dies nun die Familie, ein Freundeskreis, ein Stamm, eine Nation oder die gesamte Menschheit. Eine Marktwirtschaft jedoch begründet keine Gemeinschaft, besonders dann nicht, wenn sie sich global ausbreitet. Auch ist ein Arbeitnehmer, der in einer Firma arbeitet, damit noch lange kein Mitglied einer Gemeinschaft, und das um so weniger, je mehr die Unternehmensführung einerseits den Profit zum obersten Ziel erkoren hat und auch danach handelt, andererseits jedem einzelnen tagtäglich kündigen kann. Menschen in der heutigen Tauschgesellschaft verhalten sich nicht so, als würden sie kategorischen Imperativen gehorchen. Ihr Verhalten kann man wohl eher mit Hilfe des Gefangenendilemmas beschreiben.[18] Kants Metaphysik der Moral war einem Zeitalter angemessen, in dem sich die Vernunft mit externen Machtinstanzen auseinandersetzen mußte, aber für die Jetztzeit scheint sie befremdlich irrelevant zu sein, da es keine solche äußere Instanz mehr gibt. Heute wird in Frage gestellt, ob es überhaupt notwendig ist, zwischen Gut und Böse zu unterscheiden. Wenn eine Handlung das erwünschte Ergebnis zeitigt, warum sollte man sich dann um Gut und Böse kümmern? Wozu die Wahrheit suchen? Wozu ehrlich sein? Warum sollte man sich Sorgen um andere machen? Und wer ist denn eigentlich das »Wir«, das die Weltgesellschaft trägt und dessen Werte uns Zusammenhalt sichern sollen? Das sind die Fragen, denen wir uns gegenwärtig stellen müssen.

Es wäre jedoch ein Fehler, würden wir Moralphilosophie und politische Philosophie der Aufklärung völlig verwerfen – nur weil sie ihre grandiosen Ambitionen nicht einlösen konnten. Im Geist der Fehlbarkeit sollten wir die Exzesse des Denkens korrigieren, anstatt einfach ins andere Extrem zu verfallen. Eine Gesellschaft ohne jegliche Werte wird und kann nicht überleben, und eine Weltgesellschaft braucht allgemeingültige Wertprinzipien als Kitt. Die Aufklärung bot eine Reihe universalistischer Werte, und selbst wenn sie insgesamt etwas verblichen sind, eine Erinnerung an sie ist geblieben. Anstatt sie über Bord zu werfen, müssen wir sie neu formulieren.

Das eingebundene Individuum

Die Werte der Aufklärung können heute noch von Bedeutung sein – wenn man nur die Vernunft durch Fehlbarkeit ersetzt und »das eingebundene Individuum« an die Stelle des freischwebenden, autonomen Individuums rückt. Mit dem Terminus »eingebundenes Individuum« meine ich Menschen, die auf die Gesellschaft angewiesen sind und in *splendid isolation* niemals überleben könnten, aber dennoch kein Gefühl der Zugehörigkeit haben, das zur Zeit der Aufklärung so sehr Teil des Lebens der Menschen war, daß sie es kaum wahrnahmen. Das Denken der eingebundenen Individuen wird von ihrer gesellschaftlichen Umgebung geprägt, von der Familie und anderen persönlichen Bindungen, von der Kultur, in der sie aufgewachsen sind. Sie nehmen keine zeitlose, perspektivlose Position ein. Sie haben kein vollkommenes Wissen und sind nicht völlig interesselos. Sie sind bereit, um das Überleben zu kämpfen – doch autark sind sie nicht. Ganz gleich, wie gut sie miteinander konkurrieren, immer leben werden sie nicht, denn sie sind nicht unsterblich. Sie haben das Bedürfnis, einem größeren, über ihr Leben hinaus währenden Zusammenhang anzugehören. Es kann aber durchaus sein, daß sie, weil sie ja fehlbare Wesen sind, dieses Bedürfnis bei sich selbst gar nicht wahrnehmen. Das heißt, sie sind wirkliche Menschen, Denkende und Handelnde, fehlbar und ganz sicher keine Personifizierungen einer abstrakten Vernunft.

Indem ich den Begriff des eingebundenen Individuums in den Vordergrund stelle, begebe ich mich, so wie die Philosophen der Aufklärung auch, auf den Boden der Abstraktion. Denn ich schlage ja eine weitere Abstraktion vor, die auf unserer Erfahrung und unserem Umgang mit Begrifflichkeiten beruht. Die Wirklichkeit ist immer komplizierter als unsere Deutung. Das Spektrum menschlicher Verschiedenheit in der Welt reicht möglicherweise von jenen, die nicht weit vom Aufklärungsideal entfernt leben, zu jenen, die kaum noch als Individuen handeln, und die Verteilungskurve hat gerade auf deren Seite eine starke Ausbuchtung.

Ich will damit sagen, daß eine Weltgesellschaft nie die Bedürfnisse der Individuen nach Gemeinschaft wird erfüllen können. Sie wird sich niemals in eine Gemeinschaft verwandeln, dafür ist sie zu groß und zu differenziert, es gibt in ihr zu viele unterschiedliche Kulturen und Traditionen. Wer also Mitglied einer Gemeinschaft sein will, muß anderswo danach suchen. Eine Weltgesellschaft wird immer etwas Abstraktes bleiben – im Grunde eine universelle Idee. Sie muß die Bedürfnisse der eingebundenen Individuen achten, darf aber nicht in Versuchung geraten, all diese Bedürfnisse befriedigen zu wollen, denn es gibt keine Form gesellschaftlicher Organisation, die das könnte.

Eine Weltgesellschaft muß sich ihrer eigenen Grenzen bewußt sein. Sie ist eine allgemeingültige Idee, und solche Ideen können gefährlich werden, wenn man sie allzu konsequent verfolgt. Vor allem die Idee eines Weltstaats würde den Gedanken der Weltgesellschaft zu weit treiben. Die universelle Idee kann allerhöchstens als Grundlage für Regeln und Institutionen dienen, die für das Miteinanderleben jener Vielzahl von Gemeinschaften notwendig sind, welche die Weltgesellschaft bilden. Noch einmal: Sie ist nicht die Gemeinschaft, die das Bedürfnis von Individuen nach Zugehörigkeit erfüllen kann. Andererseits aber muß sie mehr sein als nur eine Ansammlung von Marktkräften und Tauschakten.

Die Grundsätze der offenen Gesellschaft

Wie kann nun eine aus eingebundenen Individuen bestehende Welt zusammenarbeiten, um eine Weltgesellschaft aufzubauen? Zunächst ist es notwendig, aber als Bedingung nicht hinreichend, daß wir alle unsere Fehlbarkeit einsehen. Doch ein weiterer Verbindungsmechanismus ist vonnöten.

Die Fehlbarkeit begründet die Einschränkungen, die kollektive

Entscheidungen respektieren müssen, um die Freiheit des Individuums zu schützen. Aber mit der Idee der Fehlbarkeit muß ein positiver Anreiz zur Kooperation einhergehen. Der Glaube an die offene Gesellschaft als einer wünschenswerten Form gesellschaftlicher Organisation könnte dieser Anreiz sein. Wirtschaftlich sind wir bereits sehr eng miteinander verflochten, und der Reiz müßte sich entsprechend entfalten und wirksam werden können. Es ist nicht schwer, gemeinsame Ziele zu definieren. Nur wenige Menschen hätten wohl Einwände gegen die folgenden: die Vermeidung von verheerenden bewaffneten Konflikten, insbesondere eines mit Nuklearwaffen geführten Kriegs; Umweltschutz; die Aufrechterhaltung eines globalen Finanz- und Handelssystems. Die Schwierigkeit liegt jedoch darin, gemeinsam zu entscheiden, welche Handlungen aus diesen Zielen abgeleitet werden müssen. Hier fehlt ein überzeugender Mechanismus.

Es ist nicht leicht, auf globaler Ebene zur Zusammenarbeit zu finden. Das Leben wäre um ein vielfaches leichter, hätte Friedrich Hayek recht gehabt mit seiner These, daß man das gemeinsame Interesse als das unbeabsichtigte Nebenprodukt dessen ansehen könne, was die Menschen im Verfolgen ihrer besten Eigeninteressen tun. Dasselbe gilt für die kommunistische Maxime: Jeder nach seinen Fähigkeiten, jeder nach seinen Bedürfnissen. Aber leider ist das Leben komplizierter, und beide Maximen sind falsch. Es gibt gemeinsame Interessen, wie zum Beispiel die Aufrechterhaltung von freien Märkten, die von den Märkten selbst nicht geleistet werden kann. Sollten Konflikte entstehen, dann müssen diese gemeinsamen Interessen vor den Eigeninteressen rangieren. Doch weil wir über kein unabhängiges Kriterium verfügen, kann man nie sicher sein, welche Interessen gemeinsame sind. Daraus folgt, daß das gemeinsame Interesse mit äußerster Vorsicht zu verfolgen ist, nämlich durch Trial-and-error. Die Behauptung, man wisse, worin die gemeinsamen Interessen bestehen, ist nicht minder falsch wie die Behauptung, es gäbe keine.

Eine Demokratie mit aktiven Bürgern und eine Marktwirtschaft sind wesentliche Elemente der offenen Gesellschaft; ebenso gehören ein Mechanismus der Marktregulierung dazu, vor allem im Hinblick auf die Regulierung der Finanzmärkte, sowie Vorkehrungen, die den Frieden, das Gesetz und die Ordnung weltweit schützen. Wie solche Vorkehrungen aussehen müßten, kann man nicht aus irgendwelchen Grundsätzen ein für allemal ableiten. Damit würde man versuchen, die Wirklichkeit von oben herab neu zu gestalten, und gegen die Prinzipien der offenen Gesellschaft verstoßen. An dieser Stelle unterscheidet sich Fehlbarkeit von Rationalität als Prinzip der Vernunft. Denn Fehlbarkeit bedeutet, daß niemand ein Monopol auf die Wahrheit hat. Tatsächlich sind die Prinzipien der offenen Gesellschaft, wie bereits erwähnt, auf bewundernswerte Weise präzis in der amerikanischen Unabhängigkeitserklärung dargelegt. Wir müßten im ersten Abschnitt dieses Dokuments nur den Satz »Diese Wahrheiten sind wohl selbstverständlich« durch einen neuen ersetzen: »Wir haben uns entschieden, diese Prinzipien als selbstverständliche Wahrheiten zu betrachten.« Will heißen, wir gehorchen nicht irgendwelchen Geboten der Vernunft, sondern treffen eine bewußte Wahl. Wahr ist, daß die Wahrheiten der Unabhängigkeitserklärung nicht selbstverständlich sind, sondern reflexiv in dem Sinne, wie alle Werte reflexiv sind.

Es gibt noch andere Gründe, weshalb ich der Meinung bin, daß Fehlbarkeit und das eingebundene Individuum das bestmögliche Fundament bieten, auf dem man eine offene Weltgesellschaft errichten kann. Die reine Vernunft und ein sich überwiegend am Individuum orientierender Moralkodex sind Erfindungen der abendländischen Kultur. Sie stoßen in anderen Kulturen auf wenig Resonanz. Die konfuzianische Ethik etwa beruht auf der Familie und auf Verwandtschaftsbeziehungen und paßt schlecht zu den universellen Begriffen, die man aus dem Westen importiert. Fehlbarkeit dagegen toleriert ein breites Spektrum kultureller Divergenzen.

Die Denktradition und Geistesgeschichte des Abendlands darf man dem Rest der Welt nicht im Namen allgemeingültiger Werte wahllos aufoktroyieren. Und im übrigen ist die abendländische Form der repräsentativen Demokratie vielleicht gar nicht die einzige Regierungsform, die mit einer offenen Gesellschaft kompatibel ist. Dennoch, manche universellen Ideen müssen allgemein akzeptiert werden. Eine offene Gesellschaft muß zwar pluralistisch aufgebaut sein, doch darf sie im Streben nach Pluralismus nicht so weit gehen, daß sie zwischen Richtig und Falsch nicht mehr unterscheidet. Auch Toleranz kann bis ins Extrem getrieben werden. Nur in einem fortlaufenden Prozeß von Trial-and-error läßt sich herausfinden, was richtig ist. Je nach Zeit und Ort wird sich die Definition möglicherweise ändern, aber zu jeder Zeit und an jedem Ort muß es eine Definition geben. Während uns die Aufklärung die Aussicht auf ewige Wahrheiten vorgaukelte, erkennt die offene Gesellschaft die Tatsache an, daß Grundwerte reflexiv sind und sich im Laufe der Geschichte zu ändern vermögen. Auch wenn kollektive Entscheidungen nicht auf den Geboten der Vernunft beruhen können, kommen wir doch ohne sie nicht aus. Wir brauchen eine auf Gesetzen basierende Grundordnung, gerade weil wir uns nicht sicher sein können, was richtig und was falsch ist. Wir brauchen Institutionen, die um ihre eigene Fehlbarkeit wissen und einen Mechanismus zur Verfügung stellen, mit dem sich ihre Fehler korrigieren lassen.

Eine offene Weltgesellschaft kann nur Wirklichkeit werden, wenn die Menschen deren Grundprinzipien anerkennen. Ich meine damit nicht, daß alle Menschen sie akzeptieren müssen, denn viele werden sich naturgemäß mit solchen Fragen kaum befassen, und es würde gegen den Geist der offenen Gesellschaft verstoßen, wenn diejenigen, die sich darum kümmern, ein allgemeines, für alle gültiges Einverständnis in diesen Punkten erreichen würden. Die Mehrheit jedoch muß sich für die offene Gesellschaft aussprechen und das auch kundtun, wenn diese Gesellschaft Bestand haben soll.

Warum aber sollten wir die offene Gesellschaft überhaupt als Ideal anerkennen? Die Antwort dürfte mittlerweile klargeworden sein. Es ist uns nicht möglich, als isolierte Individuen zu leben. Als Marktteilnehmer sind wir unserem Eigeninteresse verpflichtet, aber es dient nicht unserem Eigeninteresse, ausschließlich Marktteilnehmer zu sein. Wir müssen uns mit der Gesellschaft beschäftigen, in der wir leben. Und wenn es um kollektive Entscheidungen geht, sollten wir uns vom Wohl der Gesellschaft als Ganzes und nicht von unseren ureigenen Anliegen leiten lassen. Die bloße Zusammenführung einer Vielzahl von Eigeninteressen durch den Marktmechanismus birgt ungewollte und negative Konsequenzen. Die schwerwiegendste Folge zur Zeit ist vermutlich die Labilität der Finanzmärkte.

ZWEITER TEIL **DER GEGENWÄRTIGE HISTORISCHE MOMENT**

6. Das kapitalistische Weltsystem

Jetzt kommen wir zur Crux der ganzen Angelegenheit: Kann der dargelegte theoretische Rahmen Licht auf unsere gegenwärtige Situation werfen? Wir leben mit einer Weltwirtschaft, die nicht nur durch freien Handel mit Gütern und Dienstleistungen gekennzeichnet ist, sondern vor allem durch die ungehinderte Bewegung von Kapital. Zinssätze, Wechselkurse und Aktienkurse in verschiedenen Ländern sind eng miteinander verbunden, und die Weltfinanzmärkte üben immensen Einfluß auf die jeweilige wirtschaftliche Lage aus. Angesichts der entscheidenden Rolle, die das internationale Finanzkapital für das Schicksal der Länder spielt, liegt es nahe, von einem kapitalistischen Weltsystem zu sprechen.

Dieses System begünstigt eindeutig das Finanzkapital, das dorthin fließt, wo es die größten Profitchancen sieht. Das wiederum hat zum schnellen Wachstum der globalen Finanzmärkte geführt. Das Ergebnis ist ein riesiger Kreislauf, bei dem Kapital von den Finanzmärkten und den Institutionen des Zentrums aufgenommen und dann entweder direkt in Form von Krediten oder indirekt durch multinationale Konzerne an die Peripherie weitergepumpt wird. Solange der Kreislauf funktioniert, überdeckt er fast alle anderen Einflüsse. Das Kapital bringt enormen Nutzen mit sich, und zwar nicht nur durch eine erhöhte produktive Leistung, sondern auch durch Verbesserung der Produktionsweise, durch Vermögenswachstum und größere Freiheit. Daher konkurrieren die Länder darum, Kapital anzulocken und an sich zu binden. Das Bemühen, attraktive Bedingungen für das Kapital zu schaffen, rangiert vor allen anderen gesellschaftlichen Zielsetzungen.

Doch das System hat einen gravierenden Fehler: Solange der Kapitalismus als siegreich gilt, hat das Streben nach Gewinn oberste Priorität. Somit stehen wirtschaftliche und politisch-moralische Regelungen in keinem angemessenen Verhältnis mehr zueinander. Die Herausbildung der Weltwirtschaft ging nicht mit der Herausbildung einer Weltgesellschaft einher. Die Grundeinheit des politischen und gesellschaftlichen Lebens ist nach wie vor der Nationalstaat, mit der Folge, daß die Beziehung von Zentrum und Peripherie eine ungleiche ist.

Meine Kritik des kapitalistischen Weltsystems hat zwei Ansatzpunkte. Einerseits die dem Marktmechanismus innewohnenden Mängel, wobei es mir hauptsächlich um die Instabilität der internationalen Finanzmärkte geht. Andererseits die Unzulänglichkeiten dessen, was ich mangels einer besseren Bezeichnung den Nichtmarktsektor genannt habe. Damit meine ich das Scheitern der Politik auf der nationalen wie auf der internationalen Bühne.

In den nächsten drei Kapiteln werde ich mich vor allem den Fehlern des Marktmechanismus widmen, obschon ich auch darauf eingehe, daß die notwendigen regulatorischen und politischen Rahmenbedingungen fehlen. Nach einem Überblick über die Hauptmerkmale des kapitalistischen Weltsystems möchte ich eine auf meiner Boom/Bust-Analyse beruhende Interpretation der gegenwärtigen Lage liefern. Dabei werde ich nachweisen, daß es zwei vorherrschende Tendenzen gibt: den Marktfundamentalismus und die internationale Konkurrenz um das Kapital. Meine Voraussage für die Zukunft, soviel sei jetzt schon verraten, lautet: Das kapitalistische Weltsystem steht unmittelbar vor seiner Auflösung.[19]

Ein abstraktes Reich

Am Anfang drängt sich natürlich die Frage auf, ob es überhaupt ein kapitalistisches Weltsystem gibt. Ich sage: ja, füge aber hinzu, daß es kein wirkliches, greifbares Objekt ist. Wir neigen dazu, abstrakte

Begriffe zu verdinglichen beziehungsweise zu personifizieren, was schon an unserer Sprache liegt. Diese Neigung kann jedoch unglückliche Folgen zeitigen. Dann nämlich, wenn abstrakte Begrifflichkeiten eine Eigendynamik entwickeln und uns auf viel zu weit von der Wirklichkeit entfernte Irrwege führen. Gleichwohl gibt es keine Möglichkeit, abstraktes Denken zu umgehen, da die Realität einfach zu komplex ist, als daß man sie als Ganzes verstehen könnte. Darum spielen Ideen eine so wichtige Rolle in der Geschichte; sie sind häufig weitaus wichtiger, als wir annehmen. Und das gilt ganz besonders in unserer gegenwärtigen Situation.

Der Umstand, daß das kapitalistische Weltsystem ein abstrakter Begriff ist, schmälert keineswegs seine Bedeutung. Es beherrscht unser Leben, so wie jedes Regime das Leben der Menschen beherrscht. Das kapitalistische System ist ein Imperium, das tatsächlich den gesamten Globus umspannt. Es gebietet über eine ganze Zivilisation und gleicht in einem Punkt sogar den historischen Weltreichen: Wer draußen vor den Mauern steht, wird als Barbar betrachtet. Es handelt sich nicht um ein Territorialreich, besitzt es doch weder Souveränität noch die Insignien der Souveränität. In der Tat stellt das Selbstbestimmungsrecht der Staaten, die Mitglieder im Weltsystem sind, die Haupteingrenzung seiner Macht und seines Einflusses dar. Als System ist es fast unsichtbar, denn es hat keine formelle Struktur. Die meisten Untertanen merken gar nicht, daß sie ihm unterworfen sind; oder, um es genauer zu sagen, sie erkennen zwar, daß sie überpersönlichen und manchmal zerstörerischen Kräften ausgesetzt sind, gleichwohl verstehen sie nicht, um welche Kräfte es sich dabei handelt.

Der Vergleich mit einem Weltreich liegt nahe, weil das kapitalistische Weltsystem im wahrsten Sinne des Wortes über seine Mitglieder herrscht – und es ist nicht leicht, sich von dieser Herrschaft zu befreien. Hinzu kommt, daß das System wie jedes Reich ein Zentrum und eine Peripherie hat. Und es gilt auch hier: Wenn das Zentrum floriert, geht dies auf Kosten der Peripherie. Vor allem aber weist das kapitalistische System ausgeprägte imperialistische Tendenzen auf. Anstatt ein Gleichgewicht zu suchen, unternimmt es alles, um zu expandieren. Bevor es sich nicht sämtliche Märkte und Rohstoffquellen einverleibt hat, kommt es nicht zur Ruhe. In dieser Beziehung ähnelt es den Reichen von Alexander dem Großen oder Attila dem Hunnenkönig, denn die expansionistische Neigung des Weltsystems könnte zugleich auch der Grund seines Niedergangs sein. Expansion meine ich allerdings nicht in einem geographisch-räumlichen Sinn. Vielmehr geht es um den ständig wachsenden Einfluß, den das System auf das Leben der Menschen ausübt.

Im Gegensatz zum 19. Jahrhundert, in dem der Imperialismus seinen Ausdruck in der Kolonialherrschaft fand, ist das kapitalistische Weltsystem nichtterritorial, wenn nicht sogar extraterritorial. Territorien werden gemeinhin von Staaten regiert, und deshalb stehen sie der Expansion des kapitalistischen Systems oft im Weg. Das gilt sogar für die Vereinigten Staaten, das kapitalistischste aller Länder, obwohl Isolationismus und Protektionismus Dauerthemen im politischen Diskurs der Amerikaner sind.

Das kapitalistische Weltsystem ist durch und durch funktional, wobei die Funktion, das liegt auf der Hand, ökonomischer Natur ist. Es dient der Produktion, dem Konsum und dem Austausch von Gütern und Dienstleistungen. Bemerkenswert ist, daß sich der Austausch darüber hinaus auch auf Produktionsfaktoren erstreckt. Wie Marx und Engels bereits vor 150 Jahren dargelegt haben, verwandelt das kapitalistische System den Boden, die Arbeit und das Kapital in Waren. Die ökonomischen Funktionen, das Leben der Menschen beherrschend, dringen zusehends in Bereiche ein, die früher als von der wirtschaftlichen Sphäre getrennt galten: Kultur, Politik und freie Berufe.

Trotz seines nichtterritorialen Charakters ist das System nach Zentrum und Peripherie gegliedert. Das Zentrum stellt der Peripherie Kapital zur Verfügung, und die Spielregeln sind stets zugunsten des Kernbereichs verzerrt. Dieser könnte in New York oder in London sein, denn hier sind die internationalen Finanzmärkte, oder in Washington, Frankfurt am Main und Tokio, denn dort wird die Geldmenge der Weltwirtschaft festgelegt. Aber ebenso ließe sich behaupten, daß sich das Zentrum in einem Steuerparadies befindet, auf einer der berüchtigten Inseln, wo der aktivste und mobilste Teil des Weltkapitals zu Hause ist.

Ein unvollkommenes Regime

Frühformen des kapitalistischen Weltsystems sind schon im Hansebund und in den italienischen Stadtstaaten zu finden, dort also, wo verschiedene politische Körperschaften kommerziell und finanziell miteinander verbunden waren. Der Kapitalismus wurde erst im Laufe des 19. Jahrhunderts dominant und blieb es, bis er durch den Ersten Weltkrieg empfindlich gestört wurde. Das globale kapitalistische Regime, das heute vorherrscht, weist nun einige Merkmale auf, die es von früheren Versionen unterscheidet. Eines davon ist die Geschwindigkeit der Kommunikation, auch wenn die Beschleunigung der Informationsübermittlung als solche eigentlich nichts Neues ist. Die Erfindung von Telegraf und Telefon bedeutete für das 19. Jahrhundert eine ebenso rapide Beschleunigung wie die Entwicklung der Datenfernübertragung für das 20. Jahrhundert. Gleichwohl prägt dieses Phänomen unsere Zeit in besonderem Maße.

Obwohl sich der Weltkapitalismus als Herrschaftssystem beschreiben läßt, ist sein Regime nicht allumfassend. Nur die ökonomischen Funktionen der Gesellschaft unterliegen seiner Kontrolle, selbst wenn man sagen kann, daß diese Funktionen vor allem anderen Vorrang haben. Das gegenwärtige Regime hat eine eigene, wenn auch etwas verschwommene Geschichte. Es fällt schon schwer, sein Geburtsdatum genau festzulegen. Liegt es im Jahr 1989, als der Ostblock wie ein Kartenhaus zusammenbrach? Oder um 1980, als Margaret Thatcher und Ronald Reagan an die Macht kamen? Oder noch früher in den siebziger Jahren, als sich der Off-shore-Markt für Eurodollar entwickelte?

Das Hauptmerkmal des kapitalistischen Weltsystems ist die freie Bewegung von Kapital. Die Weltwirtschaft gründet nicht allein auf dem internationalen Güter- und Dienstleistungshandel, auch die Produktionsfaktoren müssen austauschbar sein. Boden und andere natürliche Ressourcen bewegen sich nicht, und auch Menschen sind für gewöhnlich nicht sonderlich mobil. Daher ist es die Beweglichkeit von Kapital, Informationen und Unternehmertum, welche die Wirtschaft auf internationaler Ebene integriert.

Da das Finanzkapital so mobil ist, verfügt es über eine ungemein günstige Position: Es kann all die Länder meiden, in denen es drückende Steuern oder lästige Auflagen gibt. Sobald eine Fabrik erst einmal steht, läßt sie sich nur schwer verlegen. Sicher, multinationale Konzerne verfügen, was die Kosten solcher Verlegungen angeht, über einigen Spielraum, und sie können, wenn Investitionsentscheidungen anstehen, Druck ausüben – doch im Vergleich zur Entscheidungsfreiheit internationaler Anleger, die in Fonds investieren, ist ihre Flexibilität gering. Und die Möglichkeiten der Anleger werden meist noch dadurch vergrößert, daß sie sich im Zentrum der Weltwirtschaft und nicht an der Peripherie befinden. All diese Faktoren zusammengenommen führen dazu, daß Kapital von den Finanzzentren angezogen und durch die Märkte aufgeteilt wird. Deshalb spielt das Finanzkapital in der heutigen Welt eine derart entscheidende Rolle, und aus dem gleichen Grund ist der Einfluß der Finanzmärkte innerhalb des kapitalistischen Weltsystems ständig gewachsen.

Tatsächlich ist die freie Bewegung von Kapital ein relativ neues Phänomen. Am Ende des Zweiten Weltkriegs bestand die Welt hauptsächlich aus nationalen Volkswirtschaften, der internationale Handel war fast zum Erliegen gekommen, und sowohl Direktinvestitionen wie auch Finanztransaktionen wurden nur selten getätigt. Die mit dem Abkommen von Bretton Woods ins Leben gerufenen Institutionen – IWF und Weltbank – sollten in einer Situation, in der es kaum Kapitalbewegungen gab, internationalen Handel ermöglichen. Der Weltbank war die Aufgabe zugedacht, den Mangel an Direktinvestitionen auszugleichen. Der IWF sollte fehlende Finanzkredite aufwiegen, um Ungleichgewichte im Handel zu kompensieren. In den weniger entwickelten Ländern konzentrierte sich das internationale Kapital hauptsächlich auf die Ausbeutung natürlicher Ressourcen, und die betroffenen Staaten förderten ihrerseits kaum internationale Investitionen, sondern enteigneten dafür vorgesehene Anlagen eher. Man denke nur an die Verstaatlichung der Anglo-Iranian Oil 1951. (Auch in Europa stand die Sozialisierung von Schlüsselindustrien auf der Tagesordnung.) Der größte Teil der Investitionen in den ärmeren Ländern erfolgte in Form von Entwicklungshilfe.

Die institutionellen Maßnahmen führten zunächst zu einer Zunahme der Direktinvestitionen. Amerikanische Firmen griffen erst in Europa ein und breiteten sich dann in der übrigen Welt aus. Unternehmen aus anderen Ländern haben das später nachgeholt. Viele Branchen, so die Automobil-, die chemische und die Computerindustrie kamen nach und nach unter die Herrschaft multinationaler Konzerne. Die internationalen Finanzmärkte hingegen entwickelten sich langsamer, denn manche Währungen waren nicht völlig konvertierbar, und nicht wenige Länder hielten an der Kontrolle von Kapitaltransaktionen fest. Solche Kontrollen wurden nur langsam abgeschafft. Als ich 1953 als Geschäftsmann in London anfing, waren sowohl die Finanzmärkte wie die Banken strengen nationalen Reglements unterworfen, und es herrschte ein rigides Wechselkurssystem, so daß der freie Verkehr des Kapitals etlichen Einschränkungen unterlag. Es gab einen Markt für »verlagerbare Sterlinge« oder »Prämien-Dollars« – das heißt besondere Wechselkurse, die für Wertpapierkonten galten. Ab 1956 wurde der internationale Wertpapierhandel allmählich dereguliert. Und als die Europäische Wirtschaftsgemeinschaft entstand, begannen amerikanische Investoren, europäische Wertpapiere zu kaufen, wobei die Bilanzierungspraktiken der Unternehmen problematisch und die Abwicklungssysteme bei weitem nicht zufriedenstellend waren. Die Bedingungen in den aufstrebenden Märkten sind oft auch nicht viel anders – mit dem Unterschied, daß die Händler und Analysten heute über viel mehr Know-how verfügen. Ich war damals ein einäugiger König unter Blinden. Noch 1963 schlug Präsident Kennedy vor, amerikanische Investoren, die ausländische Aktien erwarben, mit einer sogenannten Zinsausgleichssteuer zu belegen. 1964 wurde diese Steuer, die meine Geschäfte praktisch unmöglich machte, per Gesetz erlassen.

Erst in den siebziger Jahren entwickelte sich der eigentliche globale oder Weltkapitalismus. Die ölfördernden Länder vereinten ihre Kräfte in der OPEC (Organization of Petroleum Exporting Countries) und hoben den Preis des Rohöls an: das erste Mal 1973 von 1,90 Dollar pro Barrel auf 9,76 Dollar und dann 1979, als Reaktion auf die politischen Ereignisse in Iran und Irak, von 12,70 Dollar auf 28,76 Dollar pro Barrel. Plötzlich verfügten die mineralölexportierenden Länder über einen großen Überschuß, während die importierenden Staaten erhebliche Handelsdefizite zu verkraften hatten. Die Handelsbanken mußten – durch die westlichen Regierungen insgeheim dazu ermuntert – die Finanzmittel wieder in Umlauf bringen. Man erfand Eurodollars, und in den Steueroasen entstanden große Finanzmärkte. Die Regierungen machten dem internationalen Finanzkapital in Steuerfragen und anderen Angelegenheiten vorher unvorstellbare Konzessionen, um es wieder ins eigene Land zu locken. Ironischerweise verschafften gerade diese Maßnahmen dem Kapital in den Steueroasen mehr Bewegungsfreiheit. 1982 endete der Boom auf dem internationalen Kreditmarkt mit einer Pleite, doch zu diesem Zeitpunkt war die Bewegungsfreiheit für das Finanzkapital längst verkündet und besiegelt.

Daß Margaret Thatcher und Ronald Reagan 1979/80 an die Macht kamen, trieb die Entstehung internationaler Finanzmärkte entscheidend voran. Beide traten mit dem Programm an, den Staat aus der Wirtschaft herauszuhalten und den Marktmechanismen freies Spiel zu gewähren. Das bedeutete, daß die Regierungen strenge monetäre Disziplin üben mußten – was die Welt zuerst in eine Rezession führte und dann die internationale Schuldenkrise von 1982 verursachte. Die Weltwirtschaft brauchte einige Jahre, bis sie sich erholt hatte; so spricht man in Lateinamerika immer noch von einem verlorenen Jahrzehnt. Doch seit 1983 hat sie eine lange Periode fast ununterbrochenen Wachstums durchlaufen. Trotz regelmäßiger Krisen beschleunigte sich die Entwicklung der internationalen Kapitalmärkte derart, daß man sie nun tatsächlich global nennen kann. Bewegungen von Wechselkursen, Zinssätzen und Aktienkursen in verschiedenen Ländern hängen enger miteinander zusammen als je zuvor. So gesehen, hat sich der Charakter der Finanzmärkte während der 45 Jahre, in denen ich in diesem Bereich tätig bin, völlig verändert.

Kapitalismus gegen Demokratie

Inzwischen hat das Finanzkapital derart günstige Bedingungen, daß manche Kommentatoren der Meinung sind, multinationale Konzerne und internationale Finanzmärkte hätten auf irgendeine Weise die Autonomie der Nationalstaaten usurpiert oder ersetzt. Das ist nicht der Fall. Die Staaten sind nach wie vor im Besitz ihrer Hoheitsrechte. Sie verfügen über die gesetzliche Macht, über die kein Individuum und kein Unternehmen je verfügen kann. Die Tage der East India oder Hudson Bay Company gehören ein für allemal der Vergangenheit an.

Obwohl sich Regierungen weiterhin in die Wirtschaft einmischen können, stehen sie zunehmend unter dem Druck globaler Konkurrenz. Schafft ein Staat Bedingungen, die dem Kapital ungünstig erscheinen, wird dieses so rasch wie möglich versuchen das Land zu verlassen. Und umgekehrt kann eine Regierung, wenn sie die Lohnkosten niedrig hält und ausgewählte Firmen mit Anreizen lockt, die Akkumulation des Kapitals fördern. Mit anderen Worten, das kapitalistische Weltsystem setzt sich aus vielen souveränen Staaten zusammen, jeder mit einer eigenen Politik, aber zugleich im internationalen Wettbewerb um Handel und Kapital stehend. Das ist eines der Merkmale, die das System so kompliziert machen. Denn obwohl wir in Wirtschafts- und Finanzangelegenheiten von einem Weltregime sprechen können, gibt es kein Weltregime in Angelegenheiten der Politik. Jeder Staat besitzt seine eigene Regierung.

Die meisten Menschen glauben, daß Kapitalismus auf irgendeine Weise mit Demokratie einhergeht. In der Tat sind sämtliche Länder, die das Zentrum des kapitalistischen Weltsystems ausmachen, Demokratien – bei den kapitalistischen Ländern der Peripherie hingegen ist das nicht unbedingt der Fall. Dort ist die Meinung verbreitet, es sei eine Art Diktatur erforderlich, um die Wirtschaft anzukurbeln. Eine positive Wirtschaftsentwicklung beruht auf der Akkumulation von Kapital, und diese wiederum verlangt niedrige Lohnkosten und eine hohe Sparquote. Wenn eine Regierung autokratisch vorgeht und dem Volk ihren Willen aufzwingen kann, läßt sich das womöglich leichter erreichen als in einem demokratischen Staat, der sensibel auf die Wünsche der Wähler reagieren muß.

Nehmen wir Asien, die Region, in der die Wirtschaftsentwicklung in den letzten Jahren am erfolgreichsten war. Im asiatischen Modell stützt die Regierung die Interessen der einheimischen Geschäftsleute und hilft ihnen, Kapital zu akkumulieren. Für diese Strategie muß sie die Planung der Industrieentwicklung anführen, über finanzielle Hebelkraft verfügen und die inländische Wirtschaft bis zu einem gewissen Grad abschirmen – und natürlich Lohnforderungen im Zaum halten können. Es war Japan, das diese Strategie als erstes entwickelte und vorexerzierte, ein Land, das auf demokratische Institutionen zurückgreifen konnte, die zur Zeit der amerikanischen Besatzung aufgebaut wurden. Korea hat vergeblich versucht, Japan nachzuahmen, besaß dabei aber keine demokratischen

Institutionen. Die entsprechende Politik wurde von einer Militärdiktatur durchgesetzt, welche eine kleine Gruppe industrieller Kombinate kontrollierte. Die Ausgleichsmöglichkeiten, die in Japan vorhanden waren, fehlten gänzlich. In Indonesien kam es zu einer ähnlichen Allianz zwischen dem Militär und einer hauptsächlich chinesischen Kaste von Geschäftsleuten. In Singapur wurde der Staat selbst kapitalistisch, indem er gut geführte und sehr erfolgreiche Investitionsfonds auflegte. In Malaysia begünstigt die herrschende Partei die Geschäftsinteressen der malaysischen Volksmehrheit. In Thailand sind die politischen Regelungen so kompliziert, daß ein Außenstehender sie nicht wird verstehen können. Der besondere Schwachpunkt des dortigen Systems liegt darin, daß das Militär sich in die Geschäftswelt und die Geschäftswelt sich in die Wahlkämpfe einmischt. Allein in Hongkong konnte diese Vermengung vermieden werden, was nicht zuletzt das Ergebnis seiner Kolonialvergangenheit und deren relativ strenger Gesetze ist. Und Taiwan bildet insofern eine Ausnahme, als es den Übergang von einem autokratischen zu einem demokratischen Regime erfolgreich gemeistert hat.

Immer wieder wird behauptet, daß ein erfolgreiches autokratisches Regime letztlich demokratische Institutionen hervorbringt. Für diese These spricht, daß eine sich bildende Mittelklasse tatsächlich äußerst hilfreich für die Etablierung einer demokratischen Regierung ist. Doch daraus folgt nicht, daß wirtschaftlicher Wohlstand notwendigerweise demokratische Freiheiten gebiert. Herrscher verzichten nur widerwillig auf ihre Macht; man muß sie dazu drängen. In Singapur hat es Jahrzehnte des Wohlstands gebraucht, bevor man auch Lee Kwan Yu die Vorzüge des »asiatischen Wegs« verkünden hörte.

Die Behauptung, Kapitalismus führe unweigerlich zu Demokratie, ist hoch problematisch, nicht zuletzt, weil innerhalb des kapitalistischen Weltsystems die Kräfte fehlen, die einzelne Länder zwingen könnten, einen demokratischen Weg einzuschlagen. Internationale

Banken und multinationale Konzerne fühlen sich oft wohler mit einer starken, wenn nicht sogar autokratischen Regierung im Rükken. Wahrscheinlich ist es der freie Fluß von Informationen, der demokratische Reformen am wirksamsten anzukurbeln vermag, denn ein informiertes Volk läßt sich nicht so leicht in die Irre führen wie ein uninformiertes. Doch sollte man die freie Verfügbarkeit von Informationen nicht überschätzen. In Malaysia etwa hat die Regierung die Medien so weit unter Kontrolle, daß Premier Mahathir Mohammed seine eigene verzerrte Deutung der Tatsachen immer noch unwidersprochen verkünden kann. Noch restriktiver wird die Informationspolitik in China gehandhabt; hier kontrolliert die Regierung sogar den Zugang zum Internet. Wie dem auch sei, selbst ein ungehinderter Informationsfluß muß die Menschen nicht unbedingt in Richtung Demokratie bewegen, besonders dann nicht, wenn diejenigen, die in Demokratien leben, sie nicht für ein allgemeingültiges Prinzip halten und entsprechend dafür eintreten.

In Wahrheit ist die Verbindung von Kapitalismus und Demokratie nur schwer zu durchschauen. Sie gehorchen unterschiedlichen Prinzipien und verfolgen unterschiedliche Ziele. Im Kapitalismus geht es darum, reich zu werden, in der Demokratie darum, politischen Einfluß zu erringen. Entsprechend verschieden sind die jeweils geltenden Maßstäbe. Im Kapitalismus wird alles in Geld gemessen, das Kriterium in der Demokratie hingegen ist die Stimme des Wählers. Auch die dahinterstehenden Interessen sind nicht die gleichen. Der Kapitalismus dient privaten, die Demokratie öffentlichen Interessen. In den Vereinigten Staaten wird diese Spannung zwischen Kapitalismus und Demokratie durch die sprichwörtlichen Konflikte zwischen Wall Street und Main Street symbolisiert. In Europa konnte die Erweiterung des Wahlrechts einige der schlimmsten Exzesse des Kapitalismus korrigieren. Die furchterregenden Prognosen des ›Kommunistischen Manifests‹ ließen sich nur dadurch abwenden, daß man der Demokratie eine breitere Basis verlieh.

Mittlerweile ist die Fähigkeit des Staates, für das Wohl seiner Bürger zu sorgen, erschüttert worden durch die Fähigkeit des Kapitals, hinderliche Steuersätze und Arbeitsbedingungen mittels Abwanderung in eine andere Region zu umgehen. Länder, die ihre Sozialversicherungs- und Arbeitsgesetzgebung stark reformierten – allen voran die Vereinigten Staaten und Großbritannien –, werden bevorzugt, während andere, die die bestehenden Gesetze aufrechtzuerhalten suchten – vor allem Frankreich und Deutschland –, das Nachsehen haben.

Der Abbau des Sozialstaates hat erst vor relativ kurzer Zeit begonnen, weshalb die Auswirkungen noch nicht im vollen Umfang zu spüren sind. Seit Ende des Zweiten Weltkriegs ist der Anteil des Staates am Bruttosozialprodukt in den Industrienationen, faßt man sie als Gruppe zusammen, um fast hundert Prozent gestiegen.[20] Das änderte sich erst ab 1980. Interessanterweise ist der Anteil des Staates am Bruttosozialprodukt nur unwesentlich zurückgegangen. Statt dessen sanken die Steuersätze für Kapital und Arbeit, während gleichzeitig andere Steuern ständig stiegen. Kurz, die Steuerlast ist vom Kapital auf die Bürger übertragen worden. Das deckt sich nicht unbedingt mit dem, was man versprochen hatte. Gleichwohl kann man hier noch nicht einmal von unbeabsichtigten Folgen sprechen, denn dieses Ergebnis ist genau das, was die Verfechter eines freien Marktes immer schon wollten.

Die Rolle des Geldes

Es ist kein leichtes Unterfangen, ein Weltwirtschaftssystem zu analysieren, für das es kein entsprechendes politisches System gibt – gerade aufgrund der quälend uneindeutigen Beziehung von Kapitalismus und Demokratie. Meine Aufgabe wird allerdings dadurch erleichtert, daß es hinter dem kapitalistischen Weltsystem doch ein Prinzip gibt, das man wohl tatsächlich als *das* Grundprinzip bezeichnen kann: Geld. Am Ende, darüber sollten wir uns keine Illusionen machen, dreht sich alles um Profit und Reichtum.

Wenn wir verstehen, welche Rolle das Geld im kapitalistischen Weltsystem spielt, begreifen wir zugleich die Funktionsweise des gesamten Systems. Geld ist ein komplexer Begriff; dennoch wissen wir schon viel über ihn. Volkswirtschaftlichen Lehrbüchern zufolge übt Geld drei Funktionen aus: Es dient als Zahlungseinheit, als Tauschmittel und als Wertaufbewahrungsmittel. Alle drei Funktionen sind bekannt, obwohl die dritte Aufgabe des Geldes, nämlich Wertaufbewahrungsmittel zu sein, von manchen bestritten wird. Aus Sicht der klassischen Volkswirtschaftslehre ist Geld bloß ein Mittel zum Zweck und kein Zweck an sich; es stellt den Tauschwert dar, ohne selbst wertvoll zu sein. Anders gesagt, der Wert des Geldes hängt vom Wert der Güter und Dienstleistungen ab, gegen die es eingetauscht werden kann. Doch welchem wirklichen Wert sollen ökonomische Transaktionen entsprechen? Das ist eine beunruhigende Frage, die noch nie zufriedenstellend beantwortet worden ist und laut Wirtschaftswissenschaftlern auch gar nicht beantwortet werden muß; sie nehmen einfach an, daß die ökonomisch Handelnden einen bestimmten Wert im Auge haben. Ihre Präferenzen, ganz gleich welche, kann man in Form von Indifferenzkurven beschreiben, und solche Kurven lassen sich zur Preisfeststellung nutzen.

Der Haken dabei ist, daß die Werte im realen Geschehen nicht einfach gesetzt sind. In einer offenen Gesellschaft schätzen die Menschen die Freiheit, selbst auswählen zu können, aber sie wissen nicht unbedingt, was sie wollen. Unter Bedingungen eines rapiden Wandels, dann nämlich, wenn Traditionen die Menschen nicht mehr in Bann ziehen und diese von allen Seiten mit Handlungsoptionen und Vorschlägen bombardiert werden, ist häufig der Tauschwert an die Stelle eines inneren Werts getreten. Das gilt insbesondere für ein kapitalistisches Regime, das die Konkurrenz betont und Erfolg anhand monetärer Kriterien mißt. Wenn Menschen Geld haben wollen und dafür fast alles zu tun bereit sind, dann bedeutet der Besitz von Geld Macht, und Macht kann ein Zweck an sich sein. Die Erfolg haben, wissen vielleicht nicht, was sie mit ihrem Geld tun sollen, aber sie können sich wenigstens sicher sein, daß andere ihnen ihren Status neiden werden. Das mag ihnen genügen und sie trotz mangelnder Motivation für unbestimmte Zeit vorantreiben. Im kapitalistischen System ist es ohnehin so, daß jene, die unbesehen weitermachen, irgendwann die meiste Macht in ihren Händen halten und den größten Einfluß ausüben.

Ich komme erst später auf die moralische Frage zurück, ob Geld an sich einen Wert haben sollte oder nicht. Hier genügt die Annahme, daß das Streben nach Geld der vorherrschende Wert im kapitalistischen Weltsystem ist. Diese Annahme beruht auf der Einsicht, daß es ökonomische Akteure gibt, die ihren einzigen Zweck darin sehen, Geld zu machen; solche Akteure sind im heutigen Wirtschaftsleben dominanter als je zuvor. Ich meine damit vor allem die Aktiengesellschaften. Diese Unternehmen werden von Profis geleitet, deren Managementgrundsätze nur ein Ziel haben: Profitmaximierung. So einfache Grundsätze sind in allen Tätigkeitsbereichen anwendbar, und sie führen dazu, daß Firmenmanager andere Unternehmen auf dieselbe Weise erwerben und abstoßen, wie Fondsmanager Aktien kaufen und verkaufen. Die Firmen wiederum sind mehrheitlich im Besitz von Fondsmanagern, deren einziges Ziel es ist, mit ihrer Anlage Geld zu machen.

Nach der Theorie vom ungehinderten Wettbewerb ist jedes Unternehmen ein profitmaximierendes Gebilde, aber im Alltag werden Geschäfte nicht immer nur aus dem Grund getätigt, Gewinne zu erhöhen. Private Eigentümer haben oft andere Zielsetzungen. Sogar Aktiengesellschaften werden mitunter von Managern geführt, die sich so sicher fühlen, daß sie sich auch andere Motive als das des Profits leisten. Das kann von eigenen Zusatzgratifikationen und Vergünstigungen bis hin zu altruistischen oder patriotischen Überlegungen reichen. Die Manager der großen deutschen Multis fühlten sich stets ihren Arbeitern und der allgemeinen Öffentlichkeit verpflichtet – und nicht nur den Inhabern ihrer Aktien. Und in der japanischen Wirtschaft, die durch einen vernetzten Aktienbesitz geprägt ist, sind Beziehungen oft wichtiger als Gewinn. Mit seiner Bereitschaft, alles zu riskieren, um einen Marktanteil in Schlüsselbranchen zu erobern, war es Korea, das das japanische Beispiel ad absurdum geführt hat.

Doch im gegenwärtigen kapitalistischen Weltsystem hat es zweifellos eine eindeutige Verschiebung zugunsten eines Verhaltens gegeben, das ausschließlich auf Gewinnmaximierung aus ist – und entsprechend nimmt der Konkurrenzdruck zu. Da die Märkte sich inzwischen weltweit ausdehnen, haben Firmen in Privatbesitz einen Nachteil im Kampf um neue Marktanteile oder bei der Verteidigung einer bestehenden Position. Unternehmen müssen Kapital von externen Anteilseignern auftreiben, um die mit der Globalisierung entstandenen Möglichkeiten zu nutzen. Eine Folge davon ist, daß der Markt zunehmend von profitorientierten Aktiengesellschaften dominiert wird.

In den Vereinigten Staaten sind die »Shareholders« bereits lauter geworden und bestehen darauf, daß man ihre Interessen ernst nimmt. Die Börsen neigen dazu, solchen Geschäftsleitungen entgegenzukommen, die sich ganz und gar der Profitmaximierung verpflichtet haben. Erfolg mißt man an kurzfristigen Leistungen, und Manager bekommen statt Zusatzgratifikationen Aktienoptionen als Prämien. In Europa haben Unternehmen früher sowohl in ihrer Öffentlichkeitsarbeit als auch in ihren Jahresabschlüssen die Gewinne ganz bewußt nicht herausgestrichen. Denn je höher die Gewinne, desto höher auch die Lohnforderungen. Also hielt man es für ratsam, die Aufmerksamkeit nicht auf die Rentabilität eines Unternehmens zu lenken. Doch angesichts des weltweit entfachten Wettbewerbs fallen Lohnforderungen ohnehin eher moderat aus, und es geht viel mehr um die Notwendigkeit, Expansion zu finanzieren. Auch die Bildung der Europäischen Union als Binnenmarkt mit einer einzigen Währung hat ein Rennen um Marktanteile ausgelöst. Unternehmen achten jetzt viel stärker auf ihren Aktienkurs,

denn dieser ist inzwischen ein entscheidender Faktor dafür, ob man Kapital bekommen und Übernahmen tätigen kann oder nicht. Gesellschaftspolitische Ziele hingegen, etwa die Schaffung und Bewahrung von Arbeitsplätzen, treten nun mehr und mehr in den Hintergrund. Die Konkurrenz hat Unternehmen zur Konsolidierung gezwungen, sie haben sich verkleinert und Produktionsstätten ins Ausland verlagert. Das sind wesentliche Gründe dafür, daß es in Europa eine fortdauernd hohe Zahl von Arbeitslosen gibt.
Das Hauptmerkmal, das die aktuelle Form des globalen Kapitalismus von früheren Varianten unterscheidet, ist sein allgegenwärtiger Erfolg. Der globale Kapitalismus hat dafür gesorgt, daß Profitmaximierung als Unternehmensziel extrem gepuscht wurde und in Bereiche eingedrungen ist, in denen vormals völlig andere Überlegungen dominierten. Nichtmonetäre Werte müssen aber unbedingt wieder eine größere Rolle in unserem Leben spielen. Insbesondere sollten Kultur und freie Berufe von ihren eigenen Werten durchdrungen sein und nicht auf wirtschaftliche Zwecke reduziert werden. Um den Unterschied zwischen dem gegenwärtigen Regime des Kapitals und dessen früheren Formen zu verstehen, muß man sich klarmachen, daß Geld als eigener Wert von Tag zu Tag wichtiger wird. Es ist wohl keine Übertreibung, wenn man sagt, daß Geld das Leben der Menschen noch nie so dominiert hat wie heute.

Kredit als eine Ursache für Instabilität

Geld ist eng mit Kredit verbunden, aber über die Rolle des Kreditwesens herrscht noch größere Unklarheit als über die des Geldes. Das ist auch nicht weiter verwunderlich, denn Kredit ist ein reflexives Phänomen. Man gewährt ihn gegen Sicherheiten oder irgendeinen anderen Beweis der Kreditwürdigkeit. Beide, der Wert der Sicherheiten und der Maßstab für Kreditwürdigkeit, sind wiederum reflexiver Natur. Kreditwürdigkeit wird aus Sicht des Kreditgebers beurteilt. Und der Wert der Sicherheiten hängt mit der Verfügbarkeit von Krediten zusammen. Das gilt insbesondere für Immobilien, eine Lieblingsform der Bürgschaft. Banken sind meist bereit, gegen die Sicherheit von Immobilien Kredite zu gewähren, ohne die Kreditnehmer noch auf andere Weise in die Pflicht zu nehmen – und die Hauptvariable des Werts von Immobilien wiederum ist die Höhe der Kredite, die Banken zu gewähren bereit sind, wenn die Immobilien als Sicherheit dienen. Es mag einem merkwürdig vorkommen, doch dieser reflexive Konnex wird von den Theoretikern übersehen und in der Praxis oft vergessen. Die Baubranche ist berühmt-berüchtigt als eine Industrie der Booms und Busts, und nach jeder Pleite werden die Geschäftsführer der Banken wieder sehr vorsichtig und verkünden, solche Risiken nie mehr eingehen zu wollen. Aber sobald sie erneut von Liquidität überflutet werden und verzweifelt Möglichkeiten suchen, das Geld für sich arbeiten zu lassen, beginnt ein weiterer Zyklus. Man kann das gleiche Muster im internationalen Kreditwesen beobachten. Die Kreditwürdigkeit eines Staates als Kreditnehmer wird anhand verschiedener Kennzahlen bewertet: Schulden als Anteil des Bruttosozialprodukts, Schuldenlasten im Verhältnis zu Ausfuhren und so weiter. Das sind reflexive Maße, denn die Prosperität eines kreditnehmenden Landes hängt von seiner Fähigkeit ab, Kredite zu erhalten. Auch dieser Zusammenhang wird oft außer acht gelassen, so während des großen internationalen Kreditbooms in den siebziger Jahren. Nach der Krise von 1982 hätte man erwarten können, daß derart exzessive Kreditgewährung sich nie wiederholen würde. Doch in Mexiko geschah 1994 genau das gleiche noch einmal, und wie wir noch sehen werden, hat auch die Asienkrise von 1997 ähnliche Ursachen.

Die meisten Wirtschaftstheoretiker erkennen die Rolle der Reflexivität nicht an. Sie versuchen, Gleichgewichtsbedingungen zu spezifizieren. Reflexivität ist aber eine Quelle der Instabilität. John Maynard Keynes dagegen sah die Bedeutung reflexiver Phänomene sehr wohl, und er verglich die Finanzmärkte mit einem Schönheitswettbewerb, bei dem die Menschen raten müssen, wie andere Menschen raten werden, wie andere Menschen raten werden und so weiter. Aber auch er mußte, wenn er wollte, daß seine Theorie von der Wissenschaft akzeptiert werden würde, auf den Gleichgewichtsbegriff zurückgreifen.

Eine bevorzugte Methode, die dem Kreditwesen immanente Reflexivität zu ignorieren, ist es, ausschließlich auf die Geldmenge zu achten. Diese läßt sich quantifizieren, so daß ihre Messung durchaus Kreditbedingungen widerspiegelt. Und schon kann man über die reflexiven Phänomene, die mit der Expansion und Kontraktion der Kredite zusammenhängen, hinwegsehen. Aber, wie wir aus der Erfahrung mit dem Goldstandard wissen, eine stabile Geldmenge schafft noch keine stabile Wirtschaft. Exzesse werden sich möglicherweise selbst korrigieren, doch zu welchem Preis? Im 19. Jahrhundert gab es immer wieder verheerende Panikreaktionen, auf die dann Busts folgten. Wir sind gerade dabei, diese Erfahrung erneut zu machen.

Keynes, der in den dreißiger Jahren den Monetarismus in Mißkredit gebracht hat, fiel nach seinem Tod in Ungnade, denn seine Vorgaben zur Bekämpfung der Deflation zeitigten inflationäre Tendenzen. (Wäre Keynes noch am Leben gewesen, hätte er diese Vorgaben wahrscheinlich geändert.) Statt dessen wurde das Erreichen und Aufrechterhalten monetärer Stabilität zum Hauptziel auserkoren. Das führte zur Neuerfindung des Monetarismus durch Milton Friedman. Auch Friedmans Theorie hat einen Fehler: Sie ignoriert das reflexive Element in Expansion und Kontraktion von Kreditgewährung. In der Praxis hat der Monetarismus relativ gut funktioniert, aber vor allem deshalb, weil man die Theorie ignorierte. Die Zentralbanken verlassen sich nicht allein auf eine monetäre Meßlatte, vielmehr achten sie bei ihren Entscheidungen über die Förderung der Geldwertstabilität auf eine ganze Bandbreite von Faktoren, unter anderem auch auf die irrationale Überschwenglichkeit des Marktes. Die Bundesbank hegt jedoch nach wie vor die Illusion, es genüge, sich ausschließlich an monetären Kennziffern zu orientieren. Im Gegensatz dazu ist die Federal Reserve eher agnostisch und gesteht offen ein, daß Geldpolitik eine Sache des Urteilsvermögens sei. So hat man die reflexive Praxis mit einer Theorie in Einklang gebracht, in der das Phänomen Reflexivität überhaupt nicht vorkommt. Wie auch immer, in der gegenwärtigen Weltfinanzkrise erweisen sich Theorie und Praxis als unzulänglich.

Kredit spielt eine wichtige Rolle für das Wirtschaftswachstum. Die Fähigkeit, Kredite zu erhalten, erhöht die Rentabilität von Investitionen enorm. Die erwartete Rendite ist in der Regel höher als eine risikolose Verzinsung, andernfalls würde man die Investition erst gar nicht tätigen. Die Aufnahme von Krediten wirkt sich positiv auf die Gewinnmarge aus. Je mehr Hebelwirkung bei einer Investition zum Zuge kommen kann, desto attraktiver wird sie – vorausgesetzt, der Preis des Geldes bleibt konstant. Kosten und Verfügbarkeit von Krediten sind damit bedeutsame Variablen, die den Grad der Wirtschaftstätigkeit beeinflussen. Sie sind wohl die wichtigsten Faktoren, die die asymmetrische Form der Boom/Bust-Zyklen bestimmen. Auch andere Elemente spielen eine Rolle, aber die Kontraktion von Krediten führt dazu, daß der Bust weitaus abrupter einsetzt als zuvor der Boom. Wenn es zu Notverkäufen kommt, um Schulden zurückzuzahlen, drückt der Verkauf der Sicherheiten deren Wert und entfacht so einen Teufelskreis, der zeitlich viel gedrängter verläuft als die Expansionsphase. Das gilt unabhängig davon, ob die Kredite von Banken oder von Finanzmärkten zur Verfügung gestellt wurden, und unabhängig davon, ob die Kreditnahme mit Wertpapieren oder Immobilien gedeckt wurde.

Das internationale Kreditwesen ist besonders labil, denn es ist keineswegs so gut geregelt wie Inlandskredite in den wirtschaftlich fortgeschrittenen Ländern. Seit der Geburt des Kapitalismus hat es periodisch wiederkehrende Finanzkrisen gegeben, oft mit verheerenden Auswirkungen. Um ihre Wiederholung zu vermeiden, sind Banken und Finanzmärkte Regeln unterworfen worden, doch die

Regeln bezogen sich meistens auf die letzte und nicht auf die kommende Krise. Daher führte jede erneute Krise zur Fortentwicklung der Regeln, was erklärt, wie Zentralbanken, Bankenaufsicht und die Aufsicht über die Finanzmärkte ihre heutige Gestalt gewonnen haben.

Der Weg dorthin war keineswegs gradlinig. Der Crash von 1929 und der anschließende Zusammenbruch des amerikanischen Bankensystems führten zu einem ausgesprochen restriktiven regulatorischen Rahmen in den Vereinigten Staaten – sowohl für die Börse als auch für die Banken. Seit Ende des Zweiten Weltkriegs entspannte sich die Situation, zuerst langsam, dann aber immer schneller. Zwar hat man die Trennung von Banken und anderen Finanzinstitutionen, die im Glass-Steegal-Gesetz niedergelegt wurde, nicht abgeschafft, doch die Regulierung ist wesentlich gelockert worden.

Deregulierung und Globalisierung der Finanzmärkte gingen Hand in Hand. Die meisten Regeln galten für den nationalen Rahmen, so daß die Globalisierung der Märkte zu weniger Regulierung führte und umgekehrt. Gleichwohl handelt es sich nicht um eine Einbahnstraße. Während nationale Regeln an Bedeutung verloren, gab es erste schwache Versuche, internationale Regulierungen einzuführen. Die beiden durch das Abkommen von Bretton Woods ins Leben gerufenen Institutionen, IWF und Weltbank, paßten sich denn auch den veränderten Umständen an und wurden als globale Überwachungsinstanzen aktiv. Außerdem haben die Finanzbehörden der führenden Industrienationen Kommunikationskanäle zur Förderung der Zusammenarbeit eingerichtet. Doch die bei weitem wichtigste Regulierungsmaßnahme ist die Eigenkapitalanforderung für Handelsbanken, die unter Aufsicht der Bank für Internationalen Zahlungsausgleich (BIZ) in Basel 1988 eingeführt wurde.

Tatsächlich wäre das internationale Finanzsystem schon mindestens viermal zusammengebrochen, hätten die verschiedenen Währungshüter und Behörden nicht eingegriffen: Ich meine die Krisen von 1982, 1987, 1994 und 1997. Die internationalen Kontrollen sind, vergleicht man sie mit dem nationalen Regelwerk in den meisten fortgeschrittenen Ländern, jedoch noch immer völlig unzulänglich. Hinzu kommt, daß die im Zentrum des Systems befindlichen Staaten gewöhnlich nur auf Krisen reagieren, die sie selbst betreffen, und nicht auf solche, deren Hauptopfer an der Peripherie angesiedelt sind. Der Zusammenbruch der US-Börsen im Jahr 1987 ist auf rein nationale Probleme zurückzuführen, und er bewirkte Änderungen der Börsenregularien, vor allem die Einführung sogenannter *circuit breakers*. Probleme auf den internationalen Finanzmärkten dagegen haben keine vergleichbare Reaktion hervorgerufen. Selbst wenn die Einführung der BIZ-Normen von 1988 eine verspätete Antwort auf die Krise von 1982 gewesen sein sollte, haben die internationalen Regeln mit der Globalisierung der Finanzmärkte einfach nicht Schritt gehalten.

Das mangelnde Interesse an einem ausgefeilten internationalen Regelwerk hängt bis zu einem gewissen Maß damit zusammen, daß der reflexive Charakter des Kreditwesens bislang kaum begriffen wurde, hinzu kommt eine grundsätzlich antiregulatorische Stimmung. Über die nationalen Finanzsysteme wachen Zentralbanken und andere Behörden. Im großen und ganzen erfüllen sie ihre Aufgaben gut, immerhin ist seit mehreren Jahrzehnten in keinem der großen Industrieländer das Finanzsystem zusammengebrochen. Wer aber soll das internationale Finanzsystem steuern? Die internationalen Finanzinstitutionen und die nationalen Geldbehörden arbeiten in Krisenzeiten zusammen, doch es gibt keine mit den nationalen Institutionen vergleichbare internationale Zentralbank, keine länderübergreifend regulierende Instanz. Und man kann sich auch schwer vorstellen, wie solche Institutionen eingeführt werden könnten: Geld und Kredit sind beide aufs engste mit Fragen der Souveränität verbunden, und kein Land wird bereit sein, seine Hoheitsrechte aufzugeben.

Asymmetrie, Labilität und Zusammenhalt

Eine plötzliche Änderung in der Bereitschaft des Zentrums, der Peripherie Kapital zur Verfügung zu stellen, kann zu größeren Störungen in den Empfängerländern führen. Die Art der Störung hängt davon ab, in welcher Weise Kapital bereitgestellt wurde. Geschah dies in Form von Schuldtiteln oder Bankkrediten, kann der Entzug zu Pleiten oder zu einer Bankenkrise führen; geschah es in Form von Aktien, kann der Entzug einen Börsencrash auslösen. Direktinvestitionen dagegen können nicht ohne weiteres sofort abgezogen werden, so daß die Störung »nur« darin besteht, daß keine neuen Investitionen mehr erfolgen.

Was geschieht nun, wenn ein Land seinem Schuldendienst nicht nachkommt? Die Antwort darauf ist nicht leicht, denn in der Regel versuchen die Länder mit allen Mitteln eine formelle Feststellung des Zahlungsverzugs zu vermeiden. In Wirklichkeit jedoch sind viele Staaten ihren Verpflichtungen nicht nachgekommen, und man hat Wege gefunden, auf ihre Probleme einzugehen. Nach der internationalen Schuldenkrise von 1982 hat man den Paris Club gegründet, in dem Fragen der staatlichen Schulden geklärt werden sollten, und den London Club, der sich dem Bereich der Unternehmensschulden widmet. Auch wurden sogenannte Brady-Anleihen eingeführt, mit denen man die Darlehenssumme reduzieren wollte. Im Fall der afrikanischen Staaten schrieb man manche Schulden einfach ab, um den Ländern die Chance eines Neuanfangs zu geben. Konzessionen werden aber nur im Rahmen von Verhandlungen gewährt, einseitige Leistungsverweigerungen nimmt man nicht hin. (Das zumindest war die offizielle Version, bis sich Rußland im August 1998 weigerte, seinen inländischen Schuldenverpflichtungen nachzukommen.) Ob internationale Finanzinstitutionen Hilfe gewähren, hängt von der ordnungsgemäßen Abwicklung bestehender Verpflichtungen ab. Zwar wird vom IWF erwartet, daß er sich den Banken gegenüber nicht parteiisch verhält, doch besteht seine Hauptaufgabe darin, das internationale Bankensystem zu stützen. Hinzu kommt, daß er nicht über die notwendigen Mittel verfügt, um als letzte Refinanzierungsstelle zu agieren. Er muß daher Hilfe auf den Finanzmärkten zusammentrommeln. Und die Geschäftsbanken wissen, wie sie ihren Einfluß nutzen können. In den wenigen Fällen, in denen ein Land sich weigerte, seine Schuldendienste zu erfüllen – etwa Rußland und Mexiko nach den jeweiligen nationalen Revolutionen –, wurde es über viele Jahre finanziell geächtet. Länder, die einmal den Köder ausländischer Kredite geschmeckt haben, kommen davon so leicht nicht mehr los.

In der Regel schneiden Kreditgeber bei einer internationalen Schuldenkrise besser ab als die Kreditnehmer. Sie müssen möglicherweise die Kredite umschulden, die Fälligkeitstermine prolongieren oder gar besonders günstige Zinssätze anbieten – aber ihre Ansprüche können sie aufrechterhalten. Oft gelingt es ihnen, die Schuldnerländer zu überreden, Bürgschaften für Geschäftsbanken zu übernehmen, die ansonsten von Liquidation bedroht wären. (Das geschah 1982 in Chile und 1994 in Mexiko und in einem begrenzten Umfang derzeit auch in Korea, Indonesien und Thailand.) Natürlich müssen die Kreditgeber Reserven aufbauen, doch am Ende erhalten sie einen beträchtlichen Teil der notleidenden Kredite zurück. Selbst wenn die Schuldnerländer ihren Verpflichtungen vielleicht nicht vollständig nachkommen können, müssen sie dennoch soviel abzahlen wie irgend möglich. Diese Lasten drücken sie dann noch etliche Jahre.

Das ist ein erheblicher Unterschied zu inländischen Schuldenkrisen in den entwickelten Industrienationen; dort schützen die Abwicklungsregeln im Fall von Zahlungsunfähigkeit meist die Schuldner. (Amerikanische Banken haben zwischen 1985 und 1989 bei der Bausparkassenkrise viel mehr Geld verloren als während der internationalen Schuldenkrise von 1982.) Die relative Immunität, die Kreditgeber im internationalen System genießen, ist im Grunde eine Bedrohung für die Moral: Die Risiken sind nicht hoch genug, um von unsoliden Geschäftspraktiken abzuschrecken. Diese Asymmetrie ist einer der Hauptgründe für Instabilität. Vor jeder Finanzkrise hat es eine Kreditexpansion gegeben, die so nicht aufrechtzuerhalten war. Werden freizügig Kredite gewährt, kann man von den Schuldnern nicht erwarten, daß sie sich zurückhalten. Ist die öffentliche Hand Kreditnehmer, müssen künftige Regierungen die Schulden zurückzahlen – und Schulden anzuhäufen, ist ein trefflicher Ausweg für schwache Regierungen. Man denke nur daran, wie die sogenannte reformkommunistische Regierung in Ungarn die Loyalität des Volkes mit geliehenem Geld zu kaufen versuchte – bis die Krise von 1982 dem Ganzen ein jähes Ende setzte. Aber nicht nur die öffentliche Hand zeigt keine Zurückhaltung, auch im privaten Sektor werden Schulden in enormer Höhe angehäuft. Und die Finanzbehörden erfahren manchmal erst davon, wenn es zu spät ist. Das war in einigen asiatischen Ländern während der Krise von 1997 der Fall.

Doch die Asymmetrie ist auch ein Mittel, den Zusammenhalt zu fördern. Auf die Schuldnerländer wird allerhand finanzieller und politischer Druck ausgeübt, so daß es für sie sehr schwer wird, aus dem System auszusteigen. Der Druck hält das System zusammen, auch wenn es für manche Länder recht schmerzhaft ist, in diesem System verbleiben zu müssen. Ein Beispiel dafür bieten die ersten demokratischen Wahlen in Ungarn von 1990 – sie wären eine sehr gute Möglichkeit gewesen, eine klare Trennlinie zwischen der bisherigen Politik der Verschuldung und den Verpflichtungen der neuen demokratischen Regierung zu ziehen. Ich habe versucht, einen solchen Plan aufzustellen, aber der zukünftige Premier Joseph Antall hielt sich nicht an sein diesbezügliches Versprechen, weil er Deutschland, Ungarns größtem Kreditgeber, viel zu sehr ausgeliefert war. Man könnte noch viele andere Beispiele anführen. Immer wieder denke ich an Chile im Jahr 1982. Unter dem Einfluß der Chicagoer Wirtschaftsschule wurde das dortige Bankensystem privatisiert, und die jeweiligen Käufer bezahlten mit Geld, das sie zuvor als Kredit von ebendiesen Banken aufgenommen hatten. 1982 konnten die Banken dann ihren internationalen Verpflichtungen nicht mehr nachkommen, und der Staat mußte die Verantwortung übernehmen, denn das Pinochet-Regime, dem es im Land an Legitimation mangelte, war eifrig darum bemüht, seine Kreditwürdigkeit im Ausland aufrechtzuerhalten.

Ich möchte noch einen weiteren Fall der Asymmetrie erwähnen. Geld zu drucken ist Aufgabe des Staates, und jene Länder, deren Währungen für internationale Finanztransaktionen allgemein anerkannt werden, sind in einer weitaus besseren Lage als solche, deren Währung nicht als Sicherheit für Kredite dienen kann. Das ist einer der Hauptvorteile, wenn man zum Zentrum gehört und nicht in der Peripherie angesiedelt ist. Der Nutzen des Münzgewinns (die Zinsen, die man spart, indem man Geldscheine anstelle von Schatzwechseln in Umlauf setzt) ist, verglichen mit dem Vorteil, über die eigene Währungspolitik zu bestimmen, relativ unbedeutend. Länder der Peripherie müssen sich nach dem Zentrum richten, vor allem nach den Vereinigten Staaten. Sie haben wenig Einfluß auf ihr eigenes Schicksal, denn die Geldpolitik der Kernländer wird nach deren binnenländisch-innenpolitischen Kriterien gestaltet. Diese Situation ist nicht sonderlich weit entfernt von der Lage, die den amerikanischen Unabhängigkeitskrieg auslöste: Damals wurden Steuern erhoben, ohne Stimmrechte zu gewähren.

Das Bild wird noch dadurch komplizierter, daß die Wechselkurse der drei oder vier wichtigsten Währungen auch gegeneinander schwanken können. Änderungen der Zinssätze oder Wechselkurse treffen die abhängigen Länder wie exogene Schocks, auch wenn sie, bezogen auf das internationale Finanzsystem, eigentlich endogen sind. Die internationale Schuldenkrise von 1982 wurde durch eine drastische Erhöhung der US-Zinssätze ausgelöst, und die Asienkrise von 1997 hat ein Kursgewinn des Dollar entfacht. Eine ähnliche Asymmetrie zwischen Deutschland und dem Rest Europas hat die innereuropäische Währungskrise von 1992 ausgelöst.

Diese beiden Asymmetrien sind wichtige, aber keineswegs die einzigen Gründe für die Labilität des internationalen Finanzsystems. Historisch gesehen waren grenzüberschreitende Investitionen besonders instabil, wenn sie in den fortgeschrittenen Stadien von Boomphasen getätigt wurden, also bei einer Überbewertung der inländischen Aktien, die bei den Investoren stets Bereitschaft weckt, das eine oder andere Abenteuer einzugehen. Dieses plötzliches Interesse an einem ausländischen Markt läßt die dortigen Kurse binnen kurzer Zeit in die Höhe schnellen. Sobald jedoch die Hausse im inländischen Markt verebbt und Investoren ihr Geld verängstigt wieder nach Hause bringen wollen, fallen sie ebenso schnell, wie sie gestiegen sind. Das war das Gebiet, auf das ich mich zuerst spezialisierte. Und ich habe mehrere derartige Episoden erlebt. Inzwischen haben sich die Bedingungen allerdings geändert. Grenzüberschreitende Investitionen sind nicht mehr die Ausnahme, sondern das täglich Brot der globalen Finanzmärkte. Auch wenn der eigenartige Rhythmus der Investitionen im Ausland, an den ich mich in den Anfangsjahren meines Berufslebens gewöhnt hatte, wohl nicht mehr zum heutigen Stil paßt, wäre man dumm, würde man annehmen, die Börsen unterlägen keinem dynamischen Gleichgewicht mehr.

In unsicheren Zeiten kehrt das Kapital meistens in sein Ursprungsland zurück. Das ist ein Grund dafür, warum Störungen im kapitalistischen Weltsystem für die Peripherie meistens schlimmere Folgen haben als für das Zentrum. Nicht umsonst sagt eine Redensart, wenn die Wall Street eine Erkältung hat, fängt sich der Rest der Welt prompt eine Lungenentzündung ein. Im Fall der Asienkrise begannen die Schwierigkeiten an der Peripherie, aber kaum bekam die Wall Street eine tropfende Nase, drängte es alle, schnell Mittel aus der Peripherie abzuziehen.

Trotz seiner Asymmetrie und Labilität – oder vielleicht gerade deswegen – verfügt das kapitalistische Weltsystem über einen starken Zusammenhalt. Es bringt zwar Nachteile mit sich, wenn man seinen Standort an der Peripherie hat, ist aber immer noch besser, als ganz aus dem System herauszufliegen. Für die armen Länder und ihre wirtschaftliche Weiterentwicklung ist es lebenswichtig, daß sie ausländisches Kapital anlocken. Man muß sich immer wieder klarmachen, daß die materiellen Leistungen des kapitalistischen Weltsystems nicht zu unterschätzen sind. Obwohl die Karten zugunsten des Kapitals verteilt sind, konnten die Länder, die Kapital angelockt haben, durchaus auch profitieren. Asien befindet sich zwar mitten in einer schweren Krise, doch diese folgt auf eine Zeit explosiven Wachstums. Seit den »verlorenen« achtziger Jahren und dem »Tequila«-Effekt der Mexikokrise von 1994 kann Südamerika einen starken Zufluß von Beteiligungskapital verzeichnen, besonders in den Bereichen Banken und Finanzen, und dieser Zufluß führt allmählich zu realem Wachstum. Auch in Afrika gibt es positive Tendenzen. Also zeigt das System nicht nur Zusammenhalt, sondern auch beträchtliche Widerstandsfähigkeit – beides jedoch wird von den negativen Einflüssen der immanenten Asymmetrie und Instabilität überdeckt.

Die Zukunft des kapitalistischen Weltsystems

Was läßt sich über die Zukunft des kapitalistischen Weltsystems sagen? Einige Hinweise sind gewiß in der Vergangenheit zu finden. In mancher Hinsicht war das kapitalistische Weltsystem im 19. Jahrhundert stabiler als das heutige. Es kannte nur eine einzige Währung: Gold. Heute dagegen gibt es drei Leitwährungen, die wie tektonische Platten gegeneinanderstoßen und sich verschieben. Es gab damals Großmächte, Großbritannien allen voran, die besonderen Nutzen daraus zogen, zum Zentrum des kapitalistischen Weltsystems zu gehören. Auch die Entsendung von Kanonenschiffen an entfernte Orte schien gerechtfertigt, um den Frieden zu sichern und Schulden einzutreiben. Heute weigern sich die Vereinigten Staaten, als Weltpolizei aufzutreten. Vor allem aber fühlten sich damals die Menschen stärker an Grundwerte gebunden. Das Denken wurde noch ungebrochen als Mittel betrachtet, Wissen zu erlangen. Richtig und falsch, wahr und unwahr – das waren objektive Kriterien, auf die man sich verlassen konnte. Die Wissenschaft bot deterministische Erklärungen und Vorhersagen. Es gab Konflikte zwischen den Grundsätzen der Religion und denen der Naturwissenschaft, aber noch deckten sie dasselbe Terrain ab, denn beide boten sie eine verläßliche Führung durch die Welt. Auf all diesen Faktoren ruhte eine Zivilisation, die trotz ihrer inneren Widersprüche die Welt beherrschte.

Dieses kapitalistische Weltsystem endete mit dem Ersten Weltkrieg. Bereits vor dem Krieg hatte es einige schwere Finanzkrisen zu überstehen, die mitunter mehrere Jahre wirtschaftlicher Unsicherheit und ökonomischer Einbrüche mit sich brachten. Aber nicht von solchen Finanzkrisen wurde das System zerstört, sondern durch politische und militärische Entwicklungen.

In den zwanziger Jahren nahm der internationale Kapitalismus eine andere Gestalt an, besaß allerdings immer noch nicht das heutige globale Ausmaß. Dieser Phase wurde mit dem Crash von 1929 und der darauffolgenden Depression ein jähes Ende bereitet. Es war ein politischer Fehler, das amerikanische Bankensystem zusammenbrechen zu lassen, und selbst wenn wir ihn nie wieder begehen, ändert das nichts daran, daß wir heute erneut mit einer äußerst labilen Wirtschaftslage konfrontiert sind.

Booms und Busts

Ich wende das Modell von Boom und Bust oder, wie die Europäer sagen, von Hausse und Baisse nur widerwillig auf das kapitalistische Weltsystem an, denn ich denke, dies System ist zu offen und unvollendet, um einem solchen Muster zu entsprechen. Dennoch sind in der gegenwärtigen Situation einige Elemente dieses Musters unübersehbar, nämlich ein dominierendes Vorurteil und ein dominierender Trend: der übertriebene Glaube an den Markt als einen sich selbst regulierenden Mechanismus und der internationale Wettlauf um Kapital. In einer Boomperiode stärken sich Vorurteil und Trend gegenseitig. In einer Bustperiode brechen beide auseinander. Doch was wird zum Bust führen? Meines Erachtens die Spannung zwischen der globalen Dimension der Finanzmärkte und der nationalstaatlich ausgerichteten Politik. Wie bereits gesagt, ist das kapitalistische Weltsystem ein riesiges Kreislaufsystem, welches im Zentrum Kapital aufsaugt, um es dann an die Peripherie zu pumpen. Als Ventile dieses Systems fungieren die souveränen Staaten. Während der Expansion der globalen Finanzmärkte bleiben die Ventile offen; doch wenn der Abfluß sich in einen Zufluß verwandelt, bilden sie Hindernisse und bewirken einen Systemzusammenbruch.

Marktfundamentalismus

Das kapitalistische Weltsystem wird von einer Ideologie gestützt, die in der Theorie des vollkommenen Wettbewerbs wurzelt. Dieser Theorie zufolge versuchen Märkte das Gleichgewicht zu erhalten – wobei Gleichgewicht die effizienteste Form der Allokation von Ressourcen bedeutet. Sobald man den freien Wettbewerb einschränkt, stört das die Wirksamkeit des Marktes als Mechanismus der Allokation; solche Einschränkungen sind daher zu ächten. Diese Auffassung wurde früher als Ideologie des *laissez faire* bezeichnet, aber mir scheint der Begriff Marktfundamentalismus angemessener, weist das Wort Fundamentalismus doch auf einen Glauben hin, der leicht ins Extrem kippt. Es ist ein Glauben an die Perfektion, an das Absolute und daran, daß es für jedes Problem eine Lösung gibt. Er setzt eine Instanz voraus, die über unbeschränktes Wissen verfügt, obwohl ein solches Wissen uns Sterblichen immer verwehrt bleiben wird. Gott ist eine solche Instanz, und in der Moderne traten dann bis zu einem gewissen Punkt die

Naturwissenschaften an seine Stelle. Nicht umsonst hat der Marxismus eine wissenschaftliche Basis beansprucht, und dasselbe tut der Marktfundamentalismus. Das wissenschaftliche Fundament beider Ideologien wurde im 19. Jahrhundert gelegt, als die Naturwissenschaft noch die ultimative Wahrheit zu bieten versprach. Seitdem haben wir sowohl über die Grenzen der naturwissenschaftlichen Methode als auch über die Unvollkommenheit des Marktmechanismus viel gelernt. Die marxistische Ideologie wurde ebenso wie die des *laissez faire* radikal in Frage gestellt. Das *laissez faire* wurde als erstes verworfen, und zwar infolge der Weltwirtschaftskrise von 1929 und der Einführung der Wirtschaftstheorien von Keynes. Der Marxismus hat trotz der Exzesse des stalinistischen Regimes zunächst überlebt, aber seit dem Zusammenbruch der Sowjetunion ist es auch um ihn still geworden.

Zu meiner Studentenzeit Anfang der fünfziger Jahre war *laissez faire* noch verpönter, als es staatliche Eingriffe ins Wirtschaftsgeschehen heute sind. Die Vorstellung, ein solches Denken würde ein Comeback feiern, wäre damals allen nur abstrus erschienen. Meiner Ansicht nach läßt sich die Wiedergeburt des Marktfundamentalismus nur durch den Glauben an die Macht der Magie – Adam Smiths »unsichtbare Hand« – erklären, ein Glauben, der heute für bedeutsamer gehalten wird als jede wissenschaftliche Grundlage. Nicht von ungefähr hat Präsident Reagan vom »Zauber des Marktes« gesprochen.

Das bezeichnende Merkmal fundamentalistischer Glaubenssätze ist, daß sie auf Entweder-oder-Sätzen basieren. Hat man eine These als falsch erkannt, dann, so behauptet man, muß ihr Gegenteil richtig sein. Diese logische Inkohärenz steht im Zentrum des Marktfundamentalismus. Staatliche Intervention in das Wirtschaftsgeschehen hat immer auch negative Auswirkungen gezeitigt. Das gilt nicht nur für Zentralplanung, sondern auch für den Sozialstaat und die keynesianische Nachfragesteuerung. Die Marktfundamentalisten leiten daraus etwas ab, was überhaupt nicht zwingend ist: Sie sagen, wenn Staatsintervention falsch ist, müssen freie Märkte richtig und vollkommen sein. Also habe man nur dafür zu sorgen, daß sich der Staat nicht ins Wirtschaftsgeschehen einmischt.

Um fair zu bleiben: Die Argumente zugunsten unregulierter Märkte werden selten in so grober Form vorgetragen. Im Gegenteil, Wissenschaftler wie Milton Friedman haben voluminöse Statistiken vorgelegt, und die Vertreter der Theorie rationaler Erwartungen griffen zur Unterstützung ihrer Thesen sogar zu obskuren mathematischen Modellen, die, so hat man mir gesagt, auch unvollkommene und asymmetrische Informationen einbeziehen. Was solche Leute dazu bewogen hat, derart durch den brennenden Reifen zu springen, ist, wie sie selbst zugeben, der Wunsch gewesen, die Bedingungen für den Zustand der Vollkommenheit, nämlich für das Gleichgewicht des Marktes, ausfindig zu machen. Diese Versuche erinnern mich an die angestrengten theologischen Debatten des Mittelalters, bei denen es etwa um die Frage ging, wie viele Engel auf einer Nadelspitze tanzen können.

Der Marktfundamentalismus spielt eine Schlüsselrolle im kapitalistischen Weltsystem. Er liefert die Ideologie, die nicht nur viele der erfolgreichsten Marktteilnehmer vorantreibt, sondern auch die Politiker. Ohne den Marktfundamentalismus hätte man gar keinen Grund, von einem kapitalistischen Regime zu sprechen. Etwa seit 1980 wird die Politik vom Marktfundamentalismus beherrscht; damals kamen Ronald Reagan und Margaret Thatcher an die Macht. Die vorherrschende Tendenz, nämlich der internationale Wettlauf um das Kapital, hatte allerdings schon früher eingesetzt: mit den beiden Ölkrisen in den siebziger Jahren und mit der Gründung eines exterritorialen Marktes für die Euro-Währungen. Vorurteil und Trend haben einander seitdem ständig gestärkt. Es handelt sich um einen mehrschichtigen Prozeß, und es ist nicht leicht, dessen verschiedene Facetten auseinanderzudividieren.

Der Siegeszug des Kapitalismus

Aktiengesellschaften nehmen an Zahl und Größe zu, und die Interessen der Aktieninhaber, der vielzitierte Shareholder-value, erhalten immer größere Bedeutung. Die Geschäftsführung der Unternehmen kümmert sich genauso intensiv um den Markt für ihre Aktien wie um den für ihre Produkte. Muß eine Wahl getroffen werden, zählen die Signale der Finanzmärkte mehr als die der Produktmärkte. Bereitwillig veräußern die Manager einen Unternehmensbereich, wenn dies den Shareholder-value erhöht; sie maximieren den Gewinn anstelle des Marktanteils. In einem integrierten Weltmarkt müssen Manager Firmen übernehmen oder sie werden übernommen; so oder so brauchen sie einen guten Aktienkurs. Der persönliche Verdienst wird immer enger an den Aktienkurs gekoppelt, eine Entwicklung, die vor allem im Bankenbereich, der starken Konzentrationstendenzen unterliegt, sehr weit fortgeschritten ist. Bankenaktien werden zu einem Vielfachen ihres Buchwerts gehandelt, aber Manager, die an ihre Aktienoptionen denken, kaufen ihre Aktien weiterhin zurück, um die Zahl der in Umlauf befindlichen Aktien zu reduzieren und damit deren Marktwert zu steigern.

Fusions- und Übernahmetätigkeiten haben inzwischen ein ungeahntes Ausmaß erreicht, denn Industrien schließen sich zunehmend auf globaler Ebene zusammen. Grenzüberschreitende Geschäftstransaktionen sind immer selbstverständlicher an der Tagesordnung. Die Einführung einer gemeinsamen Währung hat die europäischen Zusammenschlüsse immens vorangetrieben. Diese Neuausrichtung der Unternehmen geht schneller vor sich, als man sich je hätte vorstellen können. Allmählich kristallisieren sich weltweite Monopole und Oligopole heraus. So gibt es nur noch vier bedeutende Wirtschaftsprüfungsgesellschaften; eine ähnliche, wenn auch nicht derart deutliche Konzentration ist auch bei anderen Finanzdienstleistungen festzustellen. Microsoft und Intel sind auf dem besten Weg, weltweite Monopolisten zu werden.

Gleichzeitig steigt die Zahl der Aktieninhaber, wodurch sich die relative Bedeutung von Aktienbesitz für die Privatvermögen immer rascher erhöht. All das geschieht vor dem Hintergrund eines rapiden Anstiegs der Aktienkurse. Der letzte große Bust vor August 1998 hat 1987 in dem seit Anfang der achtziger Jahre boomenden Markt stattgefunden, und der Standard and Poors (S&P) Index ist seitdem um mehr als 350 Prozentpunkte angewachsen. In Deutschland sind die Kurse seit September 1992 im Schnitt um 297 Prozentpunkte gestiegen. Das Wirtschaftswachstum ist bescheidener, dafür aber kontinuierlich gewesen. Die Konzentration auf Rentabilität hat zu einem Abbau der Arbeitsplätze und zu einer Steigerung der Leistung pro Arbeitskraft geführt, und immense technische Fortschritte bewirkten zugleich einen Produktivitätszuwachs. Die Globalisierung und die Heranziehung billiger Arbeitskräfte hielten die Produktionskosten niedrig, und seit den frühen achtziger Jahren sind die Zinssätze per Saldo gesunken, was ebenfalls zum Anstieg der Aktienkurse beigetragen hat.

Die Verbreitung von Aktienbesitz durch Investmentfonds brachte, vor allem in den Vereinigten Staaten, zwei Quellen potentieller Instabilität mit sich. Die eine ist die sogenannte Vermögenswirkung. 38 Prozent des privaten Vermögens und 56 Prozent der Mittel von Pensionsfonds werden in Aktien angelegt. Aktienbesitzer buchen große Gewinne auf dem Papier, sie fühlen sich reich, und ihre Sparneigung ist auf Null gesunken. Die Ersparnisse privater Haushalte sind, gemessen am verfügbaren Einkommen, auf 0,1 Prozent abgesackt; der Höchststand lag 1975 bei 13 Prozent. Sollten die Börsenkurse langfristig fallen, würde die Haltung von Aktienbesitzern ins Umgekehrte schwenken, was eine Rezession noch verschärfen und den Marktverfall beschleunigen würde.

Die zweite Quelle potentieller Instabilität sind die Investmentfonds. Ein Fondsmanager wird im Hinblick auf die Leistungen anderer Fondsmanager bewertet, nicht auf der Basis irgendeines absoluten Leistungsmaßstabes. Das klingt möglicherweise etwas mysteriös,

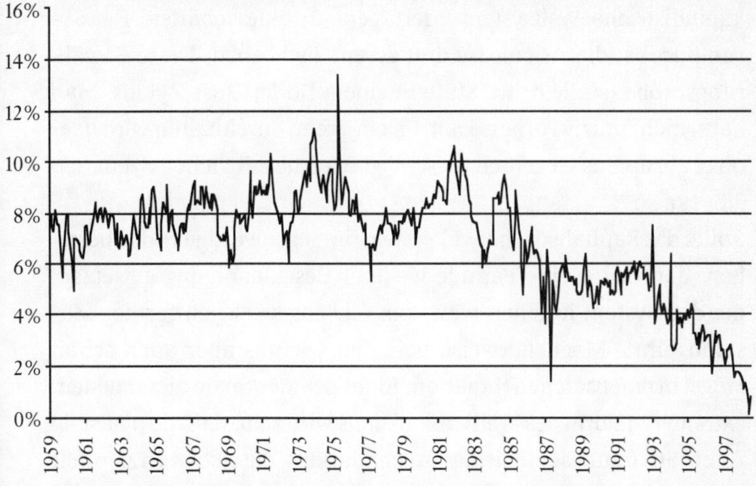

Sparquote privater Haushalte in Prozent des verfügbaren Einkommens: Vereinigte Staaten

hat aber weitreichende Implikationen, denn es zwingt Fondsmanager dazu, Trends zu folgen, also eher zu reagieren, als zu agieren. Solange sie sich in der Herde bewegen, erleiden sie persönlich keinen Schaden, selbst wenn die Investoren Geld verlieren. Aber sobald sie gegen den Trend agieren und ihre relative Leistung auch nur vorübergehend darunter leidet, stehen sie möglicherweise schon auf der Straße. (Genau das widerfuhr Jeff Vinik, dem Manager des größten Investmentfonds der Fidelity Gruppe. Er ist seitdem als Freiberufler sehr erfolgreich und verdient ein leistungsbezogenes Entgelt, das auf seinem absoluten Erfolg beruht.) Im Herbst 1998 waren die Investmentfonds so an den stetigen Zufluß von neuem Geld gewöhnt, daß sie die niedrigsten Geldreserven in der Geschichte der Fonds unterhielten. Sollte sich der Trend gegen sie wenden, werden sie gezwungen sein, Geld aufzutreiben, was den Druck auf die Kurse nur noch weiter verstärkt.

Das mag genug Grund zur Sorge bieten, gleichwohl liegen die Hauptfaktoren der Instabilität im internationalen Geschehen. Das kapitalistische Weltsystem erlebt gerade seine schärfste Bewährungsprobe: die Asienkrise und deren Nachbeben. Diese Bewährungsprobe ist die dritte Stufe in einem Boom/Bust-Zyklus. Man kann nicht präzis vorhersagen, ob ein Trend durchhalten wird oder ob er abrupt ins Gegenteil umschlägt. Welche möglichen Szenarien gibt es also?

Sollte das kapitalistische Weltsystem die gegenwärtige Probe bestehen, dann wird eine Periode weiterer Beschleunigung einsetzen, die das System in einen weit vom Gleichgewicht entfernten Zustand führt. Möglicherweise befinden wir uns aber auch schon längst in einer solchen Situation. Eines der Merkmale dieser neuen, extremeren Form des Weltkapitalismus wird sein, daß die plausible Alternative zur Ideologie des freien Marktes, die sich in letzter Zeit herauskristallisiert hat, verschwindet, nämlich das sogenannte asiatische oder konfuzianische Modell. Als Folge der gegenwärtigen Krise müssen die im Ausland lebenden chinesischen und koreanischen Unternehmer, deren Vermögen zu großem Teil aufgezehrt wurde, die Familienherrschaft über ihre Imperien aufgeben. Nur die, die zu diesem Schritt bereit sind, werden überleben; alle anderen werden untergehen. Durch die Krise hat sich die Lage der hoch verschuldeten Unternehmen in allen Ländern Asiens dramatisch verschlechtert. Unternehmen mit Auslandsschulden haben erleben müssen, wie ihre Verschuldungsrate noch drückender wurde; solche mit Inlandsschulden wurden hart getroffen durch das Zusammenwirken von erhöhtem Zinssatz und Ergebnisverfall. Der einzige Ausweg ist, Schulden in Grundkapital zu verwandeln oder zusätzliches Kapital aufzutreiben. Normalerweise aber läßt sich das vor Ort nicht bewerkstelligen. Also wird nichts anderes übrigbleiben, als an Ausländer zu verkaufen. Das wiederum ist das Ende des asiatischen Modells und der Anfang einer neuen Ära, in der die entsprechenden Länder viel enger in das kapitalistische Weltsystem eingebunden sein werden, weil internationale Banken und multinationale Konzerne hier aller Wahrscheinlichkeit nach über starke

Ausgangsbasen verfügen. In den einheimischen Unternehmen wird eine neue Generation von im Ausland ausgebildeten Familienmitgliedern oder professionellen Managern nachrücken. Das Profitmotiv wird wichtiger sein als die konfuzianische Ethik und der Nationalstolz, und einige Länder, so etwa Malaysia, bleiben vermutlich auf der Strecke, wenn sie ihre ausländer- und marktfeindliche Politik weiterverfolgen.

Geht das kapitalistische Weltsystem siegreich aus der gegenwärtigen Krise hervor, dann können wir annehmen, daß die Weltwirtschaft in einem noch stärkeren Grad von internationalen Aktiengesellschaften beherrscht sein wird, als dies ohnehin schon der Fall ist. Harte Konkurrenz wird sie daran hindern, sich sonderlich um soziale Belange zu kümmern. Selbstredend werden sie Lippenbekenntnisse zu Fragen wie Umweltschutz abgeben und anderen Bereichen, die der Öffentlichkeit am Herzen liegen. Doch sie werden keine Arbeitsplätze auf Kosten der Gewinne erhalten können.

Es ist aber genausogut vorstellbar, daß das kapitalistische Weltsystem die gegenwärtige Probe nicht besteht. Der Verfall der Wirtschaft ist in den Ländern der Peripherie noch lange nicht beendet, und ohne viel Schmerzen ist er nicht zu bremsen. Banken und Unternehmen müssen umstrukturiert werden, und zahllose Menschen verlieren ihre Arbeitsplätze. Politisch ist die Lage angespannt und wird sich weiter zuspitzen. Die Finanzkrise hat schon in mehreren Ländern zum Niedergang korrupter und autoritärer Regime beigetragen. Korea konnte glücklicherweise mit Kim Dae Jung einen neuen Präsidenten wählen, der zeit seines Lebens ein erklärter Gegner des inzestuösen Verhältnisses von Regierung und Geschäftswelt gewesen ist. Der jetzige thailändische Premierminister wird ob seiner Ehrlichkeit allgemein bewundert, und er ist umgeben von Kabinettsmitgliedern, die im Westen studiert und eine ausgeprägte Marktorientierung haben. In Indonesien wurde Suharto von einer Revolution aus dem Amt gefegt. In Malaysia ist Mahathir unter starken Druck geraten. In China sind zwar die Wirtschaftsreformer am

Ruder, doch es besteht die Gefahr, daß sie ihre Macht, wenn sich die Bedingungen weiter verschlechtern, einbüßen. Man sagt, daß eine Revolution ihre Kinder frißt. In Asien stauen sich schon jetzt Ressentiments gegen die Vereinigten Staaten, gegen den IWF und das westliche Ausland auf, eine Tendenz, die auch in Japan zu spüren ist. Und die Wahlkämpfe in Indonesien werden möglicherweise eine nationalistische islamische Regierung hervorbringen, die sich an den Ideen Mahathirs orientiert.

Entscheidend wird sein, was im Zentrum geschieht. Bis vor kurzem haben ihm die Schwierigkeiten an der Peripherie genutzt. Sie wirkten dem entstehenden inflationären Druck entgegen, haben die Geldbehörden davon abgehalten, Zinssätze zu erhöhen, und dem Börsenhandel zu neuen Höhenflügen verholfen. Doch die positiven Auswirkungen der Asienkrise lassen allmählich nach, und die negativen Einflüsse sind immer deutlicher spürbar. Gewinnmargen geraten zunehmend unter Druck. Manche Unternehmen sind unmittelbar von der sinkenden Nachfrage oder von der stärkeren Konkurrenz aus dem Ausland betroffen; andere, vor allem in der Dienstleistungsbranche, die der internationalen Konkurrenz nicht direkt ausgeliefert sind, kämpfen mit den steigenden Arbeitskosten. Der Börsenboom ist nun am Ende, und sollten die Aktienkurse jetzt zurückgehen, wird die Wirkung auf die Vermögen den Marktrückgang möglicherweise in eine Rezession der Wirtschaft verwandeln. Das wiederum könnte Widerstand gegen Importe auslösen, wodurch die Ressentiments an der Peripherie genährt würden.

Seit Ausbruch der Asienkrise ist Kapital aus der Peripherie geflohen. Wenn die Länder der Peripherie nicht mehr daran glauben, daß der Kapitalzufluß wieder zunehmen wird, werden sie möglicherweise nationale Gesetze erlassen, um die Kapitalflucht zu stoppen. Das aber würde den Kapitalabfluß nur verstärken, und damit bräche das System zusammen. Die Vereinigten Staaten kümmern sich fast ausschließlich um interne Angelegenheiten. Der Kongreß hat sich geweigert, zusätzliche Mittel für den IWF zu genehmigen, und dies wird womöglich ähnliche Folgen haben wie die Smoot-Hawley-Tarife während der Weltwirtschaftskrise von 1929.

Welches der beiden Szenarien wird sich durchsetzen? Ich glaube, das letztere, auch wenn ich mir als Marktteilnehmer den Blick nicht verstellen darf. Daß das kapitalistische Weltsystem seinen eigenen Defekten erliegen wird, liegt meines Erachtens auf der Hand – wenn nicht dieses Mal, dann bei der nächsten Gelegenheit. Es gibt nur eine Rettung: Wir erkennen seine Mängel und handeln, solange wir sie noch korrigieren können.

Ich sehe schon, auf welche Weise sich die endgültige Krise zusammenbraut. Sie wird politischer Natur sein. In den einzelnen Ländern werden Bewegungen entstehen, die die multinationalen Konzerne enteignen und das »nationale« Vermögen zurückerobern wollen. Manche von ihnen werden erfolgreich sein, so wie früher der Boxer-Aufstand oder die Revolution der Zapatisten. Ihr Erfolg wird dann das Selbstbewußtsein der Finanzmärkte erschüttern und einen sich selbst verstärkenden Prozeß nach unten auslösen. Es ist noch offen, ob es dazu schon diesmal oder erst beim nächsten Mal kommen wird.

Wenn ein Boom/Bust-Prozeß seine Bewährungsprobe besteht, geht der Prozeß gestärkt daraus hervor. Je härter die Probe, desto kraftvoller der weitere Prozeß. Auf jede bestandene Probe folgt eine Zeit der Beschleunigung, und nach der Zeit der Beschleunigung kommt der Augenblick der Wahrheit. Wir werden erst im nachhinein feststellen können, an welchem Punkt wir uns gerade befinden.

7. Die Weltfinanzkrise

Die Asienkrise

Die Finanzkrise, die 1997 von Thailand ausging, macht uns vor allem wegen ihrer Reichweite und Heftigkeit nervös. Wie eingangs erwähnt, haben wir im Soros Fund Management, so wie andere auch, eine Krise kommen sehen, aber das Ausmaß der Erschütterung hat alle überrascht. Eine ganze Reihe latenter und scheinbar voneinander unabhängiger Ungleichgewichte wurden wirksam, und ihre Wechselwirkung führte zu einem Prozeß, dessen Resultate in keinerlei Verhältnis zu den auslösenden Ursachen stehen.

Es ist nicht zu übersehen, daß die Finanzmärkte nicht die Rolle spielten, die ihnen von der ökonomischen Theorie gemeinhin zugeschrieben wird. Ihr zufolge schwingen sie wie ein Pendel: Als Antwort auf exogene Faktoren können sie, so meint man, durchaus wild fluktuieren, kommen aber schließlich an einem Gleichgewichtspunkt an, und dieser Punkt ist dann, unabhängig von den zwischenzeitlichen Fluktuationen, angeblich stets derselbe. Statt dessen jedoch verhielten sich die Finanzmärkte, wie ich vor dem amerikanischen Kongreß erklärte, mehr wie eine Abrißbirne, die von Land zu Land schwang und die schwächeren Märkte zusammenbrechen ließ.

Offensichtlich war es das internationale Finanzsystem selbst, das dieses ökonomische Debakel zu einem wesentlichen Teil zu verantworten hatte. Natürlich ist das zu pauschal formuliert, denn die wirksamen Ursachen waren von Land zu Land bis zu einem gewissen Grad verschieden. Außerdem läßt sich meine Behauptung nur schwer mit der gängigen Vorstellung vereinbaren, die Finanzmärkte spiegelten lediglich ihre jeweiligen wirtschaftlichen Voraussetzungen passiv wider. Doch hätte ich recht, müßte man die Rolle der Finanzmärkte in der Welt grundsätzlich überdenken. Um meine These zu prüfen, möchte ich im folgenden die anderen zur Krise beitragenden Elemente unter die Lupe nehmen und dann das Geschehen noch einmal Revue passieren lassen.

Die unmittelbarste Ursache für die Schwierigkeiten war die mangelnde Anpassung der Währungen. Die südostasiatischen Länder hielten an einer informellen Übereinkunft fest, ihre Währungen an den US-Dollar zu binden. Die scheinbare Stabilität ermutigte lokale Banken und Unternehmen, Anleihen in Dollar aufzunehmen und Dollars ohne Absicherung zu konvertieren. Dann vergaben die Banken Kredite oder investierten in Projekte vor Ort, zum Teil auch in Immobilien. Das erschien, solange die informelle Bindung hielt, als risikoloser Weg, um Geld zu verdienen. Doch die Übereinkunft geriet unter Druck, teils wegen der Unterbewertung der chinesischen Währung im Jahr 1996, teils wegen der Aufwertung des US-Dollar gegenüber dem japanischen Yen. Die Handelsbilanz der betroffenen Länder verschlechterte sich, obwohl die Handelsbilanzdefizite zunächst noch von weiterhin beträchtlichen Zuflüssen auf Wertpapierkonten ausgeglichen wurden. Dennoch erkannten wir im Soros Fund Management schnell, daß die Diskrepanz zwischen Handelsbilanz und Kapitalzufluß immens war. Im Frühjahr 1997 verkauften wir den thailändischen Baht und den malaysischen Ringgit leer, mit Laufzeiten zwischen sechs Monaten und einem Jahr.[21] Später warf mir Premierminister Mahathir vor, die Krise ausgelöst zu haben. Der Vorwurf war vollkommen ungerechtfertigt. Wir haben nicht in den letzten Monaten vor der Krise verkauft, im Gegenteil, wir waren Käufer, als die Währungen fielen. Und wir haben die Ringgits erworben, um die Profite unserer früheren Spekulationen zu realisieren – viel zu früh, wie sich herausstellen sollte.

Im Januar 1997 wurde uns klar, daß die Situation unhaltbar war; auch andere müssen das gewußt haben. Bis Juli 1997 war die Krise noch latent, als nämlich die Verantwortlichen in Thailand die Dollarbindung verließen und die Währung in Umlauf brachten. Die Krise brach später aus, als wir erwartet hatten, weil die lokalen Finanzfachleute ihre Währungen zu lange stützten und internationale Banken weiterhin Kredite gewährten, obwohl sie das Menetekel erkannt haben mußten. Diese Verspätung hat zweifellos zum Ausmaß der Krise beigetragen. Von Thailand aus hat sie sich schnell über Malaysia, Indonesien, die Philippinen, Korea und andere Länder ausgebreitet.

Ein wichtiger Punkt hierbei ist jedoch, daß einige der Länder, die dann von der Krise überrollt wurden, *nicht* an einer informellen Dollarbindung hingen. Gewiß, der koreanische Won war überbewertet, aber nicht die japanische oder chinesische Währung. Im Gegenteil, der Wettbewerbsvorteil Chinas und die erhebliche Wertminderung des japanischen Yen gegenüber dem Dollar waren Faktoren, die die Krise beschleunigt haben. Was also hatten die betroffenen Volkswirtschaften gemeinsam? Manche meinen, das Problem habe in deren Abhängigkeit von einem verzerrten oder unreifen kapitalistischen System gelegen, das man heute abwertend »Kumpelkapitalismus« nennt, zuvor jedoch als konfuzianischer Kapitalismus oder asiatisches Modell gelobt wurde. An dieser Behauptung ist sicher einiges dran. Dennoch läßt sich die Krise nicht ausschließlich auf asiatische Besonderheiten zurückführen, schließlich hat sie ja auch Lateinamerika und Osteuropa erfaßt und erreicht nun die Finanzmärkte und Volkswirtschaften Westeuropas und der Vereinigten Staaten. Nach einer kurzen Diskussion dessen, was in Asien geschehen ist, kehre ich deshalb zu meinem Argument zurück: daß nämlich die globale Krise von Pathologien verursacht wurde, die im internationalen Finanzsystem selbst angelegt sind.

Tod des asiatischen Modells

Die asiatischen Volkswirtschaften wiesen mehrere strukturelle Schwächen auf. Die meisten Unternehmen waren in Familienbesitz, und entsprechend der konfuzianischen Tradition wollten die Familien Macht und Einfluß nicht aufgeben. Wenn sie Unternehmensanteile veräußerten, neigten sie dazu, die Rechte der Minderheitsaktionäre zu mißachten. Wenn sie ihr Wachstum nicht aus Gewinnen finanzieren konnten, nahmen sie eher Kredite auf, als einen Kontrollverlust zu riskieren. Gleichzeitig haben Regierungsbeamte Bankkredite als Werkzeug für die Industriepolitik eingesetzt, sie nutzen sie aber auch, um ihre Familien und Freunde zu belohnen. Zwischen Geschäftswelt und Regierung herrschte ein inzestuöses Verhältnis. Das Zusammenwirken all dieser Faktoren führte zu einer hohen Verschuldungsrate und zu einem Finanzsektor, der weder transparent noch gesund war. Auf die Idee, daß »Bankkredite« Firmenaktionäre disziplinieren könnten, kam man einfach nicht.[22]

Die südkoreanische Wirtschaft etwa wurde von familienkontrollierten »Chaebol« (Konglomerate) dominiert, die unter sehr großem Druck standen. Die Schulden- und Eigenkapitalquote der 30 größten Chaebol, die indirekt für 35 Prozent der Industrieproduktion Koreas verantwortlich sind, lag 1996 bei durchschnittlich 388 Prozent, bei einzelnen Chaebol betrug sie bis zu 600 oder 700 Prozent. Bis Ende März 1998 stieg der Durchschnitt auf 593 Prozent. Die Eigentümer nutzten ihren Einfluß, um gegenseitig für die Schulden anderer Gruppenmitglieder zu bürgen, wobei sie die Rechte der Minderheitsaktionäre verletzten. Und um die Sache noch zu verschlimmern, operierten koreanische Firmen mit sehr niedrigen Profitraten: Die Zinsdeckung der 30 größten Chaebol lag 1996 bei 1,3 und 1997 bei nur 0,94. Das heißt, die Zinsbelastungen waren nicht durch Gewinne abgedeckt. Koreanische Banken machten die einfache Kreditaufnahme immer mehr zum Element der Industriepolitik. Als die Regierung beschloß, bestimmte Industrien zu fördern, stürzten sich die Chaebol aus Angst, leer auszugehen, in entsprechende Angebote, was zu einer überstürzten Expansion führte, ohne Rücksicht auf Profite. In dieser Hinsicht orientierte sich Korea bewußt am bisherigen Verhalten der Japaner, konnte aber letztlich nicht mehr als eine grobe Imitation eines weit raffinierteren Vorbilds vorweisen. Während Japan über demokratische Institutionen verfügte, wurde Korea die längste Zeit seiner Nachkriegsgeschichte von einer Militärdiktatur regiert. Was hier fehlte, war die in Japan vorhandene Tradition der Konsensbildung und die Kontrollmechanismen einer gewachsenen Demokratie.

Als notleidende Kredite sich zu akkumulieren begannen, suchten koreanische Banken einen Ausweg aus der Misere, indem sie nun noch mehr Geld ins Ausland verliehen und in sehr gewinnträchtige, risikoreiche Wertpapiere in Ländern wie Indonesien, Rußland, der Ukraine und Brasilien investierten.

Nicht daß japanische Banken es in den Zeiten zuvor viel besser gemacht hätten. Japans Schwierigkeiten gehen auf den Wall-Street-Crash von 1987 zurück. Das japanische Finanzsystem wurde vom Finanzministerium streng kontrolliert. Dessen Beamte stellten eine intellektuelle Elite dar, vergleichbar den Inspecteurs de Finance in Frankreich. Sie verstanden mehr von der Reflexivität der Wirtschaftsphänomene als jede andere Gruppe, die ich untersucht habe, und sie entwickelten die grandiose Idee, daß Japan seine industrielle Macht in finanzielle Dominanz umsetzen könnte, indem sie die Welt mit Liquidität versorgten. Ich weiß noch, wie mir ein Finanzbeamter das Konzept nach dem Crash von 1987 erklärt hat. Unglücklicherweise ließen die Japaner einen wesentlichen Aspekt der Reflexivität unberücksichtigt, nämlich die unbeabsichtigten Folgen. Ihre Entscheidung half zwar der Welt, die Auswirkungen des Crashs zu überwinden, aber den japanischen Finanzinstitutionen bescherte sie viele Verluste im Ausland, und im eigenen Land führte sie zu einer finanziellen Seifenblase, die 1991 ihr größtes Volumen erreichen sollte. Wegen seiner strikten Kontrolle der Finanzinstitutionen konnte das Finanzministerium Luft aus dieser Blase lassen, ohne daß sie platzte – das erste Mal in der Geschichte wurde ein derartiges Kunststück fertiggebracht. Doch es ließ eine Menge unverdauter, schlechter Kredite in den Bilanzen der Finanzinstitutionen verfaulen. Das Geld von Steuerzahlern konnte nicht zur Rettung der Banken genutzt werden, bis dieser Schritt unausweichlich war; aber selbst da noch verlangte der japanische Usus, daß im Finanzministerium die Köpfe rollten, und so kam es schließlich auch. Kein Wunder, daß das Finanzministerium diesem Vorschlag so lange wie möglich widerstand.

Beim Ausbruch der Asienkrise hat Japan dann versucht, das Budgetdefizit zu reduzieren. Das war genau die falsche Politik, und der Einbruch Asiens kam genau zur falschen Zeit. Die japanischen Banken, die in Thailand, Indonesien und Korea große offene Positionen hatten, verkürzten allmählich ihre Bilanzen und verursachten damit inmitten überfließender Liquidität eine Kreditklemme. Die Konsumenten, verängstigt durch die problematische Entwicklung und einige einheimische Bankrotte, verstärkten ihren Hang zum Sparen. Die niedrigen Zinssätze ließen es ratsam erscheinen, Kapital ins Ausland zu transferieren. Der Yen fiel, und die Wirtschaft rutschte in eine Rezession. Schließlich wurde die Regierung davon überzeugt, die Steuern zu senken und öffentliche Gelder dafür einzusetzen, die Banken zu rekapitalisieren, aber das kam nun schon zu spät. Die Rezession in Japan, der zweitgrößten Volkswirtschaft der Welt und eines wichtigen Handelspartners der anderen asiatischen Länder, trieb die ökonomische Talfahrt im übrigen Asien entscheidend voran.

Im asiatischen Modell der Wirtschaftsentwicklung können wir viele Unzulänglichkeiten ausmachen: strukturelle Schwäche im Bankensystem und im Unternehmensbesitz, das inzestuöse Verhältnis von Geschäftswelt und Politik, der Mangel an Transparenz und politischer Freiheit. Unzulänglichkeiten dieser Art gab es in vielen der betroffenen Länder, keine davon jedoch traf auf alle diese Länder zu. In Hongkong waren die wenigsten davon zu verzeichnen. In Japan und Taiwan gab es politische Freiheit und in Singapur ein starkes Bankensystem. Außerdem galt das asiatische Modell als eine extrem erfolgreiche ökonomische Entwicklungsstrategie, die in Geschäftskreisen sehr bewundert wurde. Es hatte einen dramatischen Anstieg des Lebensstandards in den einzelnen Ländern herbeigeführt, immerhin verzeichneten diese über einen langen Zeitraum hinweg einen durchschnittlichen Pro-Kopf-Zuwachs von jährlich 5,5 Prozent – ein schnelleres Wachstum als in praktisch allen anderen aufstrebenden Marktökonomien. Nicht zuletzt deshalb verkündeten führende Politiker wie Lee Kwan Yu in Singapur, Suharto in Indonesien und Mahathir in Malaysia vor der Krise stolz ihren Glauben an die asiatischen Werte, die westlichen überlegen seien. Sie gingen sogar so weit, die Allgemeine Erklärung der Menschenrechte der UN anzuzweifeln. Lee Kwan Yu betrachtete westliche Demokratien als dekadent, Mahathir verdroß die Tradition des Kolonialismus, und Suharto rühmte die Tugend des Despotismus. Die Vereinigung Südostasiatischer Staaten (ASEAN) erkannte Myanmar im Juni als Mitglied ihrer Organisation an, eine direkte Herausforderung der westlichen Demokratien, die Myanmars repressives Regime und seine Mißachtung der Menschenrechte für inakzeptabel hielten.

Wie konnte ein derart erfolgreiches Modell ökonomischer Entwicklung so schnell umkippen? Man wird keine Erklärung finden, ohne die Mängel des kapitalistischen Weltsystems in Rechnung zu stellen. Daß sich die Krise nicht auf Asien beschränkte, sondern auch Rußland, Südafrika und Brasilien erreichte und die Kraft hat, alle aufstrebenden Märkte zu beeinflussen, untermauert nur die Annahme, daß die Hauptquelle der Instabilität im internationalen Finanzsystem selbst liegt.

Die Instabilität der internationalen Finanzen

Wenn wir auf das System schauen, müssen wir zwischen Direktinvestitionen, Portfolio-Investoren, Banken und Finanzbehörden, etwa dem IWF, unterscheiden. Direktinvestitionen spielten keine destabilisierende Rolle, es sei denn als Bankkunden. Die Portfolio-Investoren gliedern sich auf in institutionelle Investoren, die anderer Leute Geld verwalten, Hedgefonds, die Druck ausüben, und individuelle Investoren.

Institutionelle Investoren bewerten, wie im vorigen Kapitel diskutiert, ihre Leistungen im Vergleich miteinander, was sie zu einer dem Trend folgenden Herde macht. Sie verteilen ihre Einlagen auf verschiedene nationale Märkte; wenn ein Markt im Wert steigt, müssen sie ihr Kontingent vergrößern, ansonsten sind sie unterinvestiert und umgekehrt. Zusätzlich können Investmentfonds Investoren anziehen, wenn sie hohe Wertsteigerungen vorzuweisen haben, verlieren sie aber wieder, wenn Verluste zu verzeichnen sind. Investmentfonds spielten für die Beschleunigung des Crashs keine besondere Rolle, sie blieben nur während des Booms, der der Krise voranging, länger als erwünscht im Markt. Daß der Zusammenbruch anhält, hat jedoch sehr wohl mit ihnen zu tun. Investoren ziehen sich aus Fonds zurück, die in aufstrebende Märkte investieren, was Investmentfonds verstärkt zu Verkäufern macht. Eine ähnliche Rolle spielen Manager von Hedgefonds und andere, die mit geliehenem Geld spekulieren. Sind sie auf der Gewinnerstraße, können sie ihre Einsätze erhöhen; verlieren sie, müssen sie verkaufen, um ihre Schulden zu reduzieren. Optionen, Absicherungen und andere Wertpapierderivate besitzen ähnliche selbstverstärkende Eigenschaften.

Manager von Hedgefonds und andere Spekulanten können direkt, ohne Wertpapiere zu kaufen oder zu verkaufen, mit Währungen handeln. Auch Banken tun das, sowohl auf eigene Rechnung wie für ihre Kunden. Banken sind viel wichtiger auf Währungsmärkten als Hedgefonds, aber natürlich waren auch Hedgefonds wie mein eigener von Bedeutung für den asiatischen Währungstumult. Weil Hedgefonds tendenziell mehr an absoluter als an relativer Performance interessiert sind, können sie aktiv daran beteiligt sein, wenn in einem Trend ein Wechsel herbeigeführt wird. Selbstverständlich geraten sie ins Feuer der Kritik, falls der Wechsel unerwünscht ist. Aber wenn ein Trend nicht nachhaltig ist, sollte man ihn so früh wie möglich umstoßen. Zum Beispiel hat der Quantum Fonds, der von meiner Investmentfirma gemanagt wird, durch den Verkauf des thailändischen Baht ein Signal dafür gesetzt, daß dieser überbewertet sein könnte. Hätte die Finanzpolitik reagiert, hätte die Anpassung früher stattgefunden und wäre weniger schmerzhaft gewesen. Die eigentliche und grundsätzliche Frage ist aber, ob Währungsspekulation wünschenswert ist oder nicht. Offensichtlich haben Staaten mit frei konvertierbaren Währungen in der gegenwärtigen Krise schlimmere Erschütterungen erlitten als jene, welche halbwegs die Kontrolle über den Währungshandel behielten. Thailand war offener als Malaysia und hatte einen größeren Umschwung; das chinesische Festland war weniger betroffen als Hongkong, obwohl Hongkong über ein viel solideres Banken- und Finanzsystem verfügt. Aber diese Hinweise besagen nicht viel. Die koreanische Währung konnte nicht frei gehandelt werden, doch ist die Krise dort genauso ernst wie in Südostasien, und über China ist das letzte Wort noch nicht gesprochen. Entscheidend ist vielmehr die Rolle der Banken.

Jedes Land hat sein eigenes Bankensystem und seine eigenen Regulationsbehörden; sie interagieren auf vielfältige Weise, um das internationale Bankensystem zu gestalten. Einige große Banken im Zentrum sind so stark in internationale Transaktionen involviert, daß sie als internationale Banken fungieren. Oft besitzen sie einheimische Banken oder leiten inländische Operationen wie Konsumentenkredite in mehreren Ländern. Die meisten der Staaten, die von der gegenwärtigen Krise betroffen sind, hatten jedoch relativ geschlossene Bankensysteme, das heißt wenig inländische Banken befinden sich in ausländischem Besitz. Ausnahmen bilden Hongkong und Singapur: Hier sind die großen Banken international. Japanische und, noch früher, koreanische Banken haben sich auch ein wenig im internationalen Bankengeschäft getummelt – mit verheerenden Folgen. Schätzungen von erwarteten notleidenden Krediten, also Krediten, die nicht zurückgezahlt werden können, belaufen sich allein in Asien auf zwei Billionen US-Dollar.

Geschätzte notleidende Kredite in Asien

Land	Erwarteter Höhepunkt notleidender Kredite	Betrag in US-Dollar
1. Hongkong	12%	15.9
2. Indien	16%	13.0
3. Indonesien	85%	34.1
4. Korea	45%	167.0
5. Malaysia	40%	27.5
6. Philippinen	25%	7.0
7. Singapur	11%	8.5
8. Taiwan	4.5%	16.3
9. Thailand	50.4%	91.7
10. Südostasien		381.0
11. Japan	30%	800.0
12. China	25–30%	600.0
Insgesamt		1781.0

Quellen: Salomon Brothers, Goldman Sachs, Warburg Dillon Read und SFM LCC estimates

Internationale und nationale Banken sind durch Kreditlinien miteinander verbunden, die die Limits definieren, innerhalb deren sie verschiedene Transaktionen durchführen können wie Währungshandel, Zinsswaps und ähnliches. Sie können auch durch Langzeitkredite verknüpft sein. Kreditlinien sind ebenso wie Anleihen in Dollar oder einer anderen harten Währung fixiert. In den Ländern, die entweder formell oder informell am Dollar hingen, vermuteten die inländischen Banken, daß die Bindung halten würde. Häufig versäumten sie es, sich gegen das Währungsrisiko zu schützen. Als die Bindung riß, standen sie mit riesigen ungedeckten Währungspositionen da. Sie bemühten sich angestrengt um Deckung und übten dabei einen ungeheuren Druck auf die lokale Währung aus. Die Währungen übertrieben nach unten und verursachten eine plötzliche Vermögensminderung in den Bilanzen der Kreditnehmer. Beispielsweise erlitt Siam Zement, der größte und stärkste Konzern in Thailand, einen Verlust von 52,6 Milliarden Baht; zum Vergleich: das anfängliche Eigenkapital betrug 42,3 Milliarden Baht, die Profite im Jahr 1996 beliefen sich auf 6,8 Milliarden.[23] Schwächere Konzerne waren noch weit schlimmer dran. Viele der Kreditnehmer hatten die Kredite dazu benutzt, Grundeigentum zu finanzieren, und Immobilienwerte verfielen schon, als die Bindung riß. Plötzlich gab es neben dem Währungsrisiko auch noch ein Kreditrisiko, und das reduzierte die Bereitschaft der Geldgeber, Kredite auszuweiten. Zusammen mit den ausländischen Investoren, die den verfallenden Märkten schnell den Rücken kehrten, setzte dies einen sich selbst verstärkenden Prozeß in Gang, der zu einem 42prozentigen Verfall der thailändischen Währung führte und zwischen Juni 1997 und August 1998 zu einem 59prozentigen Verfall des thailändischen Aktienmarktes, in lokaler Währung. Das Resultat war also, in Dollar ausgedrückt, ein 76prozentiger Verlust, der sich mit den 86prozentigen Verlusten an der Wall Street zwischen 1929 und 1933 durchaus vergleichen läßt.

Die Panik erfaßte über die Finanzmärkte auch die Nachbarländer – ich habe das Bild einer Abrißbirne benutzt, andere nannten das Debakel eine moderne Version der Beulenpest. Die Ungleichgewichte der neu betroffenen Ökonomien waren weniger ausgeprägt, doch das bot keinen Schutz. Die malaysische Wirtschaft lief heiß, aber die Finanzexpansion war hauptsächlich eine interne Angelegenheit; das Handelsdefizit war recht bescheiden. Obwohl die Fundamente in Indonesien ziemlich gesund zu sein schienen, stand das Land vor dem Problem, daß es kräftig bei koreanischen und japanischen Banken geliehen hatte, die sich nun plötzlich in Schwierigkeiten befanden und nicht in der Position waren, ihre Anleihen zu erhöhen. Als der Hongkong-Dollar bedroht wurde, verursachte das System der Währungsbehörde einen Anstieg der lokalen Zinsraten, der wiederum auf den Wert von Immobilien und Aktien drückte. Internationale Banken, die Geschäfte mit Hongkonger Banken machten, entdeckten ein Kreditrisiko, auf das sie nicht gefaßt gewesen waren. Als sie in gegenseitige Zinsswapgeschäfte einstiegen,[24] glaubten sie, daß die Beträge auf beiden Seiten die gleichen seien. Nun erkannten sie, daß ihre Gegenpartei aus Hongkong, falls sich die Tauschrate änderte, ihnen plötzlich mehr schuldete als sie dieser. Das zwang internationale Banken, ihre Kreditlinien für Hongkong zu kürzen. Kreditrisiken wurden ein noch größeres Problem in Korea, wo einige Banken ihre Garantien nicht mehr erfüllen konnten. Es dauerte nicht lange, bis die Finanzkrise Thailand, dann Korea und schließlich Indonesien zwang, um Hilfe beim IWF zu ersuchen.

Die Rolle des Internationalen Währungsfonds

Der IWF wiederum sah sich mit völlig neuen Problemen konfrontiert. Die Asienkrise erwies sich als überaus komplex, sie hatte eine Währungs- und eine Kreditkomponente. Letztere besaß einen internationalen und einen nationalen Aspekt, und zudem waren die verschiedenen Komponenten miteinander verknüpft. Was diese Krise von anderen Krisen, denen sich der IWF bisher gegenübersah, unterschied, war, daß sie im privaten Sektor entstand, während sich der öffentliche Sektor in relativ guter Verfassung befand. Dennoch verordnete der IWF die übliche Medizin: Zinssteigerungen und die Reduzierung von Regierungsausgaben, um die Währung zu stabilisieren und das Vertrauen internationaler Investoren wiederherzustellen. Er erkannte auch die strukturellen Defekte in einzelnen Ländern und stellte diesen jeweils maßgeschneiderte Bedingungen, etwa die Schließung ungesunder Finanzinstitutionen. Doch die Programme des IWF funktionierten nicht, weil sie nur manche, nicht alle Aspekte der Krise erfaßten. Die verschiedenen Aspekte waren aber eng miteinander verknüpft, insofern nutzte es nichts, wenn man sich nur mit einzelnen befaßte. Speziell die Währungen konnten nicht stabilisiert werden, solange die Schuldenprobleme nicht gelöst waren, weil Schuldner, als die Währung verfiel und die Währungsschwäche ihre offenen Positionen in einem Teufelskreis anwachsen ließ, danach drängten, ihre offenen Positionen zu decken.

Warum aber hat der IWF dies nicht erkannt? Vielleicht weil er an einer überkommenen Methode festhielt, um mit Gleichgewichtsstörungen im öffentlichen Sektor fertig zu werden. Jedenfalls ließ sein Verständnis der Finanzmärkte und ihrer Funktionsweise zu wünschen übrig. Das zeigte sich in Indonesien, wo der IWF auf der Schließung von Banken bestand, ohne adäquate Vorkehrungen zum Schutz von Konteninhabern getroffen zu haben, und damit einen klassischen Run auf die Banken provozierte. Die Finanzpanik schwächte wiederum Präsident Suhartos Entschlossenheit, die Bedingungen des IWF-Rettungsprogramms einzuhalten, das er schon deshalb katastrophal fand, weil es die Privilegien seiner Familie und seiner Freunde beschnitt. Die Kabbelei zwischen Suharto und dem IWF stieß die indonesische Rupie in den freien Fall. Der Quantum Fonds wurde davon schwer getroffen, weil wir indonesische Rupien für Dollar mit einem Kurs von 4.000 zu 1 gekauft hatten, im Wissen darum, daß der Währungsverfall schon übertrieben war, als die Rupie im Juli 1997 von 2.430 abgefallen war. Sie fiel sofort weiter bis auf einen Kurs von 16.000 – eine ernüchternde Erfahrung. Ich war mir der Korruption des Suharto-Regimes vollkommen bewußt und versuchte, weil ich nicht mit ihr in Zusammenhang gebracht werden wollte, unsere Anteile an einem indonesischen Kraftwerk zu verkaufen, an dem Angehörige der Suharto-Familie finanzielle Interessen hatten. Da hatten wir es: Wir verloren Geld in Indonesien, als sich der Kreis schloß.

Der IWF wurde dafür kritisiert, zu viele Bedingungen gestellt und sich zu sehr in innere Angelegenheiten der Länder eingemischt zu haben, die ihn um Hilfe baten. Was geht es den IWF an, wurde gefragt, ob ein Regime korrupt ist oder die Banken- und Industriestruktur überschuldet? Von Bedeutung sei allein, ob es seinen Verpflichtungen nachkommen könne. Aufgabe des IWF sei es, eine Liquiditätskrise unter Kontrolle zu bringen, nicht die strukturellen Probleme der betroffenen Länder zu lösen. Ich vertrete genau den entgegengesetzten Standpunkt. Liquiditätskrisen sind unlösbar mit strukturellen Ungleichgewichten verbunden; sie können nicht dadurch korrigiert werden, daß man einem Land mehr Geld leiht. Wenn sowohl Banken als auch Unternehmen überschuldet sind, also das Verhältnis von Schulden zu Eigenkapital zu hoch ist, ist ein Zufluß von Eigenkapital notwendig. Die Schwierigkeit besteht aber gerade darin, daß in einer Krisensituation weder neues Kapital noch weitere Kredite zur Verfügung stehen. Die einzige Lösung ist daher, Schulden in Eigenkapital umzuwandeln. Das IWF-Programm in Asien scheiterte, weil der IWF nicht auf der Konversion von Schulden in Eigenkapital insistierte. Er war demnach nicht zu aufdringlich, sondern hat sich, im Gegenteil, nicht genug eingemischt.

Zur Entlastung des IWF muß man jedoch sagen, daß es wahrscheinlich unmöglich war, eine Liquiditätskrise zu managen und zur selben Zeit eine Umwandlung von Schulden in Eigenkapital durchzusetzen. Die internationalen Kreditgeber hätten abgeblockt, und ohne ihre Kooperation kann kein Rettungsprogramm Erfolg haben. Auf der anderen Seite führte das ungelöste Schuldenproblem zum Währungsverfall und zu abstrafenden Zinsraten, die die Kreditnehmer insolvent machten und die betroffenen Länder in eine tiefe

Depression stürzten. Offensichtlich besteht hier ein systemisches Problem, und der IWF ist Teil des Problems und nicht der Lösung. Der IWF befindet sich nun selbst in einer Krise. Marktvertrauen war bislang ein wesentlicher Bestandteil seines Erfolgs, und nun hat er seine Glaubwürdigkeit verloren. Auch werden seine Ressourcen knapp. Daß der US-Kongreß sich weigert, weitere Mittel zur Verfügung zu stellen, hat die Fähigkeit des IWF, neu entstehende Probleme zu lösen, stark geschädigt.

Ein kurzer Überblick

Im Frühjahr 1997 drängte das indonesische Debakel koreanische und japanische Banken in die Defensive und untergrub das Vertrauen internationaler Geldgeber in das koreanische Bankensystem. Von Korea aus schwang die Abrißbirne hinüber nach Rußland und Brasilien, streifte unterwegs Osteuropa und wirkte sich verheerend auf die Ukraine aus. Koreanische Banken hatten in Rußland und in Brasilien investiert, auch Brasilianer tätigten in Rußland Investitionen. Koreaner wie Brasilianer mußten ihre Beteiligungen liquidieren, und sowohl Brasilien als auch Rußland mußten die Zinsraten hochsetzen, um ihre Währungen gegen Verkäufe zu schützen. Brasilien nutzte die Krise, um längst überfällige Strukturreformen durchzuführen, die die drohende Gefahr einzudämmen halfen, allerdings nur für ein paar Monate.

Im Dezember 1997, als sich ausländische Banken entgegen dem IWF-Programm weigerten, ihre Darlehen an koreanische Banken zu überweisen, gelangte die internationale Krise an ihren Höhepunkt. Die Zentralbanken mußten intervenieren und die Geschäftsbanken ihrer Jurisdiktion unterwerfen, damit sie ihre Darlehen erneuerten. Kurz nachdem die Krise sich zu beruhigen begann, wurde ein zweites Rettungspaket geschnürt. Alan Greenspan, der Vorsitzende der US-Notenbank, stellte klar, daß die asiatischen Probleme jede Möglichkeit einer Zinserhöhung ausschlossen – Wertpapier- und Aktienmärkte faßten wieder Mut. Die Abrißbirne schlug weniger kräftig aus; Lateinamerika hatte sie, bis auf Brasilien, nicht wirklich erreicht. Sowohl Korea als auch Thailand profitierten von der Wahl neuer, reformwilliger Regierungen. Nur in Indonesien spitzte sich die Lage weiter zu, bis Suharto schließlich die Macht entzogen wurde. Geschäftsleute kehrten zurück, Währungen erstarkten wieder, und Ende März erholten sich die asiatischen Aktienmärkte einschließlich des indonesischen in einem Bereich von einem Drittel bis zur Hälfte ihrer Verluste, gemessen in lokalen Währungen. Das ist eine typische Reaktion nach einem großen Marktzusammenbruch.

Doch es war eine trügerische Morgenröte. Auf den Kollaps der Finanzmärkte folgte der wirtschaftliche Zusammenbruch. Die Inlandsnachfrage kam zum Stillstand, und die Importe sanken, aber die Exporte wuchsen nicht, weil ein großer Teil davon in ebenfalls betroffene Länder ging. Darüber hinaus waren die Exporte auf eine begrenzte Anzahl von Waren beschränkt, deren Preise aufgrund eines verstärkten Verkaufsdrucks sanken. Die Produktion von Halbleitern, ein Bereich, um den Korea, Taiwan und, mit etwas weniger Engagement, Japan konkurrierten, traf es besonders hart. Der wirtschaftliche Niedergang dehnte sich rasch auf Länder aus, die ursprünglich gar nicht berührt waren. Japan rutschte in eine Rezession, und die wirtschaftliche Situation in China spitzte sich zu. Erneut geriet Hongkong unter Druck. Der Fall der Warenpreise, besonders aber des Ölpreises, traf vor allem Rußland, aber auch andere Produktionsländer.

Besonders aufschlußreich ist die Situation in Korea. Nach der Liquiditätskrise vom Jahresende 1997 begann sich die äußere Situation fast augenblicklich zu entspannen. Die Konsumentennachfrage kam zum Stillstand, die Importe stürzten ab, und die Handelsbilanz schwang hinüber zum Überschuß. Die Auslandsverschuldung war im Vergleich zum Bruttosozialprodukt zunächst nicht zu hoch (nur 25 Prozent, wie 1997 berichtet wurde, aber sie stieg auf

50 Prozent an, wie die wahren Zahlen von 1998 zeigen), und die Entstehung eines großen Handelsüberschusses ließ diese ganz solide aussehen. Die fünf großen Chaebol, die direkt für 15 Prozent der Industrieproduktion und indirekt für weit mehr verantwortlich sind, machten einen entschiedenen Versuch, ihren internationalen Verpflichtungen nachzukommen. Während also die äußere Krise bald abflaute, spitzt sich die innere Situation von Tag zu Tag zu. Die meisten Unternehmen arbeiten mit Verlusten, und ihre Bilanzen bewegen sich vom Schlechten zum Schlimmsten. Das schließt die fünf großen Chaebol durchaus ein. Die Rekapitalisierung der Banken geht sehr langsam voran, und trotz einer Senkung der Zinsraten liegt die Wirtschaft weiter danieder. Arbeitslosigkeit und Unruhe steigen stetig.

Das Problem in Japan ist ebenfalls ein nationales. Angesichts der riesigen Währungsreserven und eines großen und wachsenden Handelsüberschusses, sollte es in der Macht der japanischen Regierung stehen, das Bankensystem zu rekapitalisieren und die Wirtschaft anzukurbeln. Unglücklicherweise geht diese Politik von falschen Voraussetzungen aus. Banken müssen scheitern, bevor sie öffentliche Gelder bekommen. Banker werden jedoch alles tun, um den schwarzen Tag hinauszuschieben, an dem sie ihre Verluste eingestehen müssen. Das Ergebnis ist die Kreditklemme, die die Wirtschaft in eine Rezession drängte und zugleich enormen Druck auf andere asiatische Länder ausübte.

Auch China sieht sich einigen der Schwierigkeiten gegenüber, wie sie Korea zu bewältigen hat. Chinas Bankensystem wird eher von politischen als von ökonomischen Erwägungen geleitet, und die Akkumulation von Außenständen ist hier sogar schlimmer als in Korea. China verfügt über eine exportgesteuerte Wirtschaft, die einiges von ihrem Wettbewerbsvorteil einbüßte, als bei ihren Konkurrenten abgewertet wurde. Es hatte einen ernormen Boom bei der Entwicklung von Gewerbeimmobilien zu verzeichnen – bei Ausbruch der Krise arbeitete die Hälfte aller Kräne auf der Welt in

Shanghai. Der Zufluß ausländischer Investitionen, insgesamt 70 Prozent davon stammten von Auslandschinesen, versiegte völlig. Der ausschlaggebende Unterschied, der im Fall von China für schützenden Aufschub sorgte, war die nicht konvertible Währung; ohne sie hätte China trotz seiner enormen amtlichen Währungsreserven sicherlich die Abrißbirne zu spüren bekommen. Es gibt ausstehende ausländische Währungsanleihen, deren Größe, wie in anderen asiatischen Ländern, nicht genau bekannt sind, und ausländische Investoren, insbesondere die Auslandschinesen, hätten wahrscheinlich die Flucht ergriffen oder zumindest ihre Investitionen auf dem Terminmarkt geschützt, hätten sie nur Gelegenheit dazu gehabt. Unter diesen Umständen verschaffte die Kapitalkontrolle der Regierung einen zeitlichen Spielraum.

Die chinesische Regierung versuchte diesen für die Ankurbelung der Inlandsnachfrage zu nutzen. Die Kommunistische Partei hatte beim Massaker auf dem Tianmen-Platz die »himmlische Vollmacht« verloren, also mußte sie für Reichtum auf der Erde sorgen, wenn sie toleriert werden wollte. Eine Wachstumsrate von knapp acht Prozent war da willkommen. Doch die Motoren des Wachstums, Exporte und der Zufluß ausländischer Investitionen, sind nun abgeschaltet. Deren Platz muß die Inlandsnachfrage einnehmen. Die Regierung greift auf gute alte keynesianische Mittel zurück: Sie fördert große Infrastrukturprojekte und versucht, den Wohnungsbau in Schwung zu bringen. Aus einer Reihe von Gründen ist sie entschlossen, die Abwertung ihrer Währung zu vermeiden. Sie möchte Chinas Bedeutung in der Welt steigern, eine engere Beziehung zu den Vereinigten Staaten aufbauen und die Mitgliedschaft in der Welthandelsorganisation erringen. Die chinesische Regierung befürchtet aber auch, protektionistische Gegenmaßnahmen seitens der Vereinigten Staaten zu provozieren, falls sie abwerten sollte. Eine Abwertung würde auch die Hongkonger Währungsbehörde erschüttern; die gegenwärtige chinesische Regierung verfolgt jedoch mit aller Macht die Idee von »einem Land, zwei wirtschaftliche Systeme«, weil Festland-China Hongkong ähnlicher werden soll. Hongkong wurde als Vehikel zur Privatisierung von Staatsbetrieben benutzt, der sogenannten Red Chips. Aber der Markt in Hongkong steht stark unter Druck, und statt neue Unternehmen an den Markt zu bringen, war die Finanzverwaltung gezwungen, Aktien zu kaufen, um den Markt zu stabilisieren. Die chinesische Regierung hoffte den Effekt einer Abwertung zu erreichen, indem sie Importbeschränkungen verhängte und Exportsubventionen bereitstellte, doch gibt es einen bedeutenden Handel mit verdeckt getätigten Importen, besonders durch Unternehmen der Volksarmee, die die Nachfrage nach inländischen Produkten unterlaufen. Bleibt abzuwarten, ob die gegenwärtige Politik greift. Das Bankensystem und die Bilanzen der staatseigenen Unternehmen verfallen weiter, der Handelsüberschuß ist wegen all des Schmuggels trügerisch. Die offiziellen Reserven werden wegen der verdeckten Kapitalflucht gerade noch gehalten, und die Maßnahmen zur Förderung des privaten Wohneigentums erzielten deshalb nicht die gewünschte Wirkung, weil sie zum Sparen ermutigten. Das Bankensystem nutzt die Spareinlagen, um untergehende Staatsbetriebe zu retten, und dies vergrößert nur die Verschuldung des Staates bei seinen Bürgern, ohne daß die Wirtschaft angekurbelt wird. Radikale Strukturreformen sind notwendig, aber sie mußten zurückgestellt werden, weil sie soziale Unruhe provozieren könnten. In einem früheren Buch sagte ich vorher, daß das kommunistische Regime in China durch eine kapitalistische Krise hinweggefegt werden würde.[25] Dies könnte nun geschehen, obwohl die Krise ihren Ursprung in den Nachbarländern hat.

Rußland

Auch Rußland war ein Opfer der Asienkrise, allerdings unter so sonderbaren Umständen, daß es eine spezielle Betrachtung verdient. Ich persönlich bin in Rußland stärker engagiert als in anderen Staaten. Das Land war von dem Extrem einer strikt geschlossenen Gesellschaft zum entgegengesetzten eines gesetzlosen Kapitalismus umgeschwenkt. Die Erschütterungen hätten in ihrer Wucht durch die freie Welt gedämpft werden können, wenn diese nur verstanden hätte, was in Rußland vor sich ging – aber das ist inzwischen Schnee von gestern. Das umfassendste geschlossene Gesellschaftssystem, das die Menschheit je erfunden hat, löste sich auf, und kein anderes System trat an seine Stelle. Schließlich ging Ordnung aus dem Chaos hervor, doch leider zeigte sie wenig Ähnlichkeit mit der Idee einer offenen Gesellschaft.

Es war Michail Gorbatschow, der den Prozeß eines revolutionären Regimewechsels ausgelöst hat, und es gelang ihm, an dessen Spitze zu bleiben. Gleichwohl schreckte der Präsident vor zweierlei zu rück: vor der Privatisierung von Grundeigentum und vor der Auflösung der Sowjetunion. Als er die Macht verlor und die Sowjetunion zerfiel, wurde Boris Jelzin Rußlands Präsident, und er war zu weiter reichenden Schritten bereit. Besonders stärkte er Jegor Gaidar, dem Stellvertretenden Premierminister und Verantwortlichen für die Wirtschaft, den Rücken. Gaidar versuchte, eine monetäre Politik auf eine Volkswirtschaft anzuwenden, die monetären Signalen nicht zugänglich war. Als Gaidar scheiterte, folgte ein schwieriger Balanceakt, der es Anatoli Tschubais erlaubte, einen ihm wichtigen Punkt durchzusetzen: den Eigentumstransfer von staatlicher in private Hand. Er glaubte, wenn Staatsbesitz einmal privatisiert sei, würden die Eigentümer beginnen, ihr Eigentum zu schützen. Das sollte den Zerfallsprozeß stoppen.

Aus diesem Bestreben heraus entstanden Rudimente einer neuen ökonomischen Ordnung. Es war schon eine Art Kapitalismus, aber eine sehr spezielle Form, und sie entwickelte sich in einer anderen Folge von Schritten, als unter normalen Bedingungen zu erwarten gewesen wäre. Die erste Privatisierung war die der öffentlichen Sicherheit. In gewisser Weise war sie erfolgreich: Verschiedene private Armeen und Mafiaorganisationen übernahmen die Verantwortung. Staatliche Unternehmen paßten sich den veränderten Bedingungen an, indem Insider vor allem auf Zypern private Firmen gründeten, die in Kontakt mit heimischen Unternehmen traten. Die Fabriken arbeiteten mit Verlust, zahlten keine Steuern und gerieten mit Lohnzahlungen und dem Schuldendienst gegenüber dritten Unternehmen in Rückstand. Die Profite dieser Operationen wanderten nach Zypern. Auch Grundzüge eines Bankensystems wurden geschaffen, teilweise durch staatliche Banken, teilweise durch neu entstehende kapitalistische Gruppen, die sogenannten Oligarchien. Manche Banken verdienten durch die Verwaltung von Konten verschiedener staatlicher Behörden, einschließlich der Staatskasse, ein Vermögen. Dann entstand im Zusammenhang mit der Voucher-Privatisierung ein Markt für Aktien, bevor Aktienregistrierung und Verrechnungsmechanismus sauber installiert waren und lange bevor die Unternehmen, deren Aktien gehandelt wurden, begannen, sich wie Unternehmen zu verhalten. Meist wurden Insider zu Kontrolleuren der Unternehmen gemacht, und außenstehende Anteilseigner hatten große Schwierigkeiten, ihre Rechte durchzusetzen. Amtierende Manager waren praktisch dazu verpflichtet, sowohl Gewinne wie Vermögenswerte zu ihrem eigenen Wohl abzuschöpfen – um die von ihnen gekauften Anteile zu bezahlen und um Steuern zu sparen. Den Unternehmen fielen keine Erlöse aus der Voucher-Privatisierung zu. Erst wenn Manager ihre Kontrolle konsolidiert und die Notwendigkeit, zusätzliches Kapital zu beschaffen, erkannt hatten, konnten sie Gewinne innerhalb der Unternehmen erwirtschaften.

Dieses System wurde zu Recht als Raubkapitalismus beschrieben, weil der beste Weg, privates Kapital von einem Punkt nahe Null zu akkumulieren, eben der war, sich die Guthaben des Staates anzueignen. Natürlich gab es ein paar Ausnahmen. Der Staat selbst besaß wenig Wert, obwohl die Verschwörer, die Gorbatschow 1991 vertreiben wollten, dies nicht realisierten. Als genügend privates Kapital akkumuliert war, gewann auch der Staat als Quelle der Legitimität an Wert. 1996 beschlossen die sieben größten Unternehmer, die auch die Medien kontrollieren, zu kooperieren, um die Wiederwahl Präsident Jelzins zu sichern. Es war ein bemerkenswerter Coup politisch geschickten Handelns. Anschließend teilte die neu entstandene Oligarchie die verbliebenen Staatsguthaben unter sich auf. Im Frühjahr 1997 entschied Jelzin, Boris Nemzow, den Gouverneur von Nischni Nowgorod, der mit der Wiederwahlkampagne nichts zu tun hatte, in die Regierung aufzunehmen. Man unternahm eine Reihe von Schritten, um einen Weg vom Raubkapitalismus hin zur Gesetzmäßigkeit zu ebnen. Budgetdefizit und Geldnachschub wurden in Grenzen gehalten, und man ging daran, ausstehende Steuern einzutreiben. Inflations- und Zinsraten sanken. Die Rechte der Anteilseigner wurden einigermaßen respektiert, und der Aktienmarkt boomte. Ausländisches Geld strömte sowohl in Aktien als auch in Schuldpapiere.

Bereits 1987 hatte ich eine Stiftung gegründet, um den Übergang Rußlands in eine offene Gesellschaft zu fördern. Ich organisierte eine internationale Arbeitsgruppe, um 1988/89 innerhalb der Kommandowirtschaft einen »offenen Sektor« zu schaffen, aber es wurde rasch klar, daß das System rettungslos verloren war. Ich unterstützte das sogenannte 500-Tage-Programm, und 1990 nahm ich Grigori Jawlinski, der das Programm entwickelt hatte, und sein Team mit zum IWF-Treffen nach Washington, wo wir um internationale Unterstützung warben – leider ohne Erfolg. Ich gründete die International Science Foundation mit einer Einlage von 100 Millionen Dollar, um zu demonstrieren, daß ausländische Hilfe wirksam sein kann. Wir verteilten 20 Millionen Dollar an 40.000 Spitzenwissenschaftler: 500 Dollar reichten aus, um ein Jahr über die Runden zu kommen. Der Rest wurde für die Bereitstellung elektronischer Kommunikationsmittel und für die Unterstützung von Forschungsprogrammen, die international genau geprüft worden waren, verwendet. Inzwischen hat die Stiftung eine ansehnliche Reihe von Projekten aufzuweisen, deren wichtigste die Förderung der Bildungsreform, der Druck neuer, von marxistischer Ideologie freier Lehrbücher und die Einführung des Internets waren.

Ich enthielt mich der Investition in Rußland, teilweise, um Interessenkonflikte erst gar nicht entstehen zu lassen, vor allem aber, weil mir mißfiel, was ich sah. Wenn meine Fondsmanager investieren wollten, mischte ich mich nicht ein und genehmigte auch, daß sie in einen russisch geführten Investmentfonds einstiegen, zu gleichen Bedingungen wie andere westliche Investoren. Als Nemzow in die Regierung eintrat, beschloß ich dennoch, mich an der Versteigerung von Swjasinvest, der staatlichen Telefongesellschaft, zu beteiligen. Die Privatisierung von Swjasinvest war die erste echte Versteigerung, eine Transaktion, bei der der Staat nicht übervorteilt wurde. Unglücklicherweise beschwor dies einen lang anhaltenden und erbitterten Kampf zwischen den Oligarchen herauf, von denen einige bestrebt waren, den Weg zu einem gesetzmäßigen Kapitalismus zu gehen, während andere, gänzlich unfähig, auf rechtmäßige Weise zu handeln, gegensteuerten. Einer der Oligarchen, Boris Beresowski, drohte, alle Zelte abzubrechen, wenn ihm nicht die versprochenen Gewinne ausgezahlt würden. Der heftige Streit schadete Tschubais, der als Wahlkampfmanager agiert und illegale Zahlungen von den Oligarchen erhalten hatte, die nun aufgedeckt wurden.

Dies geschah in genau dem Augenblick, da die Auswirkungen der Asienkrise spürbar wurden. Koreanische und brasilianische Banken hatten erheblich in den russischen Markt investiert und mußten ihre Positionen liquidieren. Einige führende Moskauer Banken gerieten ebenfalls unter Druck, weil sie große spekulative Anleihepositionen und auch ungedeckte Termingeschäfte mit dem Rubel laufen hatten. Im Dezember 1997 gab es einige prekäre Momente, aber sie gingen vorüber. Die Zinsraten wurden deutlich angehoben und die Regierungsausgaben gesenkt, doch die Duma blockierte die für Strukturreformen notwendigen Gesetze. Jelzin setzte Premierminister Viktor Tschernomyrdin ab und zwang die Duma, Ser-

gej Kirijenko als Nachfolger zu akzeptieren, einen jungen Technokraten, den Gaidar und Tschubais vorgeschlagen hatten. Für eine kurze Periode hatte Rußland eine Reformregierung, die beste seit dem Zusammenbruch der Sowjetunion, und der IWF bewilligte einen Kredit in Höhe von 18,5 Milliarden Dollar, von denen 4,5 Milliarden ausgezahlt wurden. Aber das war nicht genug.
An dieser Stelle möchte ich auf ein Realzeit-Experiment eingehen, das ich kurz vor der endgültigen Auflösung begonnen hatte. Ich orientiere mich an meinen Aufzeichnungen, die ich über einen Zeitraum von zwei Wochen machte, als die Krise sich ausbreitete.

Sonntag, 9. August 1998
Rubel (bar) = 6,29
Rubel Termin[26] = 45 %
GKO[27] = 94,25 %
Prins[28] = 12,97 %
Standard & Poors Index = 1.089,45
Durchschnittsrendite 30jähriger US-amerikanischer
Schatzanweisungen = 5,63 %

Ich hatte die Entwicklung in Rußland einige Tage nicht genau verfolgt – dieses Buch nahm mich zu sehr in Anspruch. Selbst nachdem der IWF einem Bürgschaftspaket in Höhe von 18 Milliarden zugestimmt hatte, war ich darauf gefaßt, daß die Situation verzweifelt bleiben würde. Die Zinsraten russischer Staatsverschuldungen blieben in astronomischen Höhen – zwischen 70 und 90 Prozent für Rubelanleihen mit einer Laufzeit von einem Jahr (GKOs). Das Syndikat, das 25,1 Prozent von Swjasinvest gekauft hatte und in dessen Reihen wir der größte ausländische Investor waren, wurde von der russischen Regierung darauf angesprochen, ob es nicht einen zeitlich begrenzten Überbrückungskredit bereitstellen könne, der zum Verkauf der nächsten Tranche von Swjasinvest, mit einem Umfang von 24,9 Prozent, führen sollte. Es lag in unserem Interesse, den Verkauf zu einem Erfolg zu machen, aber die Idee, gutes

Geld dem schlechten hinterherzuwerfen, gefiel mir nicht – deshalb entschloß ich mich, mich mit der Situation in Rußland eingehender zu beschäftigen.

Es stellte sich rasch heraus, daß die Refinanzierung der Staatsschulden ein nahezu unüberwindliches Problem war. Dem IWF-Programm lag die Erwartung zugrunde, daß die einheimischen Halter der Schuldtitel ihre Gewinne reinvestieren würden; die einzige Frage war der Preis. Wenn die Regierung die Steuern erfolgreich eintreiben würde, müßten die Zinsraten schließlich auf ein tolerierbares Niveau fallen, sagen wir auf 25 Prozent, und die Krise wäre vorüber. In dieser Überlegung blieb unberücksichtigt, daß viele der Schuldverschreibungen von einheimischen Inhabern gehalten wurden, die nicht in der Lage waren, ihre fälligen Staatsanleihen zu reinvestieren, unabhängig vom Preis. Die Unternehmen wurden gezwungen, Steuern zu zahlen, und was sie an Steuern zahlten, ließ sich nicht in GKOs reinvestieren. Noch wichtiger, mit Ausnahme der Sberbank, der staatlichen Sparkasse, hatte der Bankensektor GKOs mit geliehenem Geld gekauft. Wegen des Zerfalls der russischen Aktien- und Wertpapiermärkte waren die meisten dieser Banken insolvent, und selbst die wenigen solventen unter ihnen waren unfähig, ihre Kreditlinien zu erneuern – mit der Folge, daß sie nicht nur als Käufer nicht in Betracht kamen, sondern auch einige der von ihnen gehaltenen Anleihen flüssig machen mußten, um Nachschußpflichten zu erfüllen. Ein großer Teil des Kredits kam von ausländischen Banken; und einige von ihnen versuchten, ihre eigenen Positionen flüssig zu machen. Diese Verkaufswellen drückten die russischen, in Dollar denominierten Schulden auf ein Rekordtief. Damit war eine voll ausgereifte Bankenkrise im Gange.

Für gewöhnlich wird eine Bankenkrise von der Zentralbank gezügelt, die interveniert und Liquidität bereitstellt, indem sie etwa Geld zu bewilligten Raten gegen Lombardkredite verleiht; aber in diesem Fall wurde die Zentralbank durch die Bedingungen des IWF-Vertrages daran gehindert. Das machte die Situation so heikel.

Bereits am Freitag, dem 7. August, hatte ich mit Anatoli Tschubais, den ich an seinem Ferienort erreichte, und mit Jegor Gaidar, der während Tschubais Ferien die Regierungsgeschäfte führte, telefoniert. Ich erklärte den beiden, daß die ganze Angelegenheit ziemlich verfahren sei, und erläuterte auch, warum. Die Regierung werde unfähig sein, nach dem September ihre Schulden umzufinanzieren, selbst wenn die zweite Tranche des IWF-Kredits freigegeben würde. Die Lage würde sich noch weiter zuspitzen, denn alles sehe danach aus, daß die ukrainische Regierung mit der Zahlung für einen Kredit von 450 Millionen Dollar, den Nomura Securities arrangiert hatte und der am folgenden Dienstag fällig würde, in Rückstand gerate. Unter diesen Umständen könne ich es nicht verantworten, mich an einem Überbrückungskredit zu beteiligen. Das Risiko des Zahlungsverzuges sei zu groß. Ich sähe, so sagte ich, nur einen Ausweg: Man müsse ein Konsortium zusammenstellen, um im Rahmen einer »public private partnership« den Bedarf der russischen Regierung bis zum Jahresende abzudecken. Die Swjasinvest-Gruppe könne zum Beispiel mit 500 Millionen einsteigen, aber dem privaten Sektor allein sei es nicht möglich, genug Geld aufzubringen. Dann fragte ich, wieviel genau denn benötigt werde. Gaidar antwortete, es fehlten sieben Milliarden US-Dollar. Eine solche Summe setzte voraus, daß Sberbank, die einzige Bank, die große Einlagen des Publikums besaß, ihre Guthaben übertragen konnte. Zu der Zeit war das Publikum noch nicht darauf gekommen, seine Einlagen aus den Banken zurückzuziehen. Das heißt, erwiderte ich, das Konsortium müsse, um das Vertrauen in der Öffentlichkeit wiederherzustellen, mit zehn Milliarden Dollar ausgestattet sein. Die Hälfte werde wohl aus ausländischen Quellen kommen müssen, etwa aus dem Fonds zur Wechselkursstabilisierung, der unter Kontrolle des amerikanischen Finanzministeriums steht, und die andere Hälfte aus dem privaten Sektor. Das Konsortium könne tätig werden, wenn die Freigabe der zweiten Tranche des IWF-Kredits im September erfolge. Es werde dann einjährige

GKOs zeichnen, beginnend mit etwa 35 Prozent (die gegenwärtige Rate liegt bei 90 Prozent). Das Programm solle vorher angekündigt werden, um öffentliche Käufe anzuziehen. Denn es würde sinnvoll erscheinen, bei 35 Prozent zu investieren, wenn ein glaubwürdiges Programm die Rate bis zum Ende des Jahres auf 25 Prozent reduziere. Sollte das zum Erfolg führen, würde tatsächlich nur ein kleiner Teil der zehn Milliarden Dollar benötigt. Es werde Mühe machen, beide Komponenten, die öffentliche und die private, zusammenzubringen, aber ich sei gerne bereit, es zu versuchen. Verständlicherweise nahm Gaidar das freudig zur Kenntnis.

Also rief ich David Lipton an, den für internationale Angelegenheiten verantwortlichen Staatssekretär im US-Finanzministerium. Er war sich des Problems vollkommen bewußt, aber auf den Gedanken, den Fonds für Wechselkursstabilisierung zu nutzen, waren sie dennoch nicht gekommen. Der Kongreß sei mehrheitlich gegen jegliche Art von staatlichen Hilfspaketen. Ich erklärte ihm, daß ich das wisse, aber keine Alternative sähe. Es herrsche Panik, und es liege im nationalen Interesse der Vereinigten Staaten, eine reformfreudige Regierung in Rußland zu unterstützen. Wenn es überhaupt zu privaten Beteiligungen kommen solle, müsse man diese durch politische Hilfspakete schmackhafter machen. Die Russen müßten dann immer noch triftige Gründe auf dem Capitol Hill vorbringen. Es werde auch sehr schwierig, private Mitspieler zu organisieren, weil sie, wie wir auch, Investmentbanker und spekulative Investoren seien, die sich von den Verantwortlichen nicht so leicht heranziehen ließen wie die großen Handelsbanken.

Nur um alle Alternativen zu prüfen, fragte ich Gaidar in einem weiteren Telefongespräch, ob es möglich sei, jene GKO-Inhaber, die eine Auszahlung zur Tilgung wollten, dafür zahlen zu lassen. Er sagte, daß dies den laufenden Kredit der GKOs zerstören würde, womit er natürlich recht hatte.

Ich war davon überzeugt, daß die Regierung ohne meinen Lösungsansatz ihren Verpflichtungen nicht würde nachkommen können, und das hätte schlimme Konsequenzen; und selbst bei Anwendung meines Programms würden die meisten der russischen Banken ausgelöscht. Doch es wäre ja auch ein Fehler, wenn man versuchen wollte, sie zu retten.

Dienstag, 11. August
Rubel (bar) = 6,30
Rubel Termin = 91 %
GKO = 147 %
Prins = 23,92 %
Standard & Poors Index = 1.068,98
Durchschnittsrendite 30jähriger US-amerikanischer Schatzanweisungen = 5,60 %

Am Montag hatte ich wieder kurz mit Lipton gesprochen. Die US-Administration war noch zu keinem Entschluß gelangt. Er versprach, sich im Falle einer Entscheidung umgehend zu melden. Am Dienstag kam es auf dem russischen Finanzmarkt zu einem Kollaps. Der Aktienhandel wurde zeitweilig eingestellt. Regierungsanleihen sanken in ungeahnte Tiefen. Sogar die internationalen Märkte wurden davon berührt. Für das Programm, das ich vorgeschlagen hatte, war es nun zu spät. Nur ein längerfristiges Rettungspaket mit einem Minimum von 15 Milliarden Dollar hätte den Markt noch stabilisieren können, doch von keinem privaten Investor war zu erwarten, daß er in einer solchen Situation Geld bereitstellte. Lipton reiste nach Moskau, ohne vorher mit mir telefoniert zu haben. Gerüchteweise hörte ich, er sei erbost aufgebrochen, ohne konkrete Angebote im Gepäck. Ich beschloß, den folgenden Brief an die ›Financial Times‹ zu schreiben:

»Sir, die Krise des russischen Finanzmarktes hat ihren Gipfel erreicht. Banker und Broker, die gegen Sicherheiten geliehen hatten, konnten die Fälligkeiten nicht einhalten und forcierten die Überschwemmung sowohl des Aktien- wie auch des Anleihenmarktes durch Verkäufe. Der Aktienmarkt mußte zeitweilig geschlossen werden, weil kein Handel getätigt werden konnte; die Preise von Staatsanleihen und Schatzwechseln fielen jäh. Obwohl die Verkäufe zeitweilig absorbiert wurden, besteht die Gefahr, daß die Bevölkerung erneut Einlagen von Sparkonten zurückzieht. Sofortiges Handeln ist erforderlich.

Die Schwierigkeit liegt darin, daß der Eingriff, der nötig wäre, um die Bankenkrise zu beenden, jenen Aktionen zuwiderläuft, die mit dem IWF zur Bewältigung der Haushaltskrise vereinbart wurden. Das IWF-Programm verlangt eine strikte Geld- und Fiskalpolitik, die Bankenkrise dagegen eine Liquiditätsspritze – Erfordernisse, die nicht ohne weitere internationale Hilfe miteinander verbunden werden können. Das IWF-Programm hat darauf gesetzt, daß es Käufer für Staatsanleihen zu einem bestimmten Preis geben würde: Beginne die Regierung damit, Steuern einzutreiben und Ausgaben drastisch zu kürzen, würden die Zinsraten sinken und die Krisensymptome sich entschärfen. Die Annahme war falsch, weil eine Menge der ausstehenden Schulden gegen Kredit gehalten wurden und Kreditlinien sich nicht erneuern ließen. Hier gibt es eine Finanzierungslücke, die geschlossen werden muß. Die Lücke wird noch größer, wenn die Öffentlichkeit Einlagen zurückzieht.

Die beste Lösung wäre, nach einer Entwertung von 15 bis 25 Prozent eine Währungsbehörde zu gründen. Die Entwertung ist notwendig, um den Verfall der Ölpreise zu korrigieren und die Menge der Reserven, die die Währungsbehörde benötigt, zu reduzieren. Es würde auch die Inhaber von in Rubeln denominierten Staatsschulden bestrafen und damit die Anschuldigung, es handle sich um eine Rettungsaktion zugunsten privater Investoren, widerlegen.

Ungefähr 50 Milliarden Dollar wären nötig: 23 Milliarden, um den Geldumlauf zu decken, und 27 Milliarden, um den Fehlbetrag der inländischen Schuldendienste für das nächste Jahr zu decken. Rußland besitzt Reserven von 18 Milliarden Dollar; der IWF hat 17 Milliarden Dollar versprochen. Die G7-Staaten müssen weitere 15 Milliarden Dollar bereitstellen, um eine Währungsbehörde handlungsfähig zu machen. Eine Rettung des Bankensystems stünde nicht auf dem Programm. Mit Ausnahme weniger Institutionen, die öffentliche Einlagen halten, könnte den Banken erlaubt werden, für sich selbst zu sorgen. Die Preise der Staatsanleihen würden sich sofort erholen und die gesünderen Finanzinstitute überleben. Etwa 40 Milliarden Dollar werden von Russen in fremden Währungen gehalten. Durch eine Währungsbehörde könnte man sie dazu bringen, in Rubeln denominierte Staatsanleihen zu attraktiven Renditen zu kaufen. Täten sie dies, müßte der Beistandskredit der G7 nicht in Anspruch genommen werden. Die Senkung der Zinsraten würde der Regierung helfen, ihre fiskalischen Ziele zu erfüllen.

Wenn die G7-Staaten bereit wären, sofort 16 Milliarden Dollar zur Verfügung zu stellen, ließe sich die Situation sogar ohne eine Währungsbehörde stabilisieren, obwohl es länger dauern und der Schaden größer würde. Es wäre auch schwierig, eine begrenzte Währungsanpassung ohne eine Währungsbehörde zu erreichen, weil der Druck zu entwerten erheblich zunähme, so wie in Mexiko im Dezember 1994.

Wenn wir nicht rechtzeitig handeln, steigen die Kosten für die Rettung binnen kurzer Zeit dramatisch. Vor einer Woche hätten sie sich nur auf sieben Milliarden belaufen. Unglücklicherweise erfaßten die Finanzbehörden die Brisanz der Situation nicht. Die Alternativen sind Zahlungseinstellungen oder Hyperinflation. Beides hätte verheerende finanzielle und politische Konsequenzen.«

Donnerstag, 13. August
Rubel (bar) = 6,35
Rubel Termin = 162 %
GKO = 149 %
Prins = 23,67 %
Standard & Poors Index = 1.074,91
Durchschnittsrendite 30jähriger US-amerikanischer Schatzanweisungen = 5,65 %

Nachdem ich meinen Brief an die ›Financial Times‹ geschrieben hatte, schränkte der Stellvertretende Direktor der russischen Zentralbank die Konvertibilität des Rubel ein. Das hatte katastrophale Folgen für den russischen Markt: Die Kurse eröffneten 15 Prozent niedriger und erholten sich auch nicht wieder. Mein Brief fand rege Aufmerksamkeit, aber das allgemeine Augenmerk richtete sich auf die von mir angeregte Entwertung, nicht auf die vorgeschlagene Währungsbehörde. Dies war einer der Faktoren, die den sogenannten Schwarzen Donnerstag herbeiführten. Ich sah mich zu einer weiteren Stellungnahme genötigt: »Der Tumult auf den russischen Finanzmärkten wurde nicht durch das verursacht, was ich gesagt oder getan habe. Wir spekulieren nicht mit dem Rubel und haben auch nicht die Absicht, die Währung fallen zu lassen. Tatsächlich würde unser Portfolio durch jegliche Entwertung geschädigt. Mit meinem Brief an die ›Financial Times‹ wollte ich lediglich die G7-Staaten aufwecken. Denn selbst wenn die russische Regierung alles in ihrer Macht Stehende tut, um mit der Situation fertig zu werden, kann sie ohne weitere Hilfe von außen nicht erfolgreich sein.«

Freitag, 14. August
Rubel (bar) = 6,35
Rubel Termin = 162,7 %
GKO = 172 %
Prins = 23,01 %
Standard & Poors Index = 1.062,75
Durchschnittsrendite 30jähriger US-amerikanischer Schatzanweisungen = 5,54 %

An diesem Tag sprach ich mit Finanzminister Rubin und betonte, wie angespannt die Lage sei. Er war sich dessen vollkommen bewußt, aber seine Ansicht wurde von den anderen G7-Vertretern nicht geteilt, von denen die meisten unerreichbar an irgendwelchen Urlaubsorten weilten. Als Senator Mitch McConnell Kontakt zu mir aufnahm, drängte ich ihn, Rubin anzurufen, um ihm die Hilfe der Republikaner zuzusichern. Später meldete sich noch Kirijenko bei mir. Er suche noch immer nach einem Überbrückungskredit in Höhe von 500 Millionen Dollar, alle Anstrengungen seien vergeblich gewesen. Ich bot an, nach Moskau zu fliegen, um, falls das helfen würde, die Hauptfragen zu diskutieren.

Sonntag, 16. August
Rubel (bar) = 6,35
Rubel Termin = 162,7 %
GKO = 172 %
Prins = 23,01 %
Standard & Poors Index = 1.062,75
Durchschnittsrendite 30jähriger US-amerikanischer Schatzanweisungen = 5,54 %

Fast das ganze Wochenende war ich in Rußland. Dem Radiosender Echo Moskau gab ich ein Interview, in dem ich meine Position erläuterte, und meine Stellungnahme wurde im russischen Fernsehen verlesen. Ich hoffte, den Eindruck zu entkräften, daß ich zur Abwertung geraten habe und von ihr in irgendeiner Weise profitieren wolle. Bevor ich einen Artikel verfaßte, in dem ich erneut eine Währungsbehörde empfahl, hatte ich mehrere lange Gespräche mit Gaidar geführt. Er erzählte mir, daß er mit Larry Summers, dem Stellvertretenden US-Finanzminister, gesprochen habe und keine Hilfe zu erwarten sei. Rußland war gezwungen, einseitig zu handeln. Ich sagte, mein Artikel sei damit eigentlich überholt, doch Gaidar drängte mich, ihn dennoch zu veröffentlichen. Was ich nicht tat.

Donnerstag, 20. August
Rubel (bar) = 6,8
Rubel Termin = 305 %
GKO[29] = –
Prins = 29,41 %

Standard & Poors Index = 1.101,2
Durchschnittsrendite 30jähriger US-amerikanischer Schatzanweisungen = 5,56 %

Am Montag war die Hölle losgebrochen. Rußland verhängte ein Moratorium und erweiterte den Handelsrahmen für den Rubel, der dabei bis zu 35 Prozent abgewertet wurde. Noch schlimmer war, daß russische Banken ihre Auslandsverpflichtungen nicht erfüllen durften. Das schuf Chaos unter den Haltern der Anleihen, die die russischen Wertpapiere zu jedem Preis verschleuderten. David Lipton bat mich telefonisch um eine Erklärung und schlug vor, ich solle ein Memorandum verfassen.

Worauf ich hinauswollte war, daß mir eine konstruktive Lösung für die Rußlandkrise noch nicht zu spät schien. Ich schrieb: »Die G7 sollte die harte Währung zur Verfügung stellen, die für die Schaffung einer Währungsbehörde nötig ist, *vorausgesetzt*, die Duma verabschiedet die notwendigen Gesetze, um die Bedingungen des IWF zu erfüllen. Es gibt zwei Möglichkeiten: Die Duma kann zustimmen oder das Angebot zurückweisen. Im ersten Fall könnten der Wert des Rubel wiederhergestellt, die Rubelschulden in einer ordentlichen Art und Weise restrukturiert und die Strukturreformen (Unternehmen, die keine Steuern zahlen, zum Bankrott zwingen usw.) durchgeführt werden. Die meisten russischen Banken würden pleite machen und die internationalen Banken und Fonds, die Verträge mit diesen Banken haben, Verluste erleiden; doch die russischen Staatsanleihen gewännen wieder an Wert, ließen die besseren Banken überleben und fingen die Krise auf. Andernfalls wird das Debakel andauern und die ganze Last auf die Duma fallen; Jelzin könnte sie auflösen, Wahlen ausrufen und Reformen einführen. Hätten sie Erfolg, würden sie von der Wählerschaft sicher gutgeheißen. Und selbst wenn sich Jelzin der Lage nicht gewachsen zeigt oder die Reformen scheitern, hätten wir getan, was wir konnten. Kurz, wir müssen die Flamme der Reform in Rußland am Brennen halten. Es ist eine sehr riskante Strategie, aber nichts zu tun, wäre ein noch höheres Risiko.«

Samstag, 22. August
Rubel (bar) = 7,15
Rubel Termin = 443 %
GKO = –
Prins = 36,05 %
Standard & Poors Index = 1.081,18
Durchschnittsrendite 30jähriger US-amerikanischer Schatzanweisungen = 5,43 %

Die internationalen Märkte waren inzwischen von der Rußlandkrise stark in Mitleidenschaft gezogen worden. So fiel der deutsche Aktienmarkt bereits am Freitag um sechs Prozent. Ich fand es erstaunlich, daß es so lange gedauert hatte, bis es denen dämmerte. Der amerikanische Aktienmarkt bildete einen sehr guten zwischenzeitlichen Boden aus, und mein Partner und ich waren Käufer von Aktien und Verkäufer von Verkaufsoptionen. Nebenbei gesagt, während der gesamten Periode dieses Realzeit-Experiments handelten wir überhaupt keine russischen Wertpapiere.
Ich versuchte meine Idee einer Währungsbehörde jedem nahezubringen, der bereit war zuzuhören, aber umsonst. Es hätte Rußland geholfen. Unter diesen Umständen jedoch konnte die Duma die Gesetze nicht verabschieden und der IWF die zweite Tranche des Pakets nicht auszahlen. Wenn nicht in absehbarer Zukunft mehr Geld aus dem Ausland kommen würde, so dachte ich, müsse Jelzin die gegenwärtige Regierung davonjagen und eine neue Quelle der Unterstützung suchen. Aber wo? Die Oligarchen waren tödlich geschwächt. Nur Gazprom und ein paar der Ölfirmen blieben. Würde wieder Tschernomyrdin die Aufgabe zufallen? Zumindest trachtete er danach. Wie auch immer, keine Führung kann Erfolg haben, sagte ich mir, solange der politische Wille, die strukturellen Fehler auszuräumen, fehlt. Der Niedergang hat ein offenes Ende.

Sonntag, 23. August
Rubel (bar) = 7,15
Rubel Termin = 444 %
GKO = –
Prins = 36,05 %
Standard & Poors Index = 1.081,18
Durchschnittsrendite 30jähriger US-amerikanischer Schatzanweisungen = 5,43 %

Jelzin entließ die Regierung und ernannte Tschernomyrdin. Nun konnte ich nichts mehr vorhersagen.

Mittwoch, 26. August
Rubel (bar) = 10,00
Rubel Termin = 458 %
GKO = –
Prins = 42,83 %
Standard & Poors Index = 1.084,19
Durchschnittsrendite 30jähriger US-amerikanischer Schatzanweisungen = 5,42 %

Es gibt keine Grenze dafür, wie weit eine Krise gehen kann. Die Auflösung des russischen Bankensystems geht in einer vollkommen ungeregelten Weise vor sich. Banken setzten Zahlungen aus, und das Publikum ist verängstigt. Die Bedingungen des Angebotes zur GKO-Umwandlung waren angekündigt und zuerst auch recht gut aufgenommen worden, doch der Rubel befand sich im freien Fall, was dieses Angebot praktisch wertlos machte. Das internationale Finanzsystem erlebt eine Erschütterung nach der anderen. Es mögen 75 bis 100 Milliarden Dollar an Währungskontrakten ausstehen, und es ist unklar, welche von ihnen noch erfüllt werden. Eine Ratingagentur ließ Deutschlands größte Handelsbank herabstufen. Es kam ein gewisses Element von Kreditrisiko in internationale Swapgeschäfte zwischen Banken. Europäische und amerikanische Aktienmärkte haben gebebt, fanden ihre Fassung allerdings relativ schnell wieder. Doch die russische Krise ist endgültig, mit unkalkulierbaren politischen und gesellschaftlichen Konsequenzen.

Die geschilderten Ereignisse bieten eine praktische und ziemlich unheimliche Illustration dessen, worauf ich auf einem abstrakteren Weg in diesem Buch hinaus will. Was ich daran so unheimlich finde ist, daß eine Verschärfung der Krise nicht verhindert werden konnte – obwohl es in der amerikanischen Notenbank ein exzellentes Team gibt und Rußland die beste Regierung seiner kurzen postsowjetischen Geschichte hatte. Auch mit meiner eigenen Rolle bin ich nicht sonderlich glücklich.

Ich war mir vollkommen darüber im klaren, daß das System des Raubkapitalismus ein ungesundes und unhaltbares ist, und ich habe das auch laut genug geäußert; gleichwohl ließ ich mich in den Swjasinvest-Handel hineinziehen. Ich hatte zwar gute Gründe, aber dennoch war das Geschäft ein Fehler, ja sogar die schlechteste Investition in meiner beruflichen Karriere. Als ich im Oktober 1997 durch Rußland reiste, war ich schockiert von der Unverantwortlichkeit ausländischer Investoren, die riesige Geldmengen an russische Stadtverwaltungen verliehen haben, die es dann nicht gut investierten. Aber ich nahm noch nicht Reißaus. Rußland bei dem Versuch geholfen zu haben, eine offene Gesellschaft zu werden, ist mir mißlungen, doch ich habe getan, was ich konnte. Als Investor bedaure ich mein Tun allerdings sehr wohl. Wieder einmal ist mir klargeworden, wie schwierig es ist, Geschäft und Politik miteinander zu vereinbaren.

Die Zukunft vorhersagen

An diesem Punkt wende ich mich nun größeren, weltweiten Boom/Bust-Prozessen zu. Ich werde die Uhr anhalten und bestimmte Ereignisse als Zukunft behandeln, obwohl sie sich bereits entwickeln, während dieses Buch entsteht. In gewisser Weise beginne ich da ein weiteres Realzeit-Experiment. Ich werde meine Geschichtstheorie erproben und vorherzusagen versuchen, was vor uns liegt; die Ereignisse entscheiden dann, je nach dem, wie sie sich ausformen, über den Wert meiner Vorhersagen. Es wird kein wissenschaftlicher Test sein, weil ich mein Boom/Bust-Modell modifizieren muß, um es der aktuellen Situation anzupassen. Und überhaupt hat ein solcher Versuch, die Zukunft zu deuten, mehr mit Alchimie zu tun als mit Wissenschaft.

Bis vor kurzem glaubte ich, wir befänden uns in Phase drei einer Boom/Bust-Folge, nämlich in einem ernsten Test. Sofern das globale kapitalistische System den Test bestünde, müßte es eigentlich in eine Periode der Beschleunigung eintreten, die es in einen Bereich jenseits des Gleichgewichts führen würde. Bestünde es den Test nicht, würde es sich dem Augenblick der Wahrheit gegenübersehen. Aber mit diesem Interpretationsmuster läßt sich die gegenwärtige Situation nicht fassen. Noch am 16. August ging ich davon aus, die Krise in Rußland brächte den Augenblick der Wahrheit. Sie würde eine Periode der Dämmerung einleiten, gefolgt von einem Kreuzungspunkt und einer fatalen Beschleunigung des Abwärtstrends. Wir scheinen jedoch schon viel weiter zu sein. Heute meine ich, daß die Rußlandkrise den Kreuzungspunkt darstellt, an dem ein Trend, der seine Richtung bereits geändert hat, durch die Umkehrung des dominierenden Vorurteils verstärkt wird – was letztlich einen katastrophalen Kollaps bewirkt. Die Zeit seit der thailändischen Krise ließe sich als Dämmerungsperiode interpretieren, während der die Menschen wie gewohnt handelten, allerdings mit dem unguten Gefühl, irgend etwas laufe furchtbar schief. Doch wann sollte der Augenblick der Wahrheit gewesen sein? Außerdem würde die neue Interpretation auf einen bevorstehenden Kollaps auf den Finanzmärkten im Zentrum hindeuten, was sich als falsch herausstellen könnte.

Am 1. September erreichten die Aktienmärkte einen vorläufigen

Tiefstand mit riesigem Volumen und wurden am Ende der Woche dieser Prüfung in geringerem Ausmaß noch einmal unterzogen. Ich glaube, das war ein irreführender Tiefstand; auf dem Markt herrscht eine Baisse, und die Aktienpreise werden noch viel weiter fallen. Die Baisse oder Bustperiode zieht sich womöglich länger hin, als es das Boom/Bust-Modell, mit dem ich arbeite, anzeigen kann. Ich sehe daher die Notwendigkeit, ein neues Modell zu entwickeln, und ich sage das lieber so deutlich, als alte Fehler stillschweigend zu wiederholen. (Es freut mich sogar, daß die Ereignisse nicht genau in das von mir entwickelte Boom/Bust-Modell passen, weil es mich ärgert, daß ich die Geschichte in ein festes Muster gezwungen habe.) Der neuralgische Punkt scheint mir das Verhältnis von Zentrum und Peripherie im kapitalistischen Weltsystem zu sein. Hier findet sich womöglich eine Erklärung, warum der Prozeß des Zerfalls viel länger dauern kann als ursprünglich angenommen und warum er zu verschiedenen Zeiten in verschiedenen Bereichen auftritt. Kurzum, ich möchte eine neue Hypothese über die dynamische Struktur des gegenwärtigen Debakels präsentieren.

Während der mexikanischen Krise von 1994/95 wurde das kapitalistische Weltsystem ernsthaft auf die Probe gestellt, aber es überlebte den sogenannten Tequila-Effekt und ging sogar gestärkt daraus hervor. Das ist der Punkt, an dem die Periode der Beschleunigung eintrat und der Boom zunehmend ungesund wurde. Daß die Inhaber mexikanischer Schatzwechsel aus der Krise unbeschadet hervorgingen, lieferte den Spekulanten mit russischen Schatzwechseln ein schlechtes Beispiel. Der Wendepunkt kam mit der thailändischen Krise vom Juli 1997. Sie kehrte die Richtung der Kapitalflüsse um. Kaum jemand erkannte den Ernst der Lage, und auch ich hatte eher einen Test erwartet, ähnlich der mexikanischen Krise von 1994/95, als einen Umschwung von dieser Endgültigkeit.

Zunächst kam der Umschwung den Finanzmärkten im Zentrum zugute, aus Gründen, die ich schon erklärt habe. Der Schwung des Zentrums brachte auch der Peripherie Hoffnung. Die asiatischen

Aktienmärkte machten – in lokalen Währungseinheiten gerechnet – fast genau die Hälfte ihrer Verluste wieder wett, bevor sie erneut an Boden verloren. Dies könnte als Dämmerungsperiode interpretiert werden. Schließlich brachen die Finanzmärkte im Zentrum unter dem Bust ebenfalls zusammen. Die Erosion begann langsam, und der Kapitalfluß in Investmentfonds blieb positiv, aber die Krise in Rußland führte rasch zu einem Verkaufshöhepunkt, der einige, wenngleich nicht alle Merkmale eines Tiefstands aufwies. Ich glaube, daß es ein irreführender Tiefstand war, wie der, den die asiatischen Aktienmärkte Anfang 1998 produzierten. Außerdem erwarte ich einen Wiederanstieg bis zu 50 Prozent, doch möchte ich nicht ausschließen, daß es bereits vor der Trendumkehr zu einer weiteren Verschlechterung kommt. Schließlich werden die Märkte noch viel tiefer fallen, und das wiederum wird zu einer globalen Rezession führen. Mehr noch: Der Zerfall des kapitalistischen Weltsystems erlaubt keine Erholung, die Rezession wird deshalb in eine Depression übergehen.

Drei Gründe lassen mich daran zweifeln, daß der Tiefstand schon erreicht ist. Erstens hat die Rußlandkrise bislang übersehene Mängel im internationalen Bankensystem offengelegt. Banken beteiligen sich im Geschäft untereinander und mit ihren Kunden an Swaps, Termingeschäften und am Derivatenhandel. Diese Transaktionen tauchen in den Bilanzen der Banken nicht auf.

Als die russischen Banken unter ihren Verpflichtungen zusammenbrachen, handelten westliche Banken weiter auf eigene Rechnung und auf die ihrer Kunden. Hedgefonds und andere spekulative Investoren erlitten ebenfalls große Verluste. Nun versuchen die Banken verzweifelt, ihre offenen Positionen zu begrenzen, Schulden abzubauen und das Risiko zu minimieren. Ihre eigenen Aktien sind gefallen, und eine globale Kreditklemme bahnt sich an.[30]

Zweitens wurde die Angst an der Peripherie so stark, daß einzelne Länder damit begonnen haben, aus dem kapitalistischen Weltsystem auszusteigen, wenn sie nicht ohnehin schon auf der Strecke geblieben sind. Zuerst erlitt Indonesien, dann Rußland einen nahezu vollständigen Zusammenbruch. Und was in Malaysia, in geringerem Maß auch in Hongkong geschah, ist in gewisser Weise sogar noch verhängnisvoller. Der Kollaps von Indonesien und Rußland war eine unbeabsichtigte Nebenfolge, Malaysia schloß sich bewußt von internationalen Kapitalmärkten aus. Diese Politik brachte der malaysischen Wirtschaft zeitweilige Erholung und erlaubte den politischen Führern dort, sich an der Macht zu halten; aber weil sie zugleich eine allgemeine Kapitalflucht aus der Peripherie vorantrieb, traf das Geschehen auch jene Länder, die versuchten, ihre Märkte offenzuhalten. Sollte dies Malaysia im Vergleich zu seinen Nachbarn relativ gut darstehen lassen, könnte eine solche Politik leicht Nachahmer finden.

Der dritte Hauptfaktor, der eine Selbstzerstörung des kapitalistischen Weltsystems nahelegt, ist die offensichtliche Unfähigkeit der internationalen Finanzfachleute, es zusammenzuhalten. Die IWF-Programme scheinen nicht zu funktionieren, und dem IWF ist ohnehin das Geld ausgegangen. Darüber hinaus sind die Finanzmärkte überaus seltsam: Sie wehren sich zwar gegen jegliche Regierungseinmischung, aber ganz im verborgenen hegen sie doch den Glauben, daß die Behörden einspringen, falls es wirklich hart auf hart kommt. Dieser Glaube ist nun erschüttert worden.[31]

Vor dem Hintergrund dieser drei Faktoren glaube ich, daß wir den Kreuzungspunkt hinter uns gelassen haben und die Trendwende durch eine Umkehrung des herrschenden Vorurteils verstärkt wird. Wie sich die Dinge weiterentwickeln, hängt zum großen Teil von der Antwort des Bankensystems, der investierenden Öffentlichkeit und der Fachleute im Zentrum ab. Das Spektrum der Möglichkeiten liegt zwischen einem wasserfallartigen Zusammenbruch der Aktienmärkte und einem eher schleichenden Prozeß des Niedergangs.

Letzeres ist meiner Meinung nach wahrscheinlicher. Die Erschütterung der internationalen Finanzmärkte wird wohl nachlassen, die forcierte Liquidierung von Vermögen absorbiert. Eine der größten Spannungsquellen, die Stärke des Dollar und die Schwäche des Yen, ist schon korrigiert worden. Hongkong, eine andere Schwachstelle, scheint einen Weg gefunden zu haben, die Kontrolle über das eigene Schicksal wiederzugewinnen. Rußland ist abgeschrieben. Eine Senkung der Zinsraten steht in Aussicht. Die Aktien sind tief genug gefallen, so daß viele von ihnen wieder attraktiv erscheinen. Das Publikum hat gelernt, daß es sich auszahlt, niedrige Werte auf einem Boommarkt zu kaufen, und es dauert eine Weile, bis das Publikum spitzkriegt, daß Boommärkte nicht ewig Boommärkte bleiben. All das trägt meines Erachtens dazu bei, daß die drei wichtigsten negativen Kräfte erst mit zeitlicher Verzögerung spürbar werden.

Auf die falsche Morgenröte wird ein ausgedehnter Baisse-Markt folgen, wie in den dreißiger Jahren oder gegenwärtig in Asien. Das Publikum wird aufhören, niedrige Werte zu kaufen, und sich von den Aktien weg hin zu Geldmarktfonds oder Schatzwechseln bewegen. Der Wohlstandseffekt wird seinen Tribut fordern, und die Konsumentennachfrage wird sinken. Auch der Bedarf an Investments wird aus einer Reihe von Gründen zurückgehen: Die Profite stehen unter Druck, die Importe steigen, die Exporte fallen, und die Kapitalversorgung für die weniger gut etablierten Unternehmen und für den Immobilienhandel ist ausgetrocknet. Die Senkung der Zinsraten wird den Verfall der Märkte abfedern, und die Wirtschaft könnte sich schließlich sogar erholen, wenn nur das kapitalistische Weltsystem zusammenhält. Doch sein Auseinanderfallen wird immer wahrscheinlicher. Falls und sobald das Wachstum der amerikanischen Binnenwirtschaft sich verlangsamt, wird auch die Bereitschaft abnehmen, ein großes Handelsdefizit zu tolerieren, und das könnte den freien Handel erheblich gefährden.

Früher dachte ich, die Asienkrise werde zu einem ultimativen Triumph des Kapitalismus führen: Multinationale Konzerne träten an die Stelle chinesischer Familienclans, und das asiatische Modell würde dem kapitalistischen Weltmodell angepaßt. Das kann natürlich immer noch passieren, aber naheliegender ist, daß die Länder an der Peripherie nach und nach aus dem System aussteigen, weil ihre Aussichten, Kapital aus dem Zentrum anzulocken, schwinden. Banken und Portfolio-Investoren haben ernsthafte Verluste erlitten, und es wird weitere geben. Rußland wird wahrscheinlich seinen Dollarverpflichtungen nicht nachkommen, und auch in Indonesien wird man Verluste anerkennen müssen. Anteilseigner bestrafen ihre Banken für deren offene Positionen in der Peripherie und erhöhen ihre Beteiligungen nicht. Nur durch gemeinsame Schritte der Regierungen ließe sich Geld in die Peripherie pumpen, aber für eine internationale Zusammenarbeit gibt es keine Anzeichen.

Die Abfolge von Ereignissen, die ich beschreibe, unterscheidet sich vom ursprünglichen Boom/Bust-Modell hauptsächlich in Länge und Komplexität der Bustperiode. Die Boomphase war durch die sich selbst verstärkende Interaktion von Vorurteil und Trend gekennzeichnet. Während der mexikanischen Krise von 1994/95 und der anschließenden Periode der Beschleunigung wurde sie erfolgreich auf die Probe gestellt. Es ist die Bustphase, die ungewöhnlich ist, weil sie in zwei Phasen zerfällt. In der ersten Phase boomten im Zentrum die Aktienmärkte weiter und profitierten davon, daß es keine Zinserhöhung gab und daß die Fondsgelder aus der Peripherie zurückflossen. In der zweiten Phase dann, wie wir sie jetzt erleben, befinden sich Zentrum und Peripherie in vollkommener Kontraktion, und sie verstärken ihren Niedergang wechselseitig. Bustphasen sind in der Regel ein komprimiertes Geschehen; die gegenwärtige jedoch ist ziemlich ausgedehnt und tritt zu verschiedenen Zeiten und in verschiedenen Teilen des Systems auf. Als diese Phase an der Peripherie begann, war sie noch ziemlich kompakt – wir wissen heute noch nicht, welche Gestalt sie im Zentrum annehmen wird. Die Dauer des Bust zeugt von der Komplexität des kapitalistischen Weltsystems.

Es war offensichtlich, daß die Unausgeglichenheit von Zentrum und Peripherie in der ersten Phase des Bust nicht aufgefangen werden konnte. Entweder mußte das Zentrum zusammenbrechen, bevor sich die Peripherie erholte, oder umgekehrt. Die erste Möglichkeit war wahrscheinlicher, aber nicht sicher. Das russische Debakel entschied diese Frage. Wie im Fall von Thailand war der Einfluß Rußlands größer, als die meisten Leute erwartet hatten, mich selbst eingeschlossen. Meine Sicht war skeptisch genug, doch ich verstand erst, welche Auswirkungen die Ereignisse in Rußland auf Swaps, Derivate und den Handel zwischen Banken haben würden, als sie tatsächlich spürbar waren.

Mein ursprüngliches Boom/Bust-Modell hat acht Stufen. Stufe vier ist der Augenblick der Wahrheit und Stufe fünf die Zwielichtperiode. Es ist nicht klar, wie diese Stufen in jenes Modell passen, das ich hier für das kapitalistische Weltsystem formuliert habe. Man kann argumentieren, daß die Zeit zwischen der thailändischen Krise im Juli 1997 und der russischen Talfahrt im August 1998 die Zwielichtperiode gewesen sei. Aber wann hätte es dann den Augenblick der Wahrheit gegeben? Es wird das beste sein, nicht auf einer Antwort zu bestehen. Modelle sollten nicht zu wörtlich genommen werden: Im Lauf der Geschichte ist nichts vorherbestimmt. Jede Abfolge ist einzigartig. Das Sowjetsystem erlebte den Augenblick der Wahrheit, als Chruschtschow seine Rede auf dem XX. Parteitag der Kommunistischen Partei hielt. Das kapitalistische System hingegen erlebt womöglich ein ganz anderes Phänomen: eine falsche Morgenröte, die unseren Sinn für Gefahr einlullt und den nächsten sogenannten externen Schock seinen Tribut fordern läßt.

Der Zusammenbruch des kapitalistischen Weltsystems könnte durch die Intervention der internationalen Finanzinstitutionen jederzeit verhindert werden. Pessimistisch stimmt jedoch, wie eingangs bereits gesagt, daß die G7-Staaten gerade versäumt haben, in Rußland einzugreifen. Nur die Konsequenzen dieses Versäumnisses könnten noch als Weckruf dienen, wodurch die Krise in Rußland zum Augenblick der Wahrheit würde. Wie auch immer, wir müssen dringend das kapitalistische Weltsystem überdenken und reformieren. Das Szenario in Rußland hat gezeigt: Probleme lassen sich um so schwerer handhaben, je länger sie gären dürfen.

8. Wie läßt sich der Kollaps verhindern?

Wie bei jeder Finanzkrise suchen die Menschen auch gegenwärtig nach Triebfeder und Motor der unerfreulichen Entwicklung, aber der Horizont der öffentlichen Debatte ist viel zu eng. Sie konzentriert sich darauf, die Überwachung der Banken zu verbessern und sicherzustellen, daß von jedem Land ausreichende und genaue Daten vorliegen. Transparenz und Information sind die Zauberworte. Auch wird darüber gestritten, ob der IWF seine Ansichten über die Lage einzelner Länder öffentlich darlegen soll oder ob Hedgefonds und kurzfristiger Kapitalverkehr nicht eigentlich reguliert werden müßten.[32] Doch trotz all dieser Diskussionen hat sich an den bestehenden Lehrmeinungen darüber, wie Finanzmärkte funktionieren, nichts Wesentliches geändert. Nach wie vor geht man davon aus, daß die Märkte auf sich selbst achtgeben können, wenn nur vollständig informiert werde; deshalb bestehe die Hauptaufgabe darin, die notwendigen Informationen zugänglich zu machen und jede Einmischung in den Marktmechanismus zu vermeiden. Oberstes Ziel sei weiterhin, Marktdisziplin zu schaffen.

Ich bin da, man ahnt es schon, ganz anderer Meinung: Wir müssen endlich einsehen, daß Finanzmärkte instabil sind. Marktdisziplin zu schaffen heißt, Instabilität zu schaffen. Und wieviel Instabilität können Gesellschaften ertragen? Marktdisziplin muß durch eine weitere Disziplin ergänzt werden: Es sollte ausdrückliches Ziel der Politik sein, die Finanzmärkte so weit wie möglich zu stabilisieren. Wir stehen vor der Entscheidung, ob wir die weltweiten Finanzmärkte international regulieren wollen oder ob wir es jedem Land selbst überlassen, seine Interessen zu schützen. Wählen wir den zweiten Weg, so wird das mit Sicherheit zum Zusammenbruch des gigantischen Kreislaufs führen, der unter dem Namen kapitalistisches Weltsystem firmiert. Dennoch sind souveräne Staaten wichtige Ventile innerhalb des Systems. Sie werden sich zwar nicht dem Zufluß von Kapital widersetzen, aber sie können unter bestimmten Voraussetzungen den Abfluß verhindern.

Rettungsmaßnahmen

Nichts ist dringlicher, als den Rückfluß von Kapital zu stoppen. Dies würde die Peripherie dauerhaft an das kapitalistische Weltsystem binden, was wiederum die Finanzmärkte im Zentrum beruhigen und die folgende Rezession dämpfen könnte. Es ist richtig, die Zinsraten in den Vereinigten Staaten zu senken, aber allein damit läßt sich der Abfluß von der Peripherie nicht verhindern. Liquidität muß auf direktem Wege in die Peripherie gepumpt werden. Und das schnell, weil Brasilien immer noch unter der Flucht auswärtigen wie inländischen Kapitals leidet und mit den jetzigen aberwitzigen Zinsraten nicht mehr lange überleben kann. Die Zinsraten in Korea und Thailand sind gesunken, aber die Risikoprämie auf die Auslandsschulden *aller* Peripherieländer bleibt untragbar.

In einem Artikel, den die ›Financial Times‹ im Dezember 1997 veröffentlicht hat, schlug ich die Schaffung einer Internationalen Kreditversicherungsgesellschaft vor.[33] Der Vorschlag kam zu früh, weil der Rückfluß von Kapital zu diesem Zeitpunkt noch kein wirklich feststehender Trend war. Da auf die koreanische Liquiditätskrise Ende 1997 eine falsche Aufbruchsstimmung folgte, die bis April 1998 anhielt, ging mein Anliegen damals unter. Doch nun, denke ich, ist seine Zeit gekommen.

Präsident Clinton und Finanzminister Robert E. Rubin haben über die Notwendigkeit gesprochen, einen Fonds zu gründen, der es Peripherieländern mit einer gesunden Wirtschaftspolitik ermöglichen würde, erneut Zugang zu den internationalen Finanzmärkten zu erhalten. Sie nannten eine Summe von 150 Milliarden Dollar, und obwohl sie dies so deutlich nicht gesagt haben, vermute ich, sie haben im Sinn, ihn mit einer neuen Ausgabe von Sonderziehungsrechten (Special Drawing Rights) zu finanzieren.[34] Auf dem Jahrestreffen des IWF fand ihre Initiative nicht viel Unterstützung, und dennoch glaube ich, daß wir genau eine solche Maßnahme brauchen. Ländern wie Korea, Thailand und Brasilien könnten Kreditgarantien gewährt werden, und das hätte einen unmittelbaren Beruhigungseffekt auf die internationalen Finanzmärkte. Weil er Liquidität in die Peripherie schaffen will, könnte der Vorschlag der Vereinigten Staaten einer vorschnellen Zinssenkung im Zentrum vorbeugen, was die Weltwirtschaft in ein stabileres Gleichgewicht brächte.

Dem IWF ist es mit seinen Programmen in Thailand und Korea nicht gelungen, zu den erwünschten Resultaten zu gelangen, weil keine Umwandlung von Schulden in Eigenkapital vorgesehen war. Die äußere Balance dieser Länder wurde auf Kosten eines starken Rückgangs der Inlandsnachfrage wiederhergestellt, aber die Bilanzen sowohl der Banken als auch der Unternehmen verschlechtern sich weiter. Wie die Dinge stehen, sind die Länder nun für längere Zeit einer Depression ausgesetzt. Ein Programm zur Umwandlung von Schulden in Eigenkapital dagegen könnte ihnen und der einheimischen Ökonomie neuen Schwung geben; die internationalen Kreditgeber jedoch würde es zwingen, Verluste zu akzeptieren und abzuschreiben. Sie würden die Kredite nicht ausweiten wollen und könnten es auch gar nicht, und damit wäre es unmöglich, ein solches Programm einzuführen, ohne eine andere Quelle für internationale Kredite aufzutun. Das ist der Punkt, an dem die internationale Kreditgarantie ins Spiel käme. Sie würde die Kosten für die Kreditaufnahme bedeutend reduzieren und die betroffenen Länder befähigen, die Inlandsnachfrage auf einem höheren Level zu finanzieren, als sie es gegenwärtig können. Das würde nicht nur den jeweiligen Ländern helfen, sondern auch der Weltökonomie. Es würde eine Belohnung dafür bieten, zum kapitalistischen Weltsystem zu gehören, und von einem Abfallen nach malaysischem Vorbild abhalten.

Der Fall Brasilien ist wesentlich komplizierter. Nachdem der Kongreß der Vereinigten Staaten die Kapitalerhöhung zögernd gebilligt hat, wird der IWF in der Lage sein, für Brasilien ein Rettungspaket zusammenzustellen. Das Paket müßte recht umfangreich sein, um die Märkte zu beruhigen: Für den Anfang wird an 30 Milliarden Dollar aus öffentlichen Quellen gedacht. Die Summe soll durch eine Bürgschaft von Handelsbanken ergänzt werden, um deren Kreditlinien zu halten. Unnötig zu sagen, daß Brasilien radikale Maßnahmen ergreifen müßte, um das Steuerdefizit abzubauen. Und selbst wenn das gelingen sollte, besteht noch die Gefahr, daß das Programm scheitert. Denn während das Paket Brasiliens ausländische Refinanzierungsbedürfnisse absichert, würde es nicht garantieren, daß inländische Zinsraten deutlich reduziert werden können, ohne die Kapitalflucht wiederzubeleben. Bei gegenwärtigen Zinsraten von 40 Prozent würde die Refinanzierung der Inlandsschulden ungefähr sechs Prozent zum Budgetdefizit hinzufügen, und das wäre gewichtiger als jede Möglichkeit, den Gürtel enger zu schnallen. Was die Situation so kompliziert macht ist, daß das Kreditgarantieschema nicht dazu da ist, die Inlandsschulden zu refinanzieren.

Gleichwohl würde sich der Umstand, daß internationale Kredite zu bekommen sind, indirekt auf die Zinsraten im Inland auswirken, was zwischen Scheitern und Erfolg entscheiden könnte. Gegenwärtig sind die europäischen Zentralbanker vehement gegen eine Ausgabe von Sonderziehungsrechten, nicht zuletzt wegen der inflationären Folgen dieser Maßnahme. Aber Sonderziehungsrechte würden, sind sie doch für Kreditgarantien reserviert, gar keinen zusätzlichen Geldumlauf schaffen; wenn sie jemals ausgezahlt würden, stopften sie vor allem durch Zahlungseinstellung verursachte Löcher. Um es ganz deutlich zu sagen: Die Ablehnung von

Sonderziehungsrechten hat eindeutig ideologische Gründe. Doch nach den Wahlen in Deutschland sind nun überall in Europa Regierungen links von der Mitte an der Macht, und sie werden sich einem Kreditgarantieprogramm vermutlich zugänglicher zeigen, besonders wenn die Erholung wichtiger Exportmärkte davon abhängt. Japan wird ein solches Programm wahrscheinlich so lange unterstützen, wie es Asien ebenso abdeckt wie Lateinamerika. Auf diesem Weg würde der IWF Erfahrungen mit der Ausgabe von Kreditgarantien sammeln, die letztlich auch einer institutionellen Regelung zugute kommen könnten. Das, so glaube ich, würde den Eckstein für die »neue Architektur« bilden, von der alle sprechen.

Langfristige Reformen

Die Unzulänglichkeiten der gegenwärtigen institutionellen Architektur traten besonders deutlich zutage während der weltweiten Finanzkrise, die in Thailand ihren Ausgang nahm. Ein Manko war das Fehlen einer angemessenen länderübergreifenden Überwachungs- und Regulierungsbehörde. Die Bank für Internationalen Zahlungsausgleich (BIS) führte einen Standard für das Kapitalverhältnis von internationalen Handelsbanken ein, die Überwachung jedoch war den Zentralbanken der einzelnen Länder überlassen. Ihre Ausführung ließ einiges zu wünschen übrig. Um nur ein Beispiel zu nennen: Die koreanische Zentralbank verlangte, daß alle Kredite mit Laufzeiten von mehr als einem Jahr registriert werden. Als Antwort darauf wurden die meisten Kreditverträge mit kürzerer Laufzeit abgeschlossen, und die Zentralbank wußte nichts über die Beträge. Entsprechend den BIS-Standards nahm man internationale Banken, die mit Korea Geschäfte machten, davon aus, spezielle Reserven aufzustellen, weil Korea ein Mitglied der Organisation für Wirtschaftliche Zusammenarbeit und Entwicklung (OECD) ist. Dies ermutigte die Banken, Korea Geld zu leihen. Die Tatsache, daß die Kredite in weniger als einem Jahr fällig wurden, erschwerte es dann um so mehr, die ausbrechende Krise in den Griff zu kriegen.

In Indonesien war das Verhalten der Zentralbank noch problematischer. Hier gab es einen Posten »Vorschuß für den privaten Sektor« in der Bilanz, der viel von der Hilfe zunichte machte, die aus Singapur kam. Es wurde vermutet, daß der Vorschuß an Mitglieder der Familie Suharto ging, die die Dollars aus Indonesien abzogen. Als die Krise voranschritt, brach merkwürdigerweise genau in dem Gebäude, in dem die entsprechenden Dokumente lagerten, ein mysteriöser Brand aus.

Der IWF hat, außer in Krisenzeiten, wenn sich ein Mitgliedsland um Hilfe an ihn wendet, die inneren Angelegenheiten seiner Mitgliedsländer nicht groß zu kommentieren. Kommissionen können ein Land besuchen und beraten, aber der IWF hat weder die Aufgabe noch die Mittel, in normalen Zeiten tätig zu werden. Seine Mission ist Krisenmanagement, nicht Vorbeugung. Die Mängel in den Vorschriften des IWF habe ich bereits behandelt; hier möchte ich nur die Rolle betrachten, die der IWF bei der ungesunden Ausweitung der internationalen Kredite gespielt hat. Das führt uns zugleich zum zweiten großen Defekt im Aufbau des gegenwärtigen Finanzmarkts, der mit dem Argument des sogenannten moralischen Wagnis verbunden ist.

Die IWF-Programme dienten dazu, die Kreditgeber zu retten, und sie ermutigten diese, unverantwortlich zu handeln. Das ist die Hauptquelle der Instabilität im internationalen Finanzsystem. Kreditnehmer und Kreditgeber wurden vom IWF stets auf höchst ungleiche Weise behandelt. Den Kreditnehmern hat er Bedingungen gestellt, nicht aber den Kreditgebern; das Geld, das er verlieh, und die von ihm auferlegten Konditionen ermöglichten es den Schuldnerländern, ihren Verpflichtungen besser nachzukommen, als das auf andere Weise möglich gewesen wäre. Auf diesem Umweg hat der IWF den internationalen Banken und anderen Kreditgebern unter die Arme gegriffen.

Die Asymmetrie entwickelte sich während der internationalen Schuldenkrise der achtziger Jahre und wurde in der mexikanischen Krise von 1994/95 ganz offenkundig. Aus der dortigen Talfahrt gingen die ausländischen Inhaber von »Tesobonos« (mexikanische, in Dollar denominierte Schatzanleihen) unversehrt hervor, obwohl die Verzinsung dieser Tesobonos zu der Zeit, als sie gekauft wurden, ein hohes Risiko anzeigte. Als Mexiko nicht zahlen konnte, schritten das US-Finanzministerium und der IWF ein und halfen den Investoren aus der Klemme. Eine ähnliche Situation entstand kürzlich in Rußland, aber weil das US-Finanzministerium befürchtete, man werde ihm vorwerfen, die Spekulanten zu retten, konnte es sich letztlich nicht zu einer Rettungsaktion entschließen. Wie ich zu meinem Realzeit-Experiment notiert habe, machten die Vereinigten Staaten einen Fehler: Sie weigerten sich zu handeln, auch nachdem die Spekulanten bestraft worden waren. In diesem Punkt zumindest hat der IWF inzwischen gelernt. In seinem Programm für die Ukraine in Höhe von 2,2 Milliarden Dollar stellt er neue Bedingungen: 80 Prozent der ukrainischen Schatzanleihen müssen »freiwillig« in langfristige, niedrigere Erträge bringende Wertpapiere umgeschrieben werden. Das würde den Spekulanten und unklugen Kreditgebern unter den Banken im Fall des Falles hohe Verluste bescheren, und diese Maßnahme ist etwas völlig anderes als die Rettung Mexikos im Jahre 1995.

Es gibt verschiedene Gründe, warum es zu einer ungleichen Behandlung von Schuldnern und Kreditgebern durch den IWF gekommen ist. Erstens besteht dessen vorrangige Aufgabe im Schutz des internationalen Finanzsystems. Würden den Kreditgebern während einer Krise Strafen auferlegt, könnte das den westlichen Banken großen Schaden zufügen und das Risiko des Systemkollapses fördern. Zweitens ist der IWF auf die kommerziellen Kreditgeber angewiesen, um seine Programme erfolgreich durchzuführen; die Banken wissen, wie sie ihre Position ausnutzen können. Die internationalen Finanzbehörden haben nicht genügend Ressourcen, um, falls alle Stricke reißen, als Kreditgeber fungieren zu können. Ist eine Krise erst einmal ausgebrochen, kann der IWF mit ihr nur dann fertig werden, wenn er das Marktvertrauen wiederherstellt. In der Asienkrise scheiterten einige der IWF-Programme, weil es nicht gelang, die Märkte zu überzeugen. Schließlich wird der IWF von den Ländern im Zentrum des kapitalistischen Systems kontrolliert; es würde den nationalen Interessen der kontrollierenden Teilnehmer widersprechen, wenn der IWF die Kreditgeber bestrafte. Im Moment wäre aber genau das nötig, um das System zu stabilisieren. Der IWF sollte seine Intervention davon abhängig machen, wie die Kreditgeber ihren Teil der Verluste tragen. Er stellt dem in Schwierigkeiten steckenden Land Bedingungen. Nicht anders sollte er mit den Kreditgebern verfahren, besonders wenn die Schwierigkeiten – wie in den asiatischen Ländern – vom privaten Sektor verursacht wurden. In der Praxis würde dies bedeuten, daß der IWF freiwillige gemeinsame Reorganisierungen nicht nur toleriert, sondern dazu auch ermutigt. Das Konkursrecht würde in Einklang gebracht mit der nationalen Verfahrensweise fortgeschrittener Länder, in denen die Banken gezwungen sind, Verluste hinzunehmen.

Die Einseitigkeit im gegenwärtigen Handeln des IWF kann meiner Meinung nach nicht korrigiert werden, ohne daß ein Programm für Kreditgarantien oder eine andere Methode zur Stimulierung internationaler Kredite und Investitionen etabliert wird. Die Asymmetrie, die zu dem Problem des »moralischen Wagnis« führt, hatte den ungesunden Boom internationaler Investments ermöglicht; bleibt er aus, wird es sehr schwierig sein, ausreichende internationale Investmentflüsse zu erzeugen. Die schnelle Erholung wachsender Märkte nach der mexikanischen Krise von 1994/95 ist überaus irreführend. Wie wir gesehen haben, bestätigte die Rettung der ausländischen Besitzer von mexikanischen Tesobonos erneut die Einseitigkeit der Hilfsmaßnahmen; kein Wunder, daß der Kapitalfluß stärker und wahlloser wurde als jemals zuvor. Die neue Regelung hätte die Ausländer, die in mexikanische Tesobonos investierten, erkennen lassen, wie ihre Beteiligungen in langfristige mexikanische Regierungsanleihen konvertiert worden wären. Wäre das geschehen, hätten sie sich viel genauer überlegt, ob sie in Rußland oder der Ukraine investieren sollen.

Im Idealfall hätte der IWF, bevor er irgendeine Veränderung in seine Handlungsmethoden einführt, gewartet, bis die weltweite Finanzkrise abflaut. Doch diese Entscheidung nahmen ihm die Ereignisse ab. Investoren und Kreditgeber wurden ernsthaft bestraft, und so fliehen sie nun in hellen Scharen aus der Peripherie und lösen dadurch eine Notsituation aus. Es gibt nichts zu verlieren, aber viel zu gewinnen, wenn der IWF seine Handlungsweisen sofort ändert. Ob mit oder ohne Umwandlung von Schulden in Eigenkapital, es ist unwahrscheinlich, daß man die Fondsgelder wieder dazu bringen kann, in Richtung Peripherieländer zu fließen, ohne den Kreditgebern, die durch ihre gerade erlittenen und zu erwartenden Verluste verschreckt worden sind, einige Anreize zu bieten. Das Programm zur Versicherung von Kreditgarantien muß deshalb zu einem festen Bestandteil der Politik des IWF entwickelt werden – der Aufbau des internationalen Finanzsystems gewänne dadurch ein sichereres Fundament. Zuckerbrot und Peitsche zugleich anzubieten: Das würde helfen, im Gefolge internationaler Finanzflüsse sowohl Prassereien wie Hungersnöte zu verhindern. Die neue Institution, die vermutlich Teil des IWF bliebe, würde internationale Anleihen und Kredite bis zu festgelegten Limits ausdrücklich garantieren. Die kreditnehmenden Länder wären gezwungen, Daten über sämtliche Kredite, ob öffentlich oder privat, versichert oder nicht, zugänglich zu machen. Dies würde es der Behörde ermöglichen, für die Beträge, die sie zu versichern bereit ist, eine Höchstgrenze zu setzen. Bis zu den Beträgen wären die betroffenen Länder in der Lage, mit Vorzugszinsen und einer bescheidenen Gebühr Zugang zu internationalen Kapitalmärkten zu bekommen. Jenseits dieser Grenzen müßten die Kreditgeber das Risiko tragen.

Die Höchstgrenzen müßten so gesetzt sein, daß sie die Wirtschafts- und Strukturpolitik berücksichtigten, die einzelne Länder verfolgen, sich aber auch aus den allgemeinen ökonomischen Bedingungen in der Welt ergeben. Die neue Institution würde tatsächlich als eine Art internationale Zentralbank funktionieren. Sie würde versuchen, Exzesse in jede Richtung zu verhindern, und hätte ein machtvolles Werkzeug zur Verfügung.[35]

Das heikelste Problem dabei ist, wie die einem einzelnen Land gegebenen Kreditgarantien unter den Kreditgebern verteilt würden. Dem Staat zu erlauben, das Recht geltend zu machen, wäre eine Einladung zum Mißbrauch. Die Garantien sollten von autorisierten, miteinander konkurrierenden Banken kanalisiert werden. Die Banken müßte man sorgfältig überwachen und davon abhalten, sich an anderen Geschäften zu beteiligen, die ungesunde Kredite und Interessenkonflikte hervorrufen könnten. Sie sollten vernünftig kapitalisiert werden, damit ein Puffer gegen Verluste aus einzelnen Krediten besteht. Kurz, sie wären in ihren Praktiken so genau reguliert wie die amerikanischen Banken nach dem Zusammenbruch des Bankensystems während der Panik von 1933. Es wird Zeit brauchen, das Bankensystem zu reorganisieren und die angemessenen Regulierungen einzuführen, aber allein die Ankündigung des Programms hätte eine beruhigende Wirkung auf die Finanzmärkte, und man gewönne Luft für eine genauere Ausarbeitung.

Mancher wird sich fragen, ob es überhaupt möglich ist, eine derart komplizierte Aufgabe zu lösen. Die Antwort ist, daß jede neue Institution zwangsläufig Fehler macht, doch die Märkte werden ein wertvolles Feedback bieten, und die anfänglichen Mängel lassen sich beheben. Im übrigen ist es eine Funktion, die alle Zentralbanken ausüben, wenn auch auf einer anderen Ebene, und im großen und ganzen machen sie ihre Sache gut.

Viel fraglicher ist, ob ein derartiges Programm politisch durchsetzbar ist. Es gibt bereits seitens der Marktfundamentalisten, die gegen jegliche Art von Markteingriffen sind, besonders gegen solche einer internationalen Organisation, eine deutliche Opposition gegen den IWF. Wenn sich die Banken und Teilnehmer am Finanzmarkt, die von der Einseitigkeit profitieren, weigern, das Programm zu unterstützen, steht zu erwarten, daß der IWF nicht einmal in seiner gegenwärtigen mangelhaften Form überleben kann. Was wir brauchen, ist ein Wandel der Mentalitäten. Regierungen, Parlamente und Marktteilnehmer müssen erkennen, daß das Überleben des Systems in ihrer Hand liegt. Bleibt nur die Frage, ob dieser Wandel vor oder nach dem Kollaps stattfindet.

Währungssysteme

Jedes nur denkbare Währungssystem weist zwangsläufig Mängel auf. Frei floatende Währungen sind wegen der Spekulationen, die dem Trend folgen, grundsätzlich instabil; und diese Instabilität schaukelt sich sogar hoch, weil eine trendfolgende Spekulation dazu tendiert, mit der Zeit an Bedeutung zu gewinnen. Auf der anderen Seite sind feste Wechselkurssysteme gefährlich, weil Zusammenbrüche dann katastrophal enden können. Die Asienkrise ist ein treffendes Beispiel. Ich vergleiche Währungsarrangements oft mit ehelichen Verbindungen: Welches System auch vorherrscht, das Gegenteil wirkt immer attraktiver.

Was also muß getan werden? Die Tauschraten flexibel zu halten wäre das sicherste, aber das würde es den Ländern an der Peripherie erschweren, Kapital anzuziehen. Kombiniert mit einem Kreditversicherungsprogramm jedoch, könnte es sich als gesunde Maßnahme erweisen. Alternativ ließe sich ein System mit festen Wechselkursen erstellen, das nicht zusammenbricht.

In Europa findet gegenwärtig ein großes Experiment statt: die Schaffung einer einzigen Währung. Sie basiert auf dem von mir geteilten Glauben, daß man auf lange Sicht keinen gemeinsamen Markt haben kann ohne eine gemeinsame Währung. Allerdings bin ich der Meinung, daß der Entwurf des Euro fehlerhaft ist, weil eine gemeinsame Währung einer gemeinsamen Fiskalpolitik bedarf, die eine Art zentralisierte Steuererhebung oder Steuerverteilung einschließt. Doch die Einführung der gemeinsamen Währung war eine politische Entscheidung; die Fehler können also auch durch politische Entscheidungen wieder korrigiert werden.

Ein anderer Weg, ein nahezu unauflösbares System fester Wechselkurse zu schaffen, ist der Aufbau einer Währungsbehörde. Damit meine ich einen Mechanismus, der automatisch lokale Währungen ausgibt oder zurückzieht, wenn der entsprechende Betrag der Reservewährung bei der Währungsbehörde eingezahlt oder von ihr abgezogen wird. Der US-Dollar dient als Reservewährung in Hongkong und Argentinien, der Franc in den früheren französischen Kolonien in Afrika und die Deutsche Mark in Estland und Bulgarien. Die Idee einer Währungsbehörde hat inzwischen Zustimmung gefunden, weil man hofft, daß sie besser funktioniert als weniger förmliche Bindungen. Obwohl ich dies in Rußland selbst als letzte Rettung empfohlen habe, bin ich heute skeptisch. Die gesellschaftlichen Kosten für die Beibehaltung einer Währungsbehörde können untragbar werden, weil es kein Limit dafür gibt, wie hoch die Zinsraten während einer Krise steigen können. Die jüngste Erfahrung hat gezeigt, daß sogar die stabilste aller Währungsbehörden nicht immun gegen Angriffe ist. Hongkong war bereit, den Preis zu zahlen, und es hatte den Rückhalt der chinesischen Regierung, aber Hongkong ist auch ein besonderer Fall: Die Stadt ist zuerst und vor allem ein Finanzzentrum, das mit einer überbewerteten Währung im Prinzip unbegrenzt überleben könnte. (Die Schweiz hat das vorgeführt.) Das System einer Währungsbehörde funktionierte während der Tequilakrise von 1995 auch in Argentinien, gleichwohl ist es nicht narrensicher. Um es genauer zu sagen: Argentinien könnte ständig überbewertet werden, wenn sein Haupthandelspartner Brasilien abwerten würde und die Währungsbehörde keinen Ausweg zur Flucht böte. Dasselbe gilt für Hongkong, würde in China abgewertet.[36]

Mit der Einführung des Euro gibt es drei große Währungsblöcke. Japan steht besonderen Problemen gegenüber, und der Yen befindet sich ohnehin in einem Stadium dynamischen Ungleichgewichts, so daß er im Moment außer acht gelassen werden kann. Damit bleiben zwei große Währungsblöcke übrig, wobei das Pfund unruhig zwischen Euro und Dollar floatet, solange sich Großbritannien nicht dazu entschließt, auf den Eurozug aufzuspringen. In der Vergangenheit kollidierten die großen Währungsblöcke und lösten dabei immense Erschütterungen auf den Aktien- und Rentenmärkten aus. Der Wertzuwachs des Dollar trug unmittelbar zum Ausbruch der Asienkrise bei. Währungsturbulenzen lösten den Wall-Street-Crash von 1987 aus, und auch der jähe Anstieg des Yen im April 1995 war sehr beunruhigend, obwohl er keinen Crash verursacht hat. Damals sah man zwar die Notwendigkeit, die Politik zu koordinieren und institutionelle Vorkehrungen zu treffen, aber das Vertrauen in die Effizienz koordinierter Intervention war seit den berauschenden Tagen der Plaza-Vereinbarung von 1985, in der die G7-Staaten übereinkamen, bei der Lenkung der Wechselkurse zu kooperieren, kontinuierlich geschwunden.

Es ist an der Zeit, dieses Vertrauen wiederzufinden. Die Entstehung von zwei großen Währungsblöcken wird eine neue Situation schaffen. Rivalität könnte katastrophale Folgen haben, ein Grund mehr also, die beiden großen Währungen auf irgendeine förmliche Weise miteinander zu verknüpfen. Eine solche Verknüpfung würde eine der Hauptquellen der Instabilität im kapitalistischen Weltsystem beseitigen, wenn sie auch gleichzeitig womöglich neue Probleme der politischen Koordination aufwirft.

Könnte eine derartige Kooperation überhaupt funktionieren? Als Euro-Skeptiker muß ich einer globalen Währung gegenüber noch viel skeptischer sein. Doch der Weg absoluter Integration muß ja nicht der einzige sein. So wären nahezu unbegrenzte Vereinbarungen für Swapgeschäfte vorstellbar, bei denen jede Seite die andere vor einer Veränderung der Wechselkurse schützt. Besonders angetan bin ich von der Idee des »harten Ecu«, die Sir Michael Butler, ein ehemaliger Beamter des britischen Finanzministeriums, als Alternative zu einer einzigen europäischen Währung entwickelt hat. Er schlug vor, einen Währungskorb zu schaffen, der härter wäre als jedes seiner Elemente. Sollte irgendein Mitgliedsland abwerten, hätte es das Defizit auszugleichen, das es im Korb, der die Währungsunion ausmacht, erzeugt. Vielleicht ließen sich die beiden großen Währungsblöcke tatsächlich auf eine solche Weise miteinander verknüpfen. Führt Großbritannien den Euro ein, könnte allerdings ein Problem entstehen, denn das Pfund tanzt nach einer anderen Pfeife als die kontinentalen Währungen und bewegt sich mehr auf der Linie des Dollar; womöglich wäre es sogar sicherer, eine dreifache Verknüpfung herzustellen.

Derivate, Swaps und Spreads

Der Konstruktion von Derivaten liegt die Theorie effizienter Märkte zugrunde. Aufgrund ihrer weiten Verbreitung sollte man eigentlich darauf schließen, daß sie richtig ist. Ich allerdings bin nicht dieser Meinung, muß aber mit meiner Kritik vorsichtig sein, weil ich die Theorie effizienter Märkte nicht bis ins Detail studiert habe; auch auf die Frage, wie Derivate konstruiert sind, verwendete ich nicht viel Zeit. Beta, Gamma und Delta sind für mich immer noch vor allem griechische Buchstaben.

Soviel ich weiß, kann Unbeständigkeit gemessen werden, und es ist möglich, Versicherungen gegen Unbeständigkeit zu kaufen, indem man Prämien für Optionen bezahlt. Diejenigen, die das Risiko durch den Verkauf von Optionen eingehen, können es entweder mit ihren bestehenden Positionen ausgleichen oder sich durch die Beteiligung an sogenannten Delta-Geschäften selbst rückversichern. Das ist eine komplexe Strategie, läuft aber auf eine ziemlich simple Methode der Risikobegrenzung hinaus. Sie schließt den Verkäufer der Option ein, der einen bestimmten Teil der zugrundeliegenden Sicherheit zurückkauft, wenn sich der Preis gegen ihn wendet. Delta-Hedger sind in der Regel professionelle Market maker, die ihre Profite den Margen zwischen angebotenen und nachgefragten Preisen verdanken und ihr Risiko durch Delta-Hedging begrenzen.

Sauber ausgeführt, sollte diese Strategie längerfristig Profite erbringen, doch Delta-Hedges rufen ein quasiautomatisches, trendorientiertes Verhalten hervor. Bewegt sich der Markt in eine bestimmte Richtung, bewegt sich der Delta-Hedger in die gleiche Richtung, indem er kauft, wenn die Preise steigen, und verkauft, wenn sie sinken. Auf diese Weise übertragen die Market maker ihr Risiko auf den Markt. Meistens kann der Markt das Risiko absorbieren, weil verschiedene Teilnehmer sich in verschiedene Richtungen bewegen. Höchst selten kommt es vor, daß das Risiko auf einer Seite des Marktes steigt und Delta-Hedging eine Diskontinuität der Preisbewegungen auslösen kann. Solche Fälle, bei denen die Theorie effizienter Märkte zusammenbricht, sind so selten, daß sie kaum von den sonst profitablen Geschäften abschrecken, aber wenn sie eintreten, hat das mitunter verheerende Folgen für den Markt.

Risikomanagement, wie es in den Abteilungen der Handels- und Investmentbanken praktiziert wird, die mit Vermögen handeln, funktioniert genauso wie Delta-Hedging: Indem man den Verlustbetrag, den ein Händler erleiden kann, begrenzt, wird der Händler gezwungen, seine Handelspositionen zu reduzieren, wenn sie sich gegen seine Interessen bewegen. Das ist tatsächlich eine selbstauferlegte Anweisung, Verluste zu stoppen, und sie verstärkt den Trend, der den Verlust zunächst verursacht hat. Die Konsequenzen wurden spätestens dann deutlich, als Long-Term Capital Management in Schwierigkeiten geriet.

Trendfolgendes Verhalten im allgemeinen und Delta-Hedges im besonderen tendieren dazu, die Volatilität des Marktes zu vergrößern. Doch die Market maker profitieren von dieser Unbeständigkeit, weil sie eine höhere Prämie für Optionen fordern können, und die Käufer der Optionen beklagen sich nicht, ist die höhere Prämie doch durch die größere Volatilität gerechtfertigt. Entstehen Kosten für das Publikum, so sind sie gut versteckt. Wie der ehemalige Vorsitzende der amerikanischen Notenbank, Paul Volcker, feststellte, beklagt sich jeder über die Volatilität der Währungsmärkte, aber keiner will etwas dagegen tun: Die Öffentlichkeit geht nicht ernsthaft auf die Barrikaden, und die Market maker, die mit Derivaten handeln, machen Profite – indem sie Volatilität schaffen und zugleich Versicherungen gegen sie verkaufen.

Mit manchen Derivaten ist ein höheres Risiko verbunden, Unbeständigkeit zu schaffen, als mit anderen. Der Crash der Aktienmärkte von 1987 wurde durch ein weitverbreitetes Verfahren des Delta-Hedging beschleunigt, das unter dem Namen Portfolioversicherung auf den Markt kam. Wer eine solche Versicherung erwarb, investierte viel mehr in den Markt, als er es sonst getan hätte. Als die Verschlechterung des Marktes die Versicherung aktivierte, zog das plötzliche Ansteigen der Verkäufe erhöhte Unbeständigkeit nach sich. Um ein Wiederauftreten zu verhindern, führten die Regulatoren sogenannte *circuit breakers* ein, also kurzfristige Unterbrechungen des Marktes, die die Annahme von Kontinuität zerstören, auf der die Delta-Hedges basieren.

Ähnlich gefährliche Derivatinstrumente sind auf Währungsmärkten gang und gäbe, gleichwohl wurde nie vor ihnen gewarnt. Knock-out-Optionen beispielsweise werden storniert, wenn ein bestimmtes Preisniveau erreicht ist, was den Käufer einer Option ohne Sicherheit dastehen läßt. Unter japanischen Exporteuren waren Knock-out-Optionen sehr populär, weil sie viel billiger sind als reguläre Optionen. Als sie 1995 alle zur selben Zeit auf den Markt geworfen wurden, folgte eine Panik, die den Yen im Verhältnis zum Dollar in wenigen Wochen von 100:1 auf unter 80:1 trieb. So verursachen unausgeglichene Positionen von Optionen immer wieder ebenso große wie ungerechtfertigte Währungsbewegungen. Die Situation schreit nach Regulierung, zumindest aber nach Überwachung, doch auch hier gibt es kaum jemand, der danach verlangt.

Kurzum, es fehlen Deckungsbedingungen für Derivate, Swaps und Termintransaktionen, es sei denn, sie werden an Terminbörsen getätigt. Banken und Investmentbanken, die als Market maker agieren, können sie bilanzunwirksam ausführen. Diese Papiere entwickelten sich zu einer Zeit, als die Leute fester denn je an effiziente Märkte, rationale Erwartungen und die Selbstregulationskraft des Marktes glaubten. Die Deckungsbedingungen für Aktienkäufe sind Überbleibsel einer vergangenen Zeit. Wenn ich die gegenwärtige Situation richtig bewerte und einige der vor kurzem eingeführten Finanzinstrumente und Handelsverfahren tatsächlich auf einer vollkommen falschen Theorie gründen, dann stellt das Fehlen von Deckungsbedingungen ein ernsthaftes systemisches Risiko dar.

Wir sollten unsere Haltung gegenüber Finanzinnovationen sehr viel grundsätzlicher überdenken als bislang. Innovation wird als eine der größten Leistungen freier Märkte betrachtet, doch da Finanzmärkte schon an sich instabil sind, können Finanzinnovationen diese Instabilität noch verstärken. Innovationen auf dem Finanzmarkt besitzen eine andere Dimension als die Verbesserung von Mausefallen. Eine genaue Anpassung der jeweiligen Neuerungen fällt nicht nur deshalb so schwer, weil die besten Köpfe von der Selbstregulierungskraft der Finanzmärkte ausgehen, sondern auch weil die Verbindung von Computerkapazität und effizienter Markttheorie ein explosives Wachstum neuer Finanzinstrumente und neuer Typen von Arbitrage ausgelöst hat. Die Gefahren, die mit solchen Papieren für das Finanzsystem verbunden sind, werden ignoriert, eben weil man der Illusion anhängt, Märkte korrigierten sich von allein. Hinzu kommt, daß weder Regulatoren noch Marktakteure die innovativen Papiere und Verfahren bis ins letzte verstehen – auch darum sind sie eine Bedrohung für die Stabilität.

Vielleicht sollte man Derivate und andere synthetische Finanzinstrumente lizensieren lassen, so wie neu ausgegebene Wertpapiere bei der Börsenaufsichtsbehörde registriert werden müssen. Gewöhnlich halte ich nicht viel davon, die kreativen Energien von Neuerern den von arbeitsamen Bürokraten geschaffenen Zwängen zu unterwerfen, doch in diesem Fall schlage ich genau das vor. Innovationen bringen den Neuerern intellektuellen Kitzel und Profite; gleichwohl gebührt der Stabilität, genauer gesagt, der Vermeidung von Exzessen, Vorrang.

Die Rußlandkrise hat einige der systemeigenen Risiken zutage gefördert. Das Versäumnis von Long-Term Capital Management, eines Hedgefonds, der riskanten, auf der Annahme effizienter Märkte basierenden Managementtechniken den Weg bahnte, demonstriert das Versagen der Theorie. Die Tatsache, daß die amerikanische Notenbank einen Rettungsversuch einleiten mußte, zeigt, daß ein Systemrisiko vorlag. Das Long-Term Capital Management trug eine Bilanz von mehr als 100 Milliarden US-Dollar auf einer Eigenkapitalbasis von weniger als fünf Milliarden. Zusätzlich hatte es bilanzunwirksame Verbindlichkeiten in Höhe von mehr als einer Billion. Die von der Krise in Rußland verursachte Erschütterung fraß die Eigenkapitalbasis weg, bis sie zur Zeit der Rettung bei nur mehr 600 Millionen US-Dollar lag. Hätte man das Scheitern von Long-Term Capital Management zugelassen, hätten die Gegenparteien in die Milliarden gehende Verluste erlitten. Vor diesem Hintergrund und angespornt von der amerikanischen Notenbank verbündeten sich die Gegenparteien und steckten weiteres Kapital in das ins Schleudern geratene Unternehmen, um die Situation zu entspannen. Die Notenbank tat, was sie tun sollte: einen Kollaps des Systems verhindern. Wenn die Krise abflaut, muß das System jedoch reformiert werden. Die Reform könnte oberflächlich sein, wie sie es nach dem Crash des Aktienmarkts von 1987 mit der Einführung von *circuit breakers* war, oder an die Wurzel gehen. Daß ich ein grundsätzliches Überdenken favorisiere, brauche ich wohl kaum zu wiederholen. Unsere gegenwärtigen Ansichten über Finanzmärkte entspringen nun einmal einer völlig falschen Theorie.

Hedgefonds

Nach der Rettung des Long-Term Capital Management wird nun viel über die Regulierung der Hedgefonds geredet. Ich glaube, die Diskussion geht in eine falsche Richtung. Nicht nur Hedgefonds üben Einfluß aus, die Hauptspieler bei Derivaten und Swaps sind die Vermögensverwalter der Handels- und Investmentbanken. Die meisten Hedgefonds sind an solchen Märkten und Geschäften nicht beteiligt, was übrigens auch für Soros Fund Management gilt. Wir nutzen kaum Derivate und operieren mit viel weniger Druck. Das Long-Term Capital Management war in gewisser Weise eine Ausnahme: Ursprünglich die Abteilung für Vermögensverwaltung einer Investmentbank, von Salomon Brothers nämlich, wurde sie in eine unabhängige Einheit überführt. Als sie Erfolg hatte, brachte das Nachahmer auf den Geschmack. Und obwohl die Hedgefonds als Gruppe nicht annähernd der Größe der Abteilungen für Vermögensverwaltung der Banken und Broker entsprachen, griff die Notenbank in New York ein, weil sie im Long-Term Capital Management eine Bedrohung für diese Institutionen sah. Das richtige Heilmittel wäre, Deckungsanforderungen und sogenannte *haircuts* für Derivate und Swaptransaktionen und andere Instrumente außerhalb der Bilanz zu verlangen. Diese Regulierungen sollten sowohl auf die Banken und ihre Kunden als auch auf die Hedgefonds angewendet werden.

Ich verteidige die Hedgefonds nicht. Ich bin der Meinung, Hedgefonds sollten wie alle anderen Investmentfonds reguliert werden. Das ist nicht leicht, weil viele von ihnen im Ausland operieren, doch wenn die Behörden kooperieren, sollte das keine unüberwindliche Schwierigkeit sein. Wichtig ist nur, daß die Regulierungen auf alle Einheiten gleich angewendet werden.

Kapitalkontrollen

Mittlerweile ist es ein Glaubensbekenntnis, daß Kapitalkontrollen abgeschafft und die Finanzmärkte einzelner Länder, einschließlich der Banken, für den internationalen Wettbewerb geöffnet werden sollten. Der IWF bot sogar an, seine Charta zu ändern, um diese Ziele deutlicher zu machen. Nun sollte uns die Erfahrung der Asienkrise einen Moment innehalten lassen. Die Länder, die ihre Finanzmärkte geschlossen hielten, überstanden den Sturm besser als die, die offen waren. Indien wurde lange nicht so in Mitleidenschaft gezogen wie die südostasiatischen Staaten; China war besser abgeschottet als Korea.

Über offene Kapitalmärkte zu verfügen ist gleichwohl sehr wünschenswert – nicht nur aus ökonomischen, sondern auch aus politischen Gründen. Kapitalkontrollen sind eine Einladung zu Korruption und Machtmißbrauch, und eine geschlossene Ökonomie bedroht unweigerlich die Freiheit. In Malaysia etwa nutzte Mahathir die Schließung der Kapitalmärkte zu hartem politischem Durchgreifen.

Unglücklicherweise sind internationale Finanzmärkte instabil. Die einheimischen Finanzmärkte den Launen der internationalen Finanzmärkte voll auszusetzen könnte größere Instabilität verursachen, als ein Land, das von ausländischem Kapital abhängig ist, zu ertragen vermag. Dann schon lieber irgendeine Form von Kapitalkontrolle als Instabilität, werden sich viele sagen, selbst wenn das keine ideale Maßnahme wäre. Die Herausforderung besteht jedoch darin, die internationalen Finanzmärkte so stabil zu halten, daß Kapitalkontrollen unnötig werden. Ein Programm für Kreditgarantien könnte helfen, dieses Ziel zu erreichen.

Ausländischen Banken Zugang zu einheimischen Märkten zu gewähren ist nicht unproblematisch, denn sie schöpfen aller Wahrscheinlichkeit nach den Rahm des Großhandelsmarkts ab, auf dem sie Konkurrenzvorteile besitzen, während sie das weniger profitable Kleingeschäft zu wenig bedienen. Sie werden vermutlich auch mehr Wankelmut zeigen als die ansässigen Banken. Die ersten, die nach der Rußlandkrise in den Vereinigten Staaten Kredite restriktiver handhabten, waren die europäischen Bankhäuser. Zwar profitierte Lateinamerika seit 1995 sehr von der Beteiligung spanischer Banken, aber es bleibt abzuwarten, wieviel Kapital die spanischen Banken den lateinamerikanischen opfern, wenn ihre Aktionäre sie für ihr lateinamerikanisches Engagement bestrafen. Es spricht einiges dafür, inländische Kapitalquellen zu entwickeln, so wie Chile das mit der Schaffung privater Rentenfonds getan hat.

Kurzfristige Kapitalbewegungen richten mehr Schaden an, als daß sie Gutes tun. Wie die Asienkrise gezeigt hat, ist es für ein Empfängerland sehr riskant, sich für langfristige Ziele auf kurzfristige Kapitalzuflüsse zu stützen. Eine angemessene Politik wäre es, die Wirkung des Zuflusses zu neutralisieren. Das wird gewöhnlich durch Bildung von Reserven gemacht, doch das ist teuer und kann sogar weitere Zuflüsse anziehen. Chile fand einen besseren Weg: Es verlangte Mindestreserven für kurzfristige Kapitalbewegungen. Ironischerweise baut es dieses System wieder ab, um erneut Kapital anzuziehen.

Kapitalmärkte offenzuhalten ist nur dann gerechtfertigt, wenn man damit den freien Zufluß von Kapital in langfristige Papiere wie Aktien und Schatzbriefe erleichtert. Kehrt sich die Richtung des Flusses um, verschwindet auch diese Rechtfertigung. Souveräne Staaten können Ventile einbauen: Sie gestatten den Zufluß, bremsen aber den Abfluß. Wir dürfen die Länder an der Peripherie nicht dazu ermutigen, dem Weltsystem nach malaysischem Vorbild den Rücken zu kehren. Um dies sicherzustellen, müssen der IWF und andere Institutionen die Regulierung von Kapitalflüssen als notwendig anerkennen. Es gibt raffinierte Möglichkeiten, die Währungsspekulation zu hemmen, die weit unterhalb von Kapitalkontrollen ansetzen. Man muß nur von den Banken verlangen, daß sie ihre Währungspositionen offenlegen, die sie für sich selbst und die

Konten ihrer Kunden halten, und falls nötig können für diese Positionen eingeführt werden. Zum Beispiel fanden wir vom Soros Fund Management es während der europäischen Währungsturbulenzen 1992 praktisch unmöglich, das irische Pfund leer zu verkaufen, obwohl wir sicher waren, daß es abgewertet würde. Die Beschränkung der Zentralbanken liegt darin, daß sie nur ihre eigenen Banken kontrollieren können. Doch wenn solche Kontrollen erst einmal allgemein als legitim gälten, entstünde unter den nationalen Zentralbanken vermutlich eine sehr viel engere Zusammenarbeit. Es muß doch möglich sein, die Spekulation zu zügeln, ohne all die schädlichen Nebeneffekte von Kapitalkontrollen heraufzubeschwören!

Sehr viel mehr möchte ich zu der Frage, welche Lösungswege ich sehe, hier gar nicht sagen. Vielleicht bin ich schon zu weit gegangen. Vor allem kommt es mir darauf an, eine Diskussion anzuregen, aus der geeignete Reformen hervorgehen können. Auch wenn es keine dauerhaften und allumfassenden Lösungen gibt und wir stets auf weitere Probleme gefaßt sein müssen, ist eines allerdings sicher: Finanzmärkte sind ihrem Wesen nach instabil, sie brauchen Überwachung und Regulierung. Der entscheidende Punkt ist: Sind wir klug genug, unsere internationalen Finanzbehörden zu stärken, oder überlassen wir es den einzelnen Ländern, für sich selbst zu sorgen? Ist letzteres der Fall, sollten wir uns über die Verbreitung von Kapitalkontrollen nicht wundern.

Doch wer ist dieses »wir«, von dem ich spreche? Und wo ist die Weltgesellschaft, die der Weltwirtschaft zur Seite treten soll? Das sind Fragen, die ich nicht unbeantwortet lassen möchte.

9. Auf dem Weg zu einer offenen Weltgesellschaft

In den vorangegangenen Kapiteln habe ich die Mängel des Marktmechanismus untersucht und einige Vorschläge zu deren Korrektur gemacht. Nun wird meine Aufgabe schwieriger: Ich möchte die Unzulänglichkeiten des nicht marktgebundenen Bereichs der Gesellschaft diskutieren. Diese Unzulänglichkeiten durchdringen unser Gemeinwesen tiefer als ein eventuelles Versagen des Marktes. Zu ihnen gehören die Geringschätzung sozialer Werte, die Ersetzung intrinsischer Werte durch Geld, die in weiten Teilen der Welt unzureichende Umsetzung der repräsentativen Demokratie sowie schließlich die ungenügende internationale Zusammenarbeit. Diese Aufzählung erhebt keinen Anspruch auf Vollständigkeit, aber sie steckt einen Rahmen ab, der bereits reichlich Herausforderungen enthält.

Marktwerte und soziale Werte

Das Verhältnis von Marktwerten und sozialen Werten läßt sich nur schwer bestimmen. Das Problem liegt nicht so sehr im Nachweis, daß sie sich unterscheiden, als vielmehr in der Auseinandersetzung mit dem Inhalt und Wesen sozialer Werte. Marktfundamentalisten versuchen, soziale Werte mit der Begründung zu ignorieren, daß diese Werte sich ohnehin im Marktverhalten niederschlügen. Wenn sich Menschen beispielsweise um andere kümmern oder die Umwelt schützen wollten, dann könnten sie ihrem Empfinden Ausdruck geben und dafür Geld einsetzen. Ihr Altruismus würde dann ebenso zum Element des Bruttosozialprodukts wie ihr Luxusgüterkonsum. Um zu zeigen, daß diese Argumentation falsch ist, brauche ich nun nicht auf abstrakte Begründungsstrukturen zurückzugreifen: Hier soll meine persönliche Erfahrung reichen.

Als anonymer Teilnehmer an Finanzmärkten mußte ich die gesellschaftlichen Konsequenzen meiner Handlungen nie abwägen. Ich war mir bewußt, daß mein Tun unter manchen Umständen schädliche Folgen haben mochte, doch das ignorierte ich mit der Rechtfertigung, mich an die geltenden Spielregeln zu halten. Das Spiel war von einem äußerst ehrgeizigen Wettbewerb geprägt, und hätte ich mir zusätzliche Beschränkungen auferlegt, hätte ich als Verlierer dagestanden.

Darüber hinaus war ich der Meinung, daß meine moralischen Skrupel unter den gegebenen Wettbewerbsbedingungen auf den Finanzmärkten der realen Welt nicht zugute kommen würden: Verzichtete ich, nähme ein anderer meinen Platz ein. Wenn ich entschied, welche Aktien oder Devisen ich kaufen oder verkaufen sollte, leitete mich nur eine Überlegung: Ich wollte meinen Gewinn maximieren, indem ich die Risiken gegen das, was sie mir eintragen mochten, abwog. Und meine Entscheidungen hatten nicht selten soziale Konsequenzen.

Als ich, nachdem die Führungsspitzen wegen Bestechung angeklagt worden waren, Lockheed- und Northrop-Anteile erwarb, half ich, den Wert der Aktien zu stützen. Als ich 1992 das Pfund leer verkaufte, war die Bank of England mein Gegenspieler, und ich zog das Geld den britischen Steuerzahlern aus der Tasche. Eine Berücksichtigung dieser gesellschaftlichen Konsequenzen hätte meine Kalkulation von Risiko und Ertrag zweifellos verfälscht und meine Erfolgschancen verringert. Glücklicherweise brauchte ich mich um die Folgen nicht zu kümmern, denn sie wären auf jeden Fall eingetreten: Finanzmärkte haben eine ausreichend große Zahl von Teilnehmern, so daß kein einzelner das Ergebnis beeinflussen kann. Mein soziales Gewissen hätte keinen Einfluß auf den Entscheidungsprozeß gehabt. England hätte seine Währung trotzdem abgewertet. Wenn ich noch etwas anderes als meinen Profit im Blick gehabt hätte, wären allein meine Ergebnisse beeinflußt worden.

Mir wurde klar, daß dieses Argument nur für Finanzmärkte Gültigkeit hatte. Hätte ich es mit Menschen anstatt mit Märkten zu tun gehabt, wären moralische Entscheidungen unvermeidbar gewesen, und ich hätte nicht so erfolgreich Geld verdienen können. Ich dankte meinem Schicksal, daß es mich zu den Finanzmärkten geführt und mir erlaubt hatte, ein reines Gewissen zu behalten.[37]

Anonyme Marktteilnehmer bleiben, wie gesagt, von moralischen Fragen weitgehend verschont, solange sie den Spielregeln folgen. Finanzmärkte sind also nicht unmoralisch, sondern amoralisch.

Vor diesem Hintergrund wird es um so wichtiger, die Regeln, die die Märkte beherrschen, präzise festzulegen. Der anonyme Teilnehmer mag moralische, politische und soziale Erwägungen übergehen; betrachten wir die Finanzmärkte jedoch vom Standpunkt der Gesellschaft aus, können wir solche Überlegungen nicht beiseite lassen. Wie wir gesehen haben, übernehmen Märkte mitunter die Rolle von Abrißbirnen und zertrümmern ganze Volkswirtschaften. Daß wir nach den Regeln spielen, mag uns als Rechtfertigung genügen. Doch wenn wir uns schon darauf berufen, sollten wir uns auch mit den Spielregeln selbst befassen. Regeln gehen auf die Staatsgewalt zurück, und diese wiederum wird in einer demokratischen Gesellschaft von den Spielern gewählt. Das Gewicht kollektiven Handelns sollte dabei nicht unterschätzt werden. So erwies sich der Boykott südafrikanischer Investitionen, als es darum ging, einen Regimewechsel in Südafrika voranzutreiben, als erfolgreich. Aber der Fall Südafrika war, eben weil er kollektives Handeln einschloß, eine Ausnahme. Normalerweise drücken sich soziale Werte nicht im Marktverhalten individueller Teilnehmer aus und müssen daher in anderen Kategorien gedacht werden.

Marktteilnahme und das Aufstellen von Regeln sind zwei verschiedene Funktionen. Es wäre ein Fehler, die Werte des Marktes, die jeden einzelnen Teilnehmer leiten, mit den sozialen Werten gleichzusetzen, die bei der Festlegung von Regeln maßgeblich sein sollten. Unglücklicherweise wird dieser Unterschied nur selten erkannt. Die kollektive Entscheidungsfindung in Demokratien ist heute vor allem ein Machtspiel zwischen konkurrierenden Interessen. Denn gewöhnlich versuchen Menschen, die Regeln zu ihrem eigenen Vorteil auszulegen.

Soziale Werte kommen nicht nur ins Spiel, wenn es darum geht, Regeln für die Marktteilnahme aufzustellen – gegen Insiderhandel beispielsweise –, sondern auch dort, wo gemeinschaftliche Belange betroffen sind, etwa im Bereich öffentliche Sicherheit oder in Fragen der Bildung und des Umweltschutzes. Viele von diesen kollektiven Bedürfnissen lassen sich mit Mitteln des Handels befriedigen. So wäre es durchaus denkbar, daß wir gebührenpflichtige Straßen, private Bildungseinrichtungen und kommerziell betriebene Gefängnisse haben, und wir könnten auch mit Emmissionsabgaben handeln. Wo die Grenze zwischen Öffentlich und Privat verläuft und wie die private Bereitstellung von Leistungen für die Allgemeinheit – ist die Grenze erst gezogen – reguliert werden soll, muß der demokratischen Entscheidung überlassen bleiben.

Die eigentlichen Schwierigkeiten fangen an, wenn die Unterscheidung von Marktwerten und sozialen Werten erst einmal anerkannt worden ist. Wie verhalten sich beide zueinander? Offensichtlich spiegeln Marktwerte die Interessen der individuellen Marktteilnehmer, soziale Werte hingegen die Interessen des Gemeinwesens und seiner Mitglieder. Gegenüber leicht berechenbaren Marktwerten sind soziale Werte einer genauen Einschätzung oder Messung nur schwer zugänglich. Um den Profit zu bestimmen, brauchen wir nur die Summe unter dem Strich zu betrachten. Doch woran können wir die sozialen Folgen einer Handlungsweise festmachen? Handlungen haben unbeabsichtigte Konsequenzen. Sie können nicht auf einen gemeinsamen Nenner gebracht werden, weil sie die Menschen auf unterschiedliche Weise betreffen. Als Philanthrop, der Wohltätigkeitsprojekte finanziert, bin ich mir der Tatsache, daß all unser Tun nichtintendierte Folgen hat, nur allzu bewußt, und ich versuche das in Rechnung zu stellen. Ich habe den Vorteil, daß ich mein eigener Herr bin. In der Politik müssen die Entscheidungen kollektiv gefällt werden, und dadurch ist es viel schwieriger, die Ergebnisse abzuschätzen. Wenn verschiedene Leute sich für verschiedene Handlungsweisen stark machen, dann wird die Verbindung zwischen Intentionen und Konsequenzen ziemlich brüchig. Daher verwundert es nicht, daß der politische Prozeß weniger effizient ist als der Marktmechanismus.

Seit die Wirtschaft tatsächlich global geworden und der Marktmechanismus in Felder der Gesellschaft eingedrungen ist, die zuvor von seiner Einwirkung frei waren, verstärken sich die Mängel des politischen Prozesses zusehends. Es liegt auf der Hand, warum das so ist. Wie ich schon früher dargelegt habe, drücken soziale Werte die Sorge um die anderen Mitglieder der Gemeinschaft aus, der wir angehören. Wären wir wahrhaftig unabhängig und ungebunden, so gäbe es keinen zwingenden Grund, um andere besorgt zu sein. Doch eine Marktwirtschaft funktioniert nicht als Gemeinschaft – schon gar nicht auf globaler Ebene. Als Folge davon wird immer weniger Druck von außen spürbar. Der Hang, sich zusammengehörig zu fühlen, mag bleiben – man könnte dies damit begründen, daß er der menschlichen Natur nun einmal innewohnt –, aber in einer Tauschgesellschaft, im Gegensatz zu einer, die auf persönlichen Beziehungen aufbaut, kann Moral leicht zu einer Bürde werden. In einer von starker Konkurrenz geprägten Umwelt werden Menschen, die sich mit der Sorge um andere belasten, wahrscheinlich das Nachsehen haben gegenüber denen, die frei von allen moralischen Skrupeln sind. So unterliegen soziale Werte einem Prozeß, den man als negative natürliche Selektion bezeichnen kann. Die Skrupellosen gelangen nach oben. Das ist einer der beunruhigendsten Aspekte des kapitalistischen Weltsystems.

Diese Argumentation stößt allerdings auf ein logisches Problem.

Wenn die Menschen bewußt beschließen, ihre sozialen Pflichten zu vernachlässigen, wie läßt sich dann noch sagen, daß sie diese aus den Augen verloren haben? Auf welcher Grundlage können wir soziale Werte überhaupt als mangelhaft bezeichnen, wenn sie doch die Werte sind, die tatsächlich mehrheitlich befolgt werden? Wo ist die Norm, mit der herrschende soziale Werte beurteilt werden können, für die es keine objektiven Kriterien wie in der Naturwissenschaft gibt?

Die Mängel der Finanzmärkte konnte ich zutreffend darlegen, weil ich einen Maßstab hatte – nämlich den Gleichgewichtszustand –, zu dem sie sich in Beziehung setzen ließen. Die oben skizzierte Schwierigkeit möchte ich nun durch eine andere Relation überwinden, nämlich indem ich den politischen Prozeß mit dem Marktmechanismus vergleiche.

Zwei Thesen möchte ich miteinander verbinden: Erstens hat im Unterschied zu früher, als soziale Werte oder »bürgerliche Tugenden« noch einen höheren Stellenwert als heute besaßen, die Ausbreitung monetärer Werte den politischen Spielraum eingegrenzt und das Gemeinwohl in den Hintergrund treten lassen. Zweitens ist der politische Prozeß in der Korrektur seiner Exzesse weniger effektiv als der Marktmechanismus. Diese beiden Überlegungen verstärken einander durch die Wechselbeziehung, in der sie stehen: Der Marktfundamentalismus unterminiert den demokratischen politischen Prozeß, und die Ineffizienz des politischen Prozesses ist ein gewichtiges Argument zugunsten des Marktfundamentalismus. Die Institutionen repräsentativer Demokratie, die in den Vereinigten Staaten, in Europa und anderswo so lange funktioniert haben, sind heute gefährdet, und bürgerliche Tugenden, einmal verloren, sind schwer wiederzugewinnen.

Repräsentative Demokratie

Demokratie hat die Aufgabe, einen Mechanismus zur Verfügung zu stellen, der kollektive, den Interessen der Gemeinschaft entsprechende Entscheidungen ermöglicht. Dieser Mechanismus soll für die kollektive Entscheidungsfindung den gleichen Zweck erfüllen wie der Marktmechanismus für die individuelle. Die Bürger wählen Vertreter, die in Versammlungen zusammenkommen, um durch Abstimmung gemeinsames Handeln vorzubereiten – das ist das Prinzip der repräsentativen Demokratie. Es setzt eine bestimmte Art von Beziehung zwischen den Bürgern und ihren Vertretern voraus. Die Kandidaten treten mit ihrem jeweiligen Programm vor die Bürger, und diese wählen dann die Person, deren Ideen ihren eigenen am nächsten stehen. Das ist die Art von Volksvertretern, wie Thomas Jefferson in den guten alten Zeiten einer war, nur daß er während des Wahlkampfs zu Hause blieb. Diese Beziehung ist von der Aufrichtigkeit der Beteiligten gekennzeichnet; in ganz ähnlicher Weise setzt das Konzept des vollkommenen Wettbewerbs umfassende Information voraus. Beide Annahmen haben mit der Wirklichkeit nichts zu tun. Kandidaten haben längst entdeckt, daß sie eine bessere Chance haben, gewählt zu werden, wenn sie der Wählerschaft sagen, was diese hören will, und nicht das, was sie wirklich denken. Das System aber ist darauf eingestellt. Wenn Kandidaten ihre Versprechungen nicht erfüllen, werden sie mitunter aus dem Amt vertrieben. In diesem Fall bleiben die Bedingungen nahe dem Gleichgewichtszustand. Die Wähler bekommen nicht immer die Repräsentanten, die sie sich wünschen, aber sie können ihre Fehler bei den nächsten Wahlen korrigieren.

Durch einen Rückkopplungsprozeß können sich die Bedingungen jedoch ziemlich weit vom Gleichgewichtszustand entfernen. Kandidaten entwickeln Techniken, um die Lücke zwischen bloßen Versprechen und tatsächlichem Handeln auszunutzen. Sie geben Meinungsumfragen und Zielgruppenforschung in Auftrag, um zu ermitteln, was die Wählerschaft hören will, und sie modeln ihre Botschaften nach deren Wünschen um. So wird eine Entsprechung zwischen den Aussagen der Kandidaten und den Wünschen der Wähler produziert, aber die Übereinstimmung kommt unter falschen Vorzeichen zustande: Die Parteien passen ihre Versprechungen an die Vorstellungen der Wähler an, statt einen Kandidaten aufzustellen, dessen Ideen mit denen der Wähler in Einklang stehen. Die Wähler erhalten nie die Repräsentanten, die sie sich wünschen; sie sind schließlich enttäuscht und verlieren den Glauben an den Prozeß selbst.

Die Wähler sind dann jedoch nicht schuldlos. Ihre Aufgabe ist es, nach Vertretern zu suchen, denen die Interessen der Gemeinschaft am Herzen liegen, aber statt dessen haben sie nur ihr Eigeninteresse im Auge. Die Kandidaten ihrerseits versuchen, das Eigeninteresse der Wähler anzusprechen. Weil die Kandidaten nicht alle Erwartungen erfüllen können, besonders wenn diese einander widersprechen, sind sie in der Praxis gezwungen, sich mit bestimmten Interessenlagen zu arrangieren. Der demokratische Prozeß verfällt weiter, weil die Wähler sich nicht darum kümmern, ob ihre Kandidaten lügen und betrügen, solange diese nur ihre persönlichen Anliegen vertreten. Die Korruption ist perfekt, wenn Geld ins Spiel kommt. Zumindest in den Vereinigten Staaten ist es mit Sicherheit so, daß nur Kandidaten, die sich für die Durchsetzung von Partikularinteressen einspannen lassen, auch genug Geld erhalten, um den Wahlkampf zu bestreiten und zu gewinnen. Gleichgewichtsferne Bedingungen sind erreicht, wenn die Wählerschaft von ihren Kandidaten nicht länger erwartet, daß sie aufrichtig sind, sondern sie lediglich nach ihrer Fähigkeit beurteilt, Wahlen zu gewinnen. Das dynamische Ungleichgewicht wird weiter durch den inzwischen immensen Einfluß von Wahlwerbung verstärkt. Werbespots treten an die Stelle aufrichtiger Aussagen und räumen dem Geld eine noch gewichtigere Rolle ein, denn sie müssen schließlich finanziert werden. So stellt sich die Situation heute dar.

Man vergleiche diese mit dem Boom von Unternehmensfusionen, den ich weiter oben beschrieben habe. Die Führungsetagen so gebildeter Konglomerate nutzten einen Fehler aus, den Investoren bei der Bewertung von Erträgen machten. Sie entdeckten, daß sie ihre Gewinne pro Aktie vermehren können, wenn sie eine Erhöhung der Gewinne pro Aktie allein durch Akquisitionen in Aussicht stellen. Das entspricht in etwa der Praxis, den Wählern nur das zu erzählen, was sie hören wollen. Beides sind Beispiele für ein dynamisches Ungleichgewicht. Aber was für ein Unterschied! Der Boom von Firmenfusionen wurde durch eine Bustperiode korrigiert. Jener Boom war außerdem mehr oder weniger ein Einzelfall, auch wenn ähnliche Dinge weiterhin geschehen. Auf jeden Fall haben Märkte die Tendenz, ihre Exzesse auszugleichen: Auf Booms oder *bull markets* folgen Busts oder *bear markets*. Repräsentative Demokratien sind in dieser Hinsicht offensichtlich weniger erfolgreich. Zwar trifft zu, daß Regierungen und Gesetzgeber regelmäßig von der Wählerschaft ausgetauscht werden – das entspricht dem Entwurf des Systems –, aber die Demokratie scheint nicht in der Lage zu sein, ihre eigenen Exzesse zu korrigieren. Im Gegenteil, sie gerät immer mehr aus dem Gleichgewicht. Diese Überlegung wird durch die zunehmende Politikverdrossenheit bestätigt.

Solche Perioden hat es natürlich früher schon gegeben. Zwischen den beiden Weltkriegen führte sie zum Zusammenbruch der Demokratie und in einigen europäischen Ländern zum Aufstieg des Faschismus. Diesmal äußert sich die Politikverdrossenheit jedoch auf andere Weise. In keinem der Kernländer des kapitalistischen Weltsystems ist die Demokratie ernsthaft bedroht; tatsächlich ist sie an der Peripherie sogar im Aufschwung begriffen. Doch der politische Prozeß ist zunehmend in Verruf geraten. An seine Stelle trat der Marktmechanismus, in den die Bürger ihr Vertrauen setzten, und das fördert den Siegeszug des Marktfundamentalismus. Das Versagen der Politik ist zum stärksten Argument dafür geworden, den Märkten freies Spiel zu geben. Der Marktfundamentalismus seinerseits hat den Aufstieg des kapitalistischen Weltsystems erleichtert, was wiederum die Fähigkeit der Staaten mindert, ihren Bürgern soziale Sicherheit zu gewährleisten – eine weitere Demonstration, daß die Politik versagt hat, zumindest soweit es jene Bürger betrifft, die auf gesellschaftlich gewährte Sicherheit angewiesen sind. In einem Prozeß der Wechselwirkung lassen sich Ursachen und Folgen nicht voneinander trennen. Der Vergleich mit dem Boom von Firmenfusionen zeigt, wie weit sich die Politik vom Gleichgewichtszustand entfernt hat. Unter Gleichgewicht ist in diesem Zusammenhang die Situation zu verstehen, in der der politische Prozeß die Erwartungen der Wählerschaft erfüllt.

Gegen meine Argumentation könnte eingewendet werden, daß ich die Selbstregulierungskraft von Märkten gerade in dem Moment betone, in dem die Finanzmärkte diese Fähigkeit verloren zu haben scheinen. Investoren haben ihr Vertrauen in die Fundamentaldaten verloren. Sie haben schließlich verstanden, daß es in dem Spiel ums Geld geht, nicht um die unterliegenden Werte. Viele alte Maßstäbe wurden über Bord geworfen, und wer sich weiterhin an sie hält, ist jenen unterlegen, die an ein neues Zeitalter glauben. Aber meine Schlußfolgerung, daß wir uns auf gleichgewichtsfernem Gebiet befinden, würde letztlich nur gestärkt, wenn auch die Märkte ihre Verankerung verloren hätten.

Was für die Politik zutrifft, gilt auch für die sozialen Werte. In vielerlei Hinsicht sind diese den Marktwerten unterlegen: Sie können weder identifiziert noch quantifiziert werden, sie lassen sich nicht einmal auf ein gemeinsames Maß – wie etwa Geld – ausrichten. Trotzdem verfügt eine gut entwickelte Gemeinschaft über gut entwickelte Werte: Ihre Mitglieder mögen sich diesen fügen oder sie mißachten, mögen von ihnen getragen oder unterdrückt werden, in jedem Fall aber kennen sie die Werte. Doch leben wir nicht in einer solchen Gemeinschaft. Wir haben Schwierigkeiten, uns zwischen Recht und Unrecht zu entscheiden. Die Amoralität der Märkte hat die Moralität auch in solchen Bereichen ausgehöhlt, in denen die

Gesellschaft ohne Moral gar nicht auskommt. Darüber hinaus ist ein Konsens hinsichtlich moralischer Werte nahezu unmöglich. Monetäre Werte sind demgegenüber viel weniger verwirrend. Nicht nur können sie gemessen werden, wir können zudem sicher sein, daß die Leute um uns herum sie ebenfalls wertschätzen. Sie bieten eine bestimmte Sicherheit, die sozialen Werten fehlt.

Soziale Werte mögen verschwommener sein als Marktwerte, gleichwohl kann ein Gemeinwesen nicht ohne sie existieren. Marktwerte sind in den Rang sozialer Werte erhoben worden, doch können sie deren Funktion nicht erfüllen. Sie sind dazu geschaffen, unter Wettbewerbsbedingungen individuelle Entscheidungsfindung zu ermöglichen, aber sie sind kaum geeignet für kollektive Entscheidungsfindung in einer Situation, die Konkurrenz wie Kooperation erfordert.

Man hat eine Vermischung von Funktionen zugelassen, die den Entwurf gemeinsamer Handlungsstrategien erschwert. Marktwerte können nicht den Platz von Gemeinsinn oder, etwas altmodisch ausgedrückt, bürgerlicher Tugend einnehmen. Wann immer sich Politik und Geschäftsinteressen überschneiden, besteht die Gefahr, daß politischer Einfluß für geschäftliche Zwecke genutzt wird. Daß Volksvertreter, einmal im Amt, die Interessen ihrer Wählerschaft wahrnehmen sollen, ist ein langgepflegter Anspruch. Doch wo zieht man die Grenze zwischen dem, was recht und dem, was unrecht ist? Die Vorrangstellung, die Geschäftsinteressen und dem Eigeninteresse von Politikern eingeräumt wurde, hat die Grenze über den Punkt hinaus verschoben, den die meisten Wähler noch akzeptabel fanden; daher die Desillusionierung und die Politikverdrossenheit. Das läßt sich sowohl auf der nationalen wie auf der internationalen Bühne beobachten. Die Außenpolitik von Demokratien wird in hohem Maße von innenpolitischen Erwägungen bestimmt. Dies ist besonders in den Vereinigten Staaten mit ihren ethnischen Wählergruppen sehr stark ausgeprägt, aber auch die französische Regierung neigt traditionell dazu, Geschäftsinteressen mit politischen Mitteln zu befördern. Ein mir bekannter Präsident eines osteuropäischen Landes war schockiert, als sein französischer Amtskollege Jacques Chirac während eines Treffens die meiste Zeit damit verbrachte, darauf zu drängen, bei einer Privatisierung einen französischen Käufer zu begünstigen. Von Waffengeschäften will ich hier gar nicht erst reden.

Korruption gibt es seit jeher, doch in der Vergangenheit haben die Leute sich ihrer geschämt und versucht, sie zu verbergen. Jetzt, wo das Profitmotiv zu einem quasimoralischen Prinzip geworden ist, schämen sich manche Politiker eher, wenn sie aus ihrer Position keine Vorteile schlagen können. Ich konnte das in den Staaten, in denen ich Stiftungen unterhalte, unmittelbar beobachten. Vor allem die Ukraine hat die Korruption auf die Spitze getrieben. Auch afrikanische Länder habe ich kennengelernt und dabei festgestellt, daß dort überall Armut herrscht; was die rohstoffreichen von den rohstoffarmen Staaten tatsächlich unterscheidet, ist, daß die Regierungen der ersteren korrupter sind.

Wollte man jedoch die kollektive Entscheidungsfindung abschaffen, weil sie ineffizient und korrupt ist, dann wäre das gleichbedeutend damit, den Marktmechanismus aufzugeben, weil er instabil und ungerecht ist. In beiden Fällen entspränge der Impuls derselben Quelle: nämlich der Unfähigkeit zu akzeptieren, daß alle menschlichen Konstrukte unvollkommen sind und der Verbesserung bedürfen.

Die vorherrschenden Theorien sowohl über die Marktgesetze wie über die repräsentative Demokratie wurden unter dem Einfluß der Aufklärung ausgebildet, und ohne es einzugestehen, behandeln sie die Realität, als sei diese vom Denken der Beteiligten gänzlich getrennt. Finanzmärkte sollen eine Zukunft diskontieren, in die keinerlei gegenwärtige Bewertungen hineinspielen. Gewählte Volksvertreter sollen für bestimmte Werte unabhängig von ihrem Wunsch einstehen, gewählt zu werden. So jedoch funktioniert die Welt nicht. Weder der Marktmechanismus noch die repräsentative Demokratie erfüllen die an sie gerichteten Erwartungen. Aber auch das ist kein Grund, sie aufzugeben. Statt dessen müssen wir erkennen, daß Vollkommenheit unerreichbar ist, und können nur daran arbeiten, die jeweils bestehenden Mängel immer wieder zu beheben.

Marktfundamentalisten schätzen die kollektive Entscheidungsfindung nicht, fehlt ihnen doch der automatische Fehlerkorrektur-Mechanismus eines Marktes, von dem sie ja annehmen, daß er zum Gleichgewichtszustand tendiert. Sie argumentieren, dem öffentlichen Interesse diene man am besten indirekt, indem man den Leuten gestatte, ihre eigenen Interessen zu verfolgen. Sie setzen ihr Vertrauen in die »unsichtbare Hand« des Marktmechanismus. Dieses Vertrauen ist aus zwei Gründen fehl am Platz. Erstens kommt das gemeinsame Interesse nicht im Marktverhalten zum Ausdruck. Unternehmen sind nicht darauf aus, Arbeitsplätze zu schaffen: Sie stellen Leute ein – so wenige und mit so geringen Kosten wie möglich –, um Gewinn zu machen. Private Krankenkassen sind nicht im Geschäft, um Leben zu retten: Sie bieten Gesundheitsversorgung an, um Profit zu erwirtschaften. Ölgesellschaften streben nicht danach, die Umwelt zu schützen, es sei denn, sie müßten Auflagen erfüllen oder ihr öffentliches Ansehen verbessern. Vollbeschäftigung, bezahlbare medizinische Versorgung und eine intakte Umwelt mögen sich unter gewissen Umständen als Nebenprodukte von Marktprozessen einstellen, aber solche begrüßenswerten gesellschaftlichen Ergebnisse kann das Profitprinzip allein nicht garantieren. Die unsichtbare Hand vermag nicht über Interessen zu wachen, auf die sie gar keinen Zugriff hat.

Zweitens sind Finanzmärkte instabil. Über den Wert der Finanzmärkte als Feedback-Mechanismus bin ich mir vollkommen im klaren. Er erlaubt den Teilnehmern nicht nur, er zwingt sie sogar, ihre Fehler zu korrigieren; gleichwohl übersehe ich nicht, daß manchmal die Finanzmärkte selbst zusammenbrechen. Also muß offensichtlich auch der Marktmechanismus in einem Verfahren von Versuch und Irrtum korrigiert werden. Zentralbanken sind besonders gut für diese Funktion geeignet, denn sie interagieren mit Finanzmärkten und erhalten ein Informations-Feedback, das ihnen ermöglicht, ihre eigenen Fehler zu berichtigen.

Ich teile die herrschende Aversion gegen Politik. Ich bin ein Geschöpf der Märkte, und ich genieße die Freiheiten und Möglichkeiten, die sie bieten. Als Marktteilnehmer kann ich meine eigenen Entscheidungen treffen und aus meinen Fehlern lernen. Ich muß nicht erst andere überzeugen, um etwas in Bewegung zu setzen, und die Ergebnisse sind nicht die verworrenen Produkte eines kollektiven Entscheidungsprozesses. So seltsam es klingen mag: Die Teilnahme an Finanzmärkten befriedigt meine Suche nach Wahrheit. Ich empfinde eine persönliche Abneigung gegen Politik und andere Formen kollektiver Entscheidungsfindung. Trotzdem weiß ich, daß wir ohne sie nicht auskommen.

Die Neuerfindung innerer Werte

Bisher sprach ich ausschließlich über soziale Werte, doch auch individuelle Werte lohnen einen Blick. Monetäre Werte haben die Rolle innerer Werte weitgehend usurpiert, und mehr und mehr regieren die Märkte auch in jene Bereiche der Gesellschaft hinein, in denen sie eigentlich nichts zu suchen haben. Ich denke dabei an Berufsfelder wie Recht und Medizin, aber auch an Politik, Bildung und Wissenschaft, die Künste und sogar persönliche Beziehungen. Erfolge und Qualitäten, die man um ihrer selbst willen schätzen sollte, werden in die Sprache des Geldes übersetzt; beurteilt werden sie danach, wieviel Geld sie einbringen, nicht mehr nach ihren eigenen Maßstäben.

Geld hat gewisse Eigenschaften, die inneren Werten fehlen: Geldwerte haben einen gemeinsamen Nenner, Geld kann quantifiziert werden, und es wird von praktisch jedermann in seinem Wert anerkannt. Dies sind Eigenschaften, die es zum Tauschmedium qualifizieren, aber nicht unbedingt als letztes Ziel. Die meisten Vorteile des Geldes kommen zur Geltung, wenn man es ausgibt. In diesem Sinne ist Geld nur Mittel zum Zweck. Unter einem bestimmten Gesichtspunkt ist Geld allerdings selbst der letzte Zweck: dann nämlich, wenn das Ziel Reichtum ist.

Es liegt mir fern, die Vorteile von Reichtum herunterzuspielen. Aber ihn zum letzten Zweck zu erheben bedeutet, viele andere Aspekte der Existenz außer acht zu lassen, die ebenfalls Beachtung verdienen, gerade von denen, die ihr Überleben auf materieller Ebene bereits gesichert haben. Ich kann nicht im einzelnen sagen, welche anderen Aspekte der Existenz ich meine. Es liegt in der Natur innerer Werte, daß sie nicht ein für allemal bestimmt werden können und ihnen nicht jeder mit der gleichen Wertschätzung begegnet. Menschen haben einen Anspruch auf persönliche Entscheidungen – ein Privileg, das sie vor allem genießen, sobald ihre Existenz gesichert ist. Doch statt dieses Privileg auszukosten, geben wir uns alle Mühe, es auszuschlagen, weil wir der Erlangung von Reichtum eine derartige Vorrangstellung einräumen. Wenn alle nach mehr Geld drängen, wird der Wettbewerb so unerbittlich, daß selbst die Erfolgreichsten meinen, wieder ums Überleben kämpfen zu müssen. Viele Leute nehmen es Bill Gates, dem Chef von Microsoft, übel, daß er nicht mehr von seinem ungeheuren Vermögen abgibt. Ihnen ist nicht bewußt, daß der Industriezweig, in dem er tätig ist, sich so schnell entwickelt und derart starken Wettbewerb erzeugt, daß er es sich nicht leisten kann, über Wohltätigkeit nachzudenken.[38] Die Autonomie und der Ermessensspielraum, den die Privilegierten in der Vergangenheit genossen haben, ist verlorengegangen. Ich glaube, wir sind dadurch alle ärmer geworden. Es sollte im Leben um mehr gehen als ums Überleben. Doch es gibt keinen Zweifel: Das Überleben der Stärksten ist zum Ziel unserer Zivilisation und Kultur geworden.

Gehört zum Konzept einer offenen Gesellschaft ein andere Werteordnung? Ich glaube schon, aber in der Darstellung meines Standpunkts muß ich Vorsicht walten lassen. Eine offene Gesellschaft bedarf sicherlich der Korrektur von Irrtümern und Auswüchsen, sie weiß indes auch, daß es kein objektives Kriterium gibt, um diese zu beurteilen. Ich kann behaupten, daß die Erhebung des Profitmotivs zu einem ethischen Prinzip eine Verirrung darstellt, doch ich darf mich nicht zum obersten Richter aufschwingen, der über diese Entwicklung im Namen einer offenen Gesellschaft entscheidet. Ich bin aber der festen Überzeugung, daß die Gesellschaft, sofern sie nur noch monetäre Werte gelten läßt, auf ein gefährliches Ungleichgewicht zusteuert. Menschliches Streben, das ebenso ernsthafte Beachtung verdient wie das Wachstum des Bruttosozialprodukts, wird mehr und mehr unterdrückt.

Der Kern meines Arguments lautet folgendermaßen: Profitmaximierendes Verhalten folgt dem Diktat der Zweckmäßigkeit und ignoriert die Forderungen der Moral. Wie gesagt: Finanzmärkte sind nicht unmoralisch, sondern amoralisch. Kollektive Entscheidungsfindung dagegen setzt die Kategorien Richtig und Falsch voraus. Natürlich können wir nicht *wissen*, was richtig ist. Wüßten wir es, brauchten wir keine demokratische Regierung. Wir könnten dann glücklich unter der Herrschaft eines Philosophenkönigs leben, so wie Plato es vorgeschlagen hat. Aber wir müssen zumindest einen Sinn für Richtig und Falsch haben, ein inneres Licht, das uns in unserem Verhalten als Bürger und Politiker führt. Anders kann repräsentative Demokratie nicht funktionieren. Das Profitstreben trübt das innere Licht, und das Prinzip der Zweckmäßigkeit gewinnt Vorrang vor moralischen Prinzipien. In einer von rigorosem Wettbewerb geprägten Tauschgesellschaft wird die Sorge um die Interessen anderer schnell zu einem Handicap. Unsere Gründerväter nahmen ein Mindestmaß an bürgerlicher Tugend als gegeben an, aber die Herausbildung einer Tauschgesellschaft mit ungebremstem Wettbewerb haben sie nicht vorausgesehen. Die Überflügelung der bürgerlichen Tugend durch den Profit unterminiert den politischen Prozeß. Das wäre nicht weiter schlimm, könnten wir uns in dem Maß auf den Marktmechanismus verlassen, wie es die Marktfundamentalisten behaupten. Doch ist dies, wie bereits gezeigt, nicht der Fall.

Noch ein weiteres Argument gilt es zu beachten: Ob die Leute mit der offenen Gesellschaft zufrieden sein werden, hängt weitgehend davon ab, welche Ergebnisse sie hervorbringen kann. Der größte Vorteil einer offenen Gesellschaft liegt darin, daß sie unbegrenzten Raum für Verbesserung bietet. Da die offene Gesellschaft auf reflexive Interaktion gründet, muß sie positive Verstärkung durch Ergebnisse erfahren. Die Ergebnisse ihrerseits hängen davon ab, was als zufriedenstellend betrachtet wird. Fortschritt ist ein subjektives Konzept, das ebenso an die individuellen Werte wie an die materiellen Lebensbedingungen geknüpft ist. Wir sind es gewohnt, Fortschritt anhand des Bruttosozialprodukts zu messen, aber das ist gleichbedeutend damit, Geld als den entscheidenden Wert zu akzeptieren. Das Bruttosozialprodukt mißt den monetären Austausch; je mehr die gesellschaftliche Interaktion die Form von monetärem Austausch annimmt, desto größer ist das Bruttosozialprodukt. Bliebe alles andere konstant, würde zum Beispiel die Ausbreitung von Aids aufgrund der Behandlungskosten das Bruttosozialprodukt erhöhen. Das zeigt die ganze Absurdität. Innere Werte können nicht mit Geld aufgerechnet werden. Wir brauchen ein anderes Maß für Zufriedenheit, selbst wenn sie sich kaum quantifizieren läßt. Meiner Ansicht nach wäre die Autonomie, die die Bürger genießen, ein besseres Kriterium, denn es sollte im Leben auf mehr ankommen als auf die Befriedigung rein materieller Bedürfnisse. Legt man diese Meßlatte an, ist nicht ohne weiteres klar, ob die Welt Fortschritte oder Rückschritte macht.

Das kapitalistische Weltsystem beruht auf Konkurrenz. Es kann sehr gefährlich sein, im Kampf ums Überleben in der Aufmerksamkeit nachzulassen und sich ausschließlich mit den subtileren Dingen des Lebens zu befassen. Manche Menschen und manche Gesellschaften haben es versucht und mußten dafür Rückschläge hinnehmen. Die Engländer etwa sind sehr fixiert auf ihr Heim, das bringt sie beim Wettbewerb auf dem Arbeitsmarkt, der hohe Mobilität fordert, ins Hintertreffen. Die Menschen auf dem Kontinent halten soziale Sicherheit hoch, selbst um den Preis hoher Arbeitslosigkeit.

Doch Wandel ist möglich. Er muß an der Spitze beginnen, wie bei den meisten Fällen revolutionärer Regimewechsel. Nur diejenigen, die im Wettbewerb erfolgreich sind, sind in der Position, die Bedingungen des Wettbewerbs zu ändern. Die weniger Erfolgreichen müssen sich aus dem Spiel verabschieden, ohne daß die Regeln andere geworden wären. Bürger demokratischer Staaten genießen jedoch grundsätzlich einen gewissen Handlungsspielraum zur Verbesserung ihres politischen Lebens. Angenommen, die Leute sähen ein, daß der globale Wettbewerb allmählich ausufert und daß es einen stärkeren Bedarf an Kooperation gibt, und sie hätten zwischen individueller und kollektiver Entscheidungsfindung zu unterscheiden gelernt, dann würden die von ihnen gewählten Vertreter eine neue Politik verfolgen, und man würde sie an neuen Verhaltensstandards messen. Sie hätten auch einigen Freiraum, um einen Wandel in ihrem Land herbeizuführen. Wollen sie die Funktionsweise des kapitalistischen Weltsystems beeinflussen, so können sie das nur, indem sie mit anderen Ländern kooperieren; zumindest könnten sie für eine stärkere Bereitschaft zur Zusammenarbeit sorgen. Der Wandel müßte mit einem Wandel von Haltungen beginnen, der allmählich auf den politischen Bereich übergehen würde.

Das ist natürlich ein sehr indirekter Weg, einen Wechsel zu bewirken; bei den vorherrschenden Tendenzen erscheint er nicht sehr realistisch. Die Kräfte des globalen Wettbewerbs sind erst vor kurzer Zeit, etwa um 1980, entfesselt worden, und sie haben ihre volle Wirkung noch nicht entfaltet. Jedes Land steht unter Wettbewerbsdruck, und die sozialen Sicherungssysteme oder Einrichtungen, die unter anderen Umständen geschaffen worden sind, können nicht mehr wie bisher finanziert werden. Ihr Abbau ist noch nicht abgeschlossen. Diejenigen, die diese Bewegung angeführt haben – Großbritannien und die USA –, ernten jetzt ihre Erfolge, während andere, die sich gesträubt haben, die Belastung durch hohe Arbeitslosigkeit zu spüren bekommen. Die Zeit ist noch nicht reif für einen erneuten Richtungswechsel, doch manche Ereignisse deuten bereits darauf hin.

Ich hoffe, mit diesem Buch zur Umkehrung des derzeitigen Trends beitragen zu können, obwohl ich zugeben muß, daß ich in mancherlei Hinsicht kein gutes Vorbild bin. Nicht wegen meiner Wohltätigkeit oder meiner Philosophie genieße ich in weiten Kreisen Respekt und Anerkennung, sondern wegen meiner Fähigkeit, auf Finanzmärkten Geld zu machen. Ich frage mich, ob dieses Buch überhaupt zur Hand genommen würde, stünde ich nicht im Ruf, eine Art Finanz-Zauberkünstler zu sein.

Ursprünglich habe ich mich auf die Finanzmärkte eingelassen, um damit meinen Lebensunterhalt zu verdienen, aber in den letzten zehn Jahren nutzte ich meinen Ruf als Börsenguru bewußt als Basis für die Verbreitung meiner Ideen. Mein eigentliches Anliegen ist, daß wir zwischen individueller Entscheidungsfindung, die im Marktverhalten zum Ausdruck kommt, und kollektiver Entscheidungsfindung, die im Sozialverhalten und in politischem Handeln zum Ausdruck kommt, zu unterscheiden lernen müssen. In beiden Fällen werden wir von Eigeninteresse geleitet. Aber in der kollektiven Entscheidungsfindung haben wir den Gemeinnutzen über unsere individuellen Belange zu stellen. Viele Menschen, vielleicht sogar die meisten, folgen selbst bei kollektiven Entscheidungen allein ihrem persönlichen Interesse. Die Versuchung ist groß, sich mit schicksalsergebener Geste der Masse anzuschließen, doch das wäre falsch, denn es würde dem Gemeinwohl schaden. Wenn wir wirklich an ein Gemeinwohl glauben, dann müssen wir es anerkennen, auch wenn andere dies nicht tun. Innere Werte bestehen für sich, gleichgültig ob sie sich durchsetzen oder nicht.

Es gibt eine Differenz zwischen inneren Werten und Marktwerten.

Märkte sind von Konkurrenz geprägt, und das Ziel ist Gewinn. Innere Werte sind schon an sich verdienstvoll. Ich habe nie die Worte von Sergej Kowaljow vergessen, dem russischen Dissidenten und Menschenrechtsaktivisten, der mir stolz erzählte, daß er zeit seines Lebens auf der Verliererseite gekämpft habe. Diesem Standard kann ich natürlich nicht ganz gerecht werden, gleichwohl praktiziere ich, was ich predige. Als Marktteilnehmer versuche ich, auf der Gewinnerseite zu stehen, als Bürger und Mensch hingegen versuche ich, dem Gemeinwohl zu dienen. Manchmal ist es schwierig, die beiden Rollen zu trennen, wie im Falle meines Engagements in Rußland, aber das Prinzip ist klar.

Es wird immer Menschen geben, die ihre persönlichen Interessen über das Gemeinwohl stellen. Man kann hier von einem Trittbrettfahrer-Problem sprechen, und es ist ein Fluch, der auf allen gemeinsamen Anstrengungen lastet. Doch es macht einen Unterschied, ob wir es als Problem betrachten oder es als Tatsache akzeptieren. Im ersten Fall nehmen wir Trittbrettfahrern gegenüber eine ablehnende Haltung ein, auch wenn wir sie nicht aus der Welt schaffen können; im zweiten tolerieren wir sie oder ermuntern sie gar. Durch allgemeine Geringschätzung könnten Trittbrettfahrer entmutigt werden. Menschen ist es sehr wichtig, was andere von ihnen denken. Obwohl sie skrupellos dem Geld nachjagen, würden sie, sobald andere Leute der Tugend einen hohen Stellenwert einräumen, vorgeben, Gemeinsinn zu besitzen. Allein das wäre schon ein Fortschritt gegenüber dem gegenwärtigen Stand der Dinge.

Natürlich kann die Kritik in der Politik und im gesellschaftlichen Leben niemals so gut funktionieren wie in den Naturwissenschaften, deshalb sollten wir keine unrealistischen Erwartungen hegen, die ohnehin nur zu Enttäuschungen führen. Die Wissenschaften können mit unabhängigen, externen Kriterien arbeiten, und so setzt sich die Wahrheit auch dann durch, wenn sie nicht dem gesunden Menschenverstand entspricht. Das gesellschaftliche Leben verfügt nicht über solche Kriterien. Wir haben gesehen, daß die

Menschen das Gemeinwohl völlig aus dem Blick verlieren können, wenn sie sich nur vom Ergebnis ihrer Handlungen lenken lassen. Die einzigen verfügbaren Kriterien sind die inneren Werte der Bürger. Das ist keine verläßliche Basis für eine kritische Bewertung, ist es doch nur zu einfach, sie zu demontieren. Die Sozialwissenschaften tun sich schwerer als die Naturwissenschaften, denn sie berücksichtigen die Frage von Motiven. Marxisten etwa pflegten jede Kritik an ihren Dogmen mit dem Vorwurf abzuwehren, ihre Gegner verträten die Interessen der feindlichen Klasse. Der kritische Prozeß ist also weniger effektiv, wenn er mit Motiven statt mit Tatsachen befaßt ist. Gleichwohl funktioniert Politik besser, wenn die Bürger von einem Gespür für Recht und Unrecht statt von reiner Zweckmäßigkeit geleitet sind.

In Ungarn, wo ich geboren wurde, konnte ich das beobachten, aber dafür war erst eine Revolution nötig. Ich verließ das Land mit bitteren Erinnerungen: Die Bevölkerung hatte nicht viel getan, um ihren jüdischen Landsleuten zu helfen, als diese während der Besetzung durch die Nationalsozialisten vernichtet wurden. Als ich zwei Jahrzehnte später zurückkehrte, fand ich ein anderes Klima vor. Das war das Erbe der Revolution von 1956. Die Menschen waren sich über die politischen Repressionen im klaren. Einige wurden Dissidenten; die meisten fanden Wege, sich zu arrangieren, doch sie wußten, daß sie Kompromisse eingingen, und sie bewunderten diejenigen, die es nicht taten. Interessanterweise ist das ausgeprägte Gespür für Recht und Unrecht, das zu der Zeit herrschte, als ich die Grundlagen für meine Karriere schuf, seit der Auflösung des kommunistischen Regimes verblaßt. Könnte es in einer Demokratie bewahrt oder wiederbelebt werden? Ich denke schon, aber der Impuls dafür muß von einzelnen ausgehen, die auf der Basis ihrer Werte handeln, gleichgültig was andere tun. Auf jeden Fall jedoch müssen einige Menschen bereit sein, für ihre Prinzipien geradezustehen, und andere müssen sie dafür respektieren. Das würde genügen, um das soziale und politische Klima zu verbessern.

10. Der internationale Rahmen

Bisher habe ich die Unzulänglichkeiten der repräsentativen Demokratie behandelt. Doch wie wir sehen konnten, ist die Verbindung zwischen Demokratie und Marktwirtschaft recht schwach. Das kapitalistische Weltsystem ist mit einer ganzen Palette von politischen Regimen verknüpft. Die Weltwirtschaft geht nicht notwendigerweise mit einer Weltgesellschaft oder gar einer Weltdemokratie einher. Die internationalen Beziehungen beruhen nach wie vor auf dem Prinzip nationaler Souveränität: Souveräne Staaten lassen sich von ihren nationalen Interessen leiten. Die Staatsinteressen stimmen nicht unbedingt mit den Interessen der eigenen Bürger überein, um so unwahrscheinlicher ist es, daß Staaten um das Wohl der Bürger anderer Staaten besorgt sind. In der gegenwärtigen Ordnung gibt es keine Sicherheitsvorrichtungen, die die Interessen des Volkes angemessen schützen. Die Vereinten Nationen haben die Erklärung der Menschenrechte angenommen, doch sie verfügen über keinen Mechanismus, sie auch durchzusetzen. Natürlich gibt es internationale Verträge und Einrichtungen, aber ihr Einfluß ist auf den schmalen Bereich beschränkt, den die souveränen Staaten den Vereinten Nationen überlassen. Was innerhalb der Grenzen einzelner Gemeinwesen vorgeht, entzieht sich weitgehend internationaler Aufsicht.

All das würde das kapitalistische Weltsystem vermutlich nicht gefährden, wenn die Staaten demokratisch und die Märkte selbstregulierend wären. Das jedoch ist nicht der Fall. Bevor ich mich dem tatsächlichen Stand der Dinge zuwende, möchte ich noch kurz auf die Grundlagen internationaler Beziehungen eingehen.

Geopolitischer Realismus

Internationale Beziehungen werden oft nicht hinreichend verstanden. Man kann dabei nicht auf eine wissenschaftliche Disziplin wie die Ökonomie zurückgreifen, obwohl es eine Doktrin namens »Geopolitik« gibt, für die Wissenschaftlichkeit reklamiert wird. Genau wie die Theorie vom vollkommenen Wettbewerb hat die Geopolitik ihre Wurzeln im 19. Jahrhundert, als von der Wissenschaft erwartet wurde, deterministische Erklärungen und Voraussagen zu liefern. Gemäß der geopolitischen Theorie ist das Verhalten von Staaten größtenteils durch ihre geographische, soziale und ökonomische Lage bestimmt. Henry Kissinger, ein Apostel der Geopolitik, behauptet, daß die Wurzeln des geopolitischen Realismus sogar noch weiter zurückreichen, nämlich bis auf Kardinal Richelieu, der erklärt habe, Staaten hätten keine Prinzipien, sondern nur Interessen.[39] Diese Doktrin hat insofern gewisse Ähnlichkeiten mit der Doktrin des *laissez faire*, als beide den Eigennutz als einzig realistische Basis betrachten, um das Verhalten eines Subjekts zu erklären. Das Subjekt des *laissez faire* ist der individuelle Marktteilnehmer, das der Geopolitik der Staat. Mit beiden eng verbunden ist die Vulgärversion des Darwinismus, die das Überleben des Stärkeren für ein Naturgesetz hält. Der gemeinsame Nenner aller drei Doktrinen ist, daß sie auf dem Prinzip des Egoismus aufbauen: im Fall der Geopolitik also auf dem nationalen Interesse, welches nicht unbedingt die Interessen des zu diesem Staat gehörenden Volkes spiegeln muß. Die Idee, daß der Staat die Interessen seiner Bürger zu vertreten hat, liegt jenseits des geopolitischen Bezugsrahmens. Der geopolitische Realismus läßt sich als Übertragung der Doktrin des *laissez faire* auf die internationalen Beziehungen begreifen – mit dem Unterschied, daß die Akteure Staaten, nicht Individuen oder Unternehmenseinheiten sind.

Der geopolitische Realismus weist einige erstaunliche Mängel auf. So war er etwa nicht in der Lage, den Protest der Bürger gegen den

Vietnamkrieg zu erklären. Genauso begriffslos stand er in jüngerer Vergangenheit vor dem Zerfall von Staaten wie der Sowjetunion oder Jugoslawien. Ein Staat ist ein Staat ist ein Staat. Und die Geopolitik lehrt uns, Staaten wie Bauern auf einem Schachbrett zu sehen. Was im Innern der Figuren vor sich geht, ist nicht Angelegenheit der Geopolitik.

Interessanterweise leidet die ökonomische Theorie an einer ähnlichen Schwäche. Geopolitik fußt auf dem Staat, die Ökonomie auf dem isolierten Individuum, dem Homo oeconomicus. Keines der beiden Subjekte ist stark genug, das Gewicht der Theorie zu tragen, die auf ihm errichtet wurde. Die Wirtschaftssubjekte sind so gedacht, als hätten sie vollständiges Wissen – sowohl um ihre eigenen Bedürfnisse als auch um die ihnen offenstehenden Möglichkeiten – und als wären sie dadurch in der Lage, rationale Entscheidungen zu treffen. Wir haben gesehen, daß diese Annahmen unrealistisch sind, und wir haben auch gesehen, wie sich die ökonomische Theorie aus der Schwierigkeit herauswindet, indem sie sowohl Präferenzen als auch Möglichkeiten als gegeben annimmt. Damit aber wird der Eindruck erweckt, Menschen würden als isolierte Individuen von ihrem Eigennutz geleitet. In Wirklichkeit sind Menschen »soziale Tiere«: Das Überleben des Stärkeren muß Kooperation ebenso einschließen wie Wettbewerb. Marktfundamentalismus, geopolitischer Realismus und die Vulgärform des Sozialdarwinismus haben einen gemeinsamen Fehler: die Mißachtung von Altruismus und Kooperation.

Keine Weltordnung

Wenden wir uns nun der Realität zu und betrachten den tatsächlichen Stand der Dinge in den internationalen Beziehungen. Das hervorstechendste Merkmal ihres gegenwärtigen Zustands ist, daß man nicht von einem übergreifenden Herrschaftssystem sprechen kann. Es gibt kein politisches Weltsystem in Entsprechung zum kapitalistischen Weltsystem. Und mehr noch: Es gibt auch keine Übereinstimmung darüber, ob ein politisches Weltsystem überhaupt erreichbar oder wünschenswert wäre. Das ist eine relativ neue Entwicklung. Bis zum Zusammenbruch des Sowjetreichs ließ sich von einem übergreifenden Leitmotiv in den internationalen Beziehungen sprechen. Es hieß Kalter Krieg und war bemerkenswert stabil: Zwei Supermächte, die zwei unterschiedliche gesellschaftliche Organisationsformen repräsentierten, waren in tödlichem Konflikt verschlungen. Jede wollte die andere zerstören, und beide bereiteten dies durch den Einstieg in ein Wettrüsten vor. Schließlich waren beide stark genug, um im Falle eines Angriffs die jeweils andere Seite völlig zu vernichten. Das verhinderte den Ausbruch eines offenen Krieges, obwohl es weder Scharmützel an den Rändern noch Gerangel um die bessere Position verhindern konnte.

Ein Gleichgewicht der Kräfte, so wie es der Kalte Krieg war, wird allgemein als ein möglicher Weg anerkannt, Frieden und Stabilität in der Welt zu erhalten; die Hegemonie einer Großmacht ist ein anderer, und die Existenz einer internationalen Organisation, die tatsächlich zu Friedensstiftung in der Lage ist, könnte ein dritter sein. Im Moment haben wir nichts von alledem.

Die Vereinigten Staaten sind als einzige Supermacht übriggeblieben, doch sie haben kein klares Bild von ihrer Rolle auf der internationalen Bühne. Während des Kalten Krieges waren die Vereinigten Staaten zugleich die Führungsmacht der freien Welt, und die beiden Funktionen verstärkten einander. Mit dem Zerfall des Sowjetreiches zerfiel auch die bequeme Identität von Supermacht und Führung. Um Führungsmacht der freien Welt zu bleiben, hätten die USA mit den anderen freiheitlich gesinnten Staaten zusammenarbeiten müssen, zunächst um in den ehemals kommunistischen Ländern die Fundamente der Demokratie legen zu helfen, dann um die notwendigen internationalen Institutionen zu stärken. Beides hätte dazu beigetragen, das zu erhalten, was ich eine offene Weltgesellschaft nenne. Bei zwei früheren Gelegenheiten in unserem Jahrhundert – nach dem Ende des Ersten und dem des Zweiten Weltkriegs – verhielten sich die Vereinigten Staaten genau in diesem Sinne: Sie wirkten maßgeblich an der Entstehung des Völkerbunds und dann am Aufbau der Vereinten Nationen mit. Im ersten Fall freilich weigerte sich der Kongreß, den Beitritt zum Völkerbund zu ratifizieren, im zweiten machte der Kalte Krieg die UN weitgehend wirkungslos.

Als das Sowjetreich zu zerfallen begann, habe ich gehofft, die USA würden eine Führungsrolle in der internationalen Zusammenarbeit übernehmen. Ich richtete in den ehemals kommunistischen Ländern ein Netzwerk von Open Society Foundations ein, um einen Weg der Unterstützung zu bahnen, dem, so hoffte ich, die offenen Gesellschaften des Westens hätten folgen können. Im Frühjahr 1989 – also noch vor dem Fall der Mauer – hielt ich eine Rede auf einer Ost-West-Konferenz in Potsdam, in der ich die Idee einer neuen Art von Marshallplan verfocht. Doch mein Vorschlag wurde mit Gelächter quittiert. Um der historischern Genauigkeit willen muß ich anmerken, daß es William Waldegrave, Margaret Thatchers stellvertretender Außenminister, war, der das Gelächter anstimmte. Im folgenden versuchte ich, Margaret Thatcher einen »Thatcher-Plan« und, vor dem Gipfeltreffen mit Gorbatschow in Malta im September 1989, George Bush ein ganz ähnliches Konzept nahezubringen – ohne Erfolg.

Möglichkeiten, die Vereinten Nationen zu reaktivieren, gab es sicherlich. Als Gorbatschow den Weg von Glasnost und Perestroika einschlug, war eine seiner ersten Maßnahmen die Begleichung der sowjetischen Schulden bei den Vereinten Nationen. Dann trat er mit der leidenschaftlichen Forderung nach internationaler Zusammenarbeit vor die Vollversammlung. Der Westen argwöhnte eine List und wollte Gorbatschows Aufrichtigkeit auf die Probe stellen. Als er diese bestand, wurden neue Proben konstruiert. Und als er dann alle ihm abverlangten Zugeständnisse gemacht hatte, hatten sich die Bedingungen in der Sowjetunion so verschlechtert, daß die führenden Politiker des Westens zu dem Schluß kamen, es sei nun zu spät, die Unterstützung zu gewähren, auf die Gorbatschow nach wie vor hoffte. Dennoch sorgten in den darauffolgenden fünf oder sechs Jahren weder Gorbatschow noch Jelzin für ernsthafte Schwierigkeiten im Sicherheitsrat. Die Chance, den Sicherheitsrat so arbeiten zu lassen, wie es ursprünglich gedacht gewesen war, wurde zuerst durch einen unglücklichen Vorfall in Somalia, dann durch den Konflikt in Bosnien vertan. Die Erfahrung in Somalia zementierte das Prinzip, US-Soldaten nicht mehr dem Kommando der Vereinten Nationen zu unterstellen – dabei hatten sie zur Zeit des Zwischenfalls gar nicht unter UN-Befehl gestanden. Diese Episode lehrte die US-Regierung, daß die Öffentlichkeit eine sehr niedrige Toleranzschwelle für den Anblick toter amerikanischer Soldaten hat.

Trotzdem hätte die Krise in Bosnien leicht begrenzt werden können, wenn die westlichen Ständigen Mitglieder des Sicherheitsrats untereinander einig gewesen wären. Die Aufgabe hätte, um die Tragödie zu vermeiden, von der Nato übernommen werden sollen, wie es ganz zuletzt auch geschah. Rußland hätte zu diesem Zeitpunkt, 1992, sicher keine Einwände erhoben. Doch von der somalischen Erfahrung eingeschüchtert, übernahmen die USA keine Führungsrolle, ebensowenig wie Europa. So zogen sich die Kämpfe hin, bis die Vereinigten Staaten endlich eine härtere Gangart einschlugen. Das Abkommen von Dayton bestärkte die wenig glückliche Einstellung der amerikanischen Außenpolitik, Europa zu bezichtigen, keine einheitliche Position in Sicherheitsfragen einnehmen zu können. Auch gegenüber den Vereinten Nationen hat sich die Haltung der USA derart verschlechtert, daß sie noch nicht einmal mehr bereit sind, ihren Pflichtbeitrag zu zahlen. Nach dem Debakel in Ruanda ist es wohl nicht übertrieben zu sagen, daß die UN ohnmächtiger ist als während des Kalten Krieges.

Die Periode seit Ende des Kalten Krieges kann man beim besten Willen nicht als friedlich bezeichnen. Das Gerede vom Ende der

Geschichte war stark übertrieben. Die USA waren seither zwar »nur« in einen Krieg verwickelt, den Golfkrieg, doch es gab viele lokal begrenzte Auseinandersetzungen, und ohne wirksame Friedensstiftung erwiesen sich einige von ihnen als ziemlich verheerend. Auch wenn wir nur einen einzigen Kontinent betrachten, nämlich Afrika, so waren die Auseinandersetzungen dort so zahlreich, daß ich nicht wüßte, wo ich mit der Aufzählung anfangen sollte. Ich gebe zu, daß diese Konflikte das kapitalistische Weltsystem nicht gefährdet haben, aber das gilt schon nicht mehr für das atomare Wettrüsten zwischen Indien und Pakistan oder die Spannungen im Mittleren Osten. Lokale Konflikte scheinen sich heute eher schwerer als leichter eingrenzen zu lassen. Sie müssen sich erst zu Krisen auswachsen, bevor sie Aufmerksamkeit erregen, und selbst dann ist der Wille, politisch zu handeln, kaum zu mobilisieren.

Krisenvermeidung

Ich habe inzwischen genügend politische und finanzielle Krisen miterlebt, um zu wissen, daß Krisenprävention gar nicht früh genug einsetzen kann. In frühen Stadien ist ein Eingreifen relativ schmerzlos und kostengünstig; später wachsen sowohl der Schaden wie die Kosten exponentiell. 1992 hätten in Rußland 15 Milliarden Dollar, angewiesen für die Zahlung von Pensionen und Arbeitslosenunterstützung, den Lauf der Geschichte verändert. In der Folgezeit haben internationale Finanzeinrichtungen das Vielfache dieser Summe ausgegeben, ohne eine entsprechende Wirkung zu erzielen. Oder man nehme den Fall Jugoslawien: Hätten die westlichen Demokratien 1989 Einspruch erhoben, als Slobodan Milošević die Autonomie des Kosovo aufhob, hätten sowohl der Bosnienkrieg als auch die gegenwärtigen Kämpfe im Kosovo vermieden werden können. Zu jenem Zeitpunkt hätte es allein diplomatischen und finanziellen Drucks bedurft, um Milošević' Machtzuwachs zu verhindern. Später war dazu eine militärische Intervention notwendig.

Mit der Entwicklung des Netzwerks der Open Society Foundations betreibe ich seit geraumer Zeit tatsächlich Krisenvorbeugung. Die Stiftungen sind mit einer großen Bandbreite nur scheinbar unverbundener Aktivitäten befaßt. Ihr Ziel ist, die Entwicklung der Zivilgesellschaften zu befördern und beim Aufbau von Rechtsstaatlichkeit und demokratischen staatlichen Strukturen mit unabhängigem Wirtschaftssektor zu helfen. Jede Stiftung steht unter Leitung eines Vorstands aus ortsansässigen Bürgern, die entscheiden, welche Probleme am dringlichsten einer Lösung bedürfen. Krisenvermeidung ist dann erfolgreich, wenn keine Krise eintritt. Die Geldmenge, die wir ausgeben, ist wesentlich geringer als die, die nach Ausbruch einer Krise benötigt wird. Im Dezember 1992 habe ich dem Hohen Kommissar der Vereinten Nationen für Flüchtlingsfragen (UNHCR) 50 Millionen US-Dollar für die Einwohner von Sarajewo zur Verfügung gestellt, und das Geld wurde außerordentlich sinnvoll für humanitäre Zwecke eingesetzt. Unter Leitung von Fred Cuny, einem ganz besonders begabten Nothilfeorganisator, der später in Tschetschenien ums Leben kam, wurde eine alternative Wasserversorgung eingerichtet, im Krankenhaus ein Elektrogenerator installiert und Saatgut für Gemüseanbau auf kleinen Landparzellen oder auf Balkonen verteilt. Trotzdem empfand ich meine Spende als Eingeständnis einer Niederlage: Es wäre viel besser gewesen, hätte die Krise verhindert und das Geld in Ländern ausgegeben werden können, die sich nicht in einem Prozeß der Zerstörung befanden.

Welchen Erfolg Maßnahmen zur Krisenvermeidung haben, ist schwer einzuschätzen, weil nur die Fehlschläge registriert werden. Trotzdem zweifle ich nicht daran, daß die Stiftungen einen Teil des Fundaments für das gelegt haben, was ich eine offene Gesellschaft nenne. Interessanterweise scheinen sie gerade dort von größter Wirksamkeit zu sein, wo sie unter den widrigsten Umständen arbeiten. Im ehemaligen Jugoslawien etwa überstand die Stiftung einen Versuch der Regierung, sie zu schließen, und sie ist praktisch die einzige Quelle, von der jene Menschen, die die Hoffnung auf Demokratie noch nicht aufgegeben haben, Unterstützung erhalten. Ein Ableger der Stiftung im Kosovo läßt die Stimme der Zivilgesellschaft sogar inmitten des Kriegslärms erklingen – ohne Zweifel wird er eine konstruktive Rolle spielen können, wenn die Kämpfe beendet sind. So zumindest war es in Bosnien: Während sich Serben, Muslime und Kroaten in Kämpfen gegenüberstanden, gab die Stiftung die Idee einer offenen Gesellschaft, in der alle Bürger gleich behandelt würden, nie auf. Jetzt operiert sie in der Serbischen Republik und in den bosnischen und kroatischen Teilen des Landes unter einem Vorstand, der aus allen Nationalitäten zusammengesetzt ist. In der Republik Weißrußland erzwang ein diktatorischer Präsident die Schließung der Stiftung. Nun arbeitet sie über die Landesgrenzen hinweg und ist erfolgreicher denn je.

Ich erwarte von niemandem, daß er sich in dem Maß für eine Sache einsetzt, wie ich es tue – und ich muß auch ganz deutlich sagen, daß ich dieses Engagement erst zeige, seitdem ich in meinen Finanzgeschäften erfolgreich war. Dennoch drängt sich mir die Frage auf, ob Konfliktvermeidung nach dem Modell, dem ich mit meinen Stiftungen gefolgt bin, nicht auch eine Möglichkeit für die Politik wäre – dann natürlich in größerem Maßstab. Ich weiß, daß es zur Verbesserung der Weltsituation beitragen würde. Ich zögere deshalb, dies öffentlich zur Diskussion zu stellen, weil es mich der Vorhaltung aussetzt, naiv und idealistisch zu sein. Vielleicht bin ich tatsächlich ein Idealist, aber naiv bin ich nicht. Mir ist klar, daß der Gedanke, anderen im Namen einer abstrakten Idee zu helfen, den herrschenden Einstellungen und Mentalitäten völlig zuwiderläuft. Doch mir ist ebenso klar, daß mit der herrschenden Geisteshaltung etwas nicht stimmt, und ich habe den größten Teil dieses Buchs dem Versuch gewidmet herauszufinden, was es ist.

Historisch betrachtet, waren die Vereinigten Staaten immer hin- und hergerissen zwischen geopolitischem Realismus und den universellen Prinzipien, wie sie in der Unabhängigkeitserklärung formuliert wurden. In dieser Hinsicht sind die Vereinigten Staaten ein außergewöhnliches Land, was sogar der ehemalige Außenminister Henry Kissinger einsieht. Europäische Mächte, die meist eine lange Kolonialgeschichte haben, werden vom Leid anderer Völker viel weniger berührt. (Man sollte allerdings daran erinnern, wie Gladstone gegen die Massaker auf dem Balkan wetterte, gerade weil seine Haltung heute ein Echo findet in der öffentlichen Reaktion auf die blutigen Bilder in CNN.) Bis sich die Öffentlichkeit erst einmal erregt, ist es meist schon viel zu spät. Die Frage, ob man nicht Wege finden könnte, früher zu reagieren, ist darum durchaus angebracht. Doch verschiedene Hindernisse stehen dem im Weg. Niemand gewinnt einen Blumentopf mit der Lösung von Krisen, die noch gar nicht ausgebrochen sind, und Lösungen zu finden ist schwieriger, als Probleme zu erkennen. Das größte Hindernis ist aber, daß uns eine Einigung über die grundlegenden Prinzipien fehlt, an denen sich kooperatives Handeln, speziell in der internationalen Arena, orientieren müßte.

Ich bin überzeugt, daß die Prinzipien der offenen Gesellschaft einem solchen Zweck dienen könnten. Ich spreche dabei aus persönlicher Erfahrung, denn ich habe mich von diesen Prinzipien leiten und gut leiten lassen – privat wie beruflich. Natürlich habe ich viele Fehler gemacht, aber das hat mir auch geholfen, die Mängel als solche zu erkennen und zu korrigieren. Unglücklicherweise sind die Prinzipien der offenen Gesellschaft noch nicht einmal verstanden, geschweige denn akzeptiert worden. Deshalb muß ich die Frage, die ich gestellt habe, anders formulieren: Könnten die Prinzipien der offenen Gesellschaft uns jene gemeinsamen Werte liefern, die für den Aufbau einer solidarischen Weltgesellschaft vonnöten sind?

Offene Gesellschaft als gemeinsamer Wert

Politik und internationale Beziehungen gründen auf der Souveränität des Staates. Internationale Beziehungen bestimmen die zwischenstaatlichen Beziehungen. Innerhalb von Staaten liegt die Souveränität jedoch beim jeweiligen Gesetzgeber, es sei denn, dieser hat sie durch internationale Verträge abgetreten oder delegiert. Die zwischenstaatlichen Regelungen sind bei weitem nicht hinreichend, doch die Mängel, die auf nationaler Ebene herrschen, sind oft noch viel gravierender. Jedes internationale Eingreifen in diese Verhältnisse kommt einer äußeren Einmischung in die Staatssouveränität gleich. Da Krisenprävention einen gewissen Grad an Einmischung verlangt, stehen die gegenwärtigen Regelungen effektiver Krisenvermeidung im Weg. Gleichzeitig aber kann sich das internationale Kapital frei bewegen, und die Staaten sind ihm praktisch ausgeliefert. So wird ein Ungleichgewicht zwischen der politischen und der ökonomischen Sphäre erzeugt, und das internationale Kapital unterliegt keinerlei politischen Kontrolle. Vor allem deshalb betrachte ich das kapitalistische Weltsystem als eine verzerrte Form der offenen Gesellschaft.

Das Konzept der offenen Gesellschaft steht für ein bestimmtes Verhältnis von Staat und Gesellschaft, das seinerseits wichtige Implikationen für die internationalen Beziehungen hat. Grundprinzip ist die Nichtidentität von Gesellschaft und Staat; der Staat sollte der Gesellschaft dienen, ihr aber keine Vorschriften machen. Menschen haben Bedürfnisse, die sich nicht aus eigener Kraft befriedigen lassen; Aufgabe des Staates ist es, diese Bedürfnisse zu erfüllen. Der Staat darf nicht Träger aller kollektiven Entscheidungen sein: Einigen Bedürfnissen werden eher freiwillige Zusammenschlüsse gerecht, anderen städtische Behörden und wieder anderen internationale Regelungen. Zivilgesellschaft, Staat und Regionalregierung haben ihre jeweiligen Sphären, in denen ihr Einfluß angemessen ist – was ihnen angemessen ist, sollte jedoch das Volk entscheiden, nicht der Staat. Wie die Entscheidungen getroffen werden, muß eine auf Konsens beruhende Verfassung regeln. Diese legt fest, wie Gesetze gemacht, geändert, ausgeführt und durchgesetzt werden. Auch der Staat sollte sich dem Arm des Gesetzes nicht entziehen können.

Nicht alle Staaten entsprechen diesen Bedingungen. Ihrer Natur nach sind Staaten besser geeignet zu befehlen, als zu dienen. Ursprünglich wurden sie ja auch von einem Souverän regiert, wobei dessen Macht nicht immer absolut war. Der Staat ist ein archaisches Instrument, das den Anforderungen einer offenen Gesellschaft angepaßt wurde. In manchen Fällen nahm die Entwicklung einen anderen Weg: In der Sowjetunion etwa erlangte der Partei- und Staatsapparat umfassendere Kontrolle über die Gesellschaft als jeder absolute Herrscher. Das machte Poppers Unterscheidung zwischen offener und geschlossener Gesellschaft zu jener Zeit so bedeutsam.

Staaten mißbrauchen ihre Macht eher gegenüber den eigenen Bürgern als gegenüber anderen Staaten, denn im Umgang mit diesen sind sie größeren Beschränkungen unterworfen. Menschen, die unter einem repressiven Regime leben, brauchen Unterstützung von außen. Oft ist das ihre einzige Rettung. Doch welches Interesse haben Menschen, anderswo Unterdrückten zu Hilfe zu kommen? In diesem Punkt müssen wir unsere sozialen Werte dringend auf den Prüfstand stellen. Gewöhnlich unterstützen Leute, die in repräsentativen Demokratien leben, innerhalb ihres eigenen Landes die Prinzipien der offenen Gesellschaft, und sie verteidigen ihre Freiheit, wenn sie gefährdet ist. Aber für die offene Gesellschaft als universelles Prinzip gibt es nicht genügend Unterstützung. Viele, die ihre eigene Freiheit lautstark verteidigen, empfinden es als Widerspruch zu ihren Prinzipien, wenn sie sich in die Angelegenheiten eines weit entfernten Landes einmischen sollen. Und schlimmer noch: Sie haben damit ja nicht einmal unrecht. Handlungen ziehen unbeabsichtigte Folgen nach sich, und gutgemeinte Eingriffe im Namen irgendwelcher abstrakter Prinzipien könnten am Ende mehr Schaden anrichten als nutzen. Diese Schlußfolgerung schien Fernsehzuschauern nur allzu naheliegend, als sie sahen, wie der Leichnam eines US-Piloten durch die Straßen von Mogadischu geschleift wurde.

Die Einführung eines universell gültigen Verhaltenskodexes ist, wie gesagt, die größte Herausforderung unserer Zeit. Das Konzept der offenen Gesellschaft kann das Problem skizzieren, aber letztlich nicht lösen. In einer offenen Gesellschaft kann es keine endgültigen Lösungen geben. Unsere eigene Fehlbarkeit hat zur Folge, daß ein Verhaltenskodex nicht aus Prinzipien erster Ordnung abgeleitet werden kann. Und trotzdem brauchen wir ihn, besonders für den Aufbau tragfähiger internationaler Beziehungen. Diese dürfen nicht auf Beziehungen im engeren Sinne beschränkt bleiben, denn wie wir gesehen haben, fallen die Interessen des Staates nicht mit denen des Volkes zusammen. Wir brauchen deshalb universal gültige Regeln für das Verhältnis von Staat und Gesellschaft, die die Rechte des Individuums schützen und garantieren. Die Grundrisse solcher Regeln finden wir in einigen frommen Erklärungen, doch sind sie viel zu allgemein, und hinter ihnen steht kein Vollzugsorgan oder Vollzugsmechanismus. Zudem ist es gefährlich, die Ausführung den Staaten zu überlassen, denn Staaten haben keine Prinzipien, nur Interessen. Will man, daß sich Staaten in ihrem Verhalten von Prinzipien leiten lassen, dann muß die Gesellschaft mobilisiert werden.

Demokratische Staaten sind nach gleichen oder doch ähnlichen Grundsätzen organisiert – zumindest sollte es so sein. Ein Verhaltenskodex wird in Form von Gesetzen aufgestellt, die im Lichte der Erfahrung revidiert und verfeinert werden können. Der Staat steht unter der Kontrolle der Gesellschaft und nicht über dem Gesetz. Was fehlt, ist die Geltung des internationalen Rechts. Wie ließe sich das erreichen? Nur durch die Zusammenarbeit demokratischer Staaten, die von lebendigen Bürgergesellschaften dominiert werden. Internationales Recht setzt eine freiwillige Selbstbegrenzung staatlicher Souveränität voraus – und Wege, wie auch andere Gemeinwesen zu einem solchen Schritt veranlaßt werden können. Das klingt natürlich gut. Aber noch einmal: Wir müssen uns vor unbeabsichtigten Folgen hüten. Einmischung in die inneren Angelegenheiten eines anderen Staates birgt viele Gefahren, Nichteinmischung freilich richtet mitunter noch mehr Schaden an.

11. Fahrplan für eine offene Gesellschaft

Wie geht es weiter? Wenn ich nun einen Entwurf für eine globale Regulierung skizzierte, würde ich damit den Prinzipien einer offenen Gesellschaft widersprechen; davon abgesehen wäre es auch vergebliche Mühe. Statt dessen müssen wir uns auf die bestehenden Verhältnisse konzentrieren und entscheiden, wie sie verändert werden sollen. Karl Popper nannte das die Stückwerk-Technik. Ich bin nicht ganz glücklich mit diesem Begriff, denn es gibt Zeiten, in denen schrittweise Veränderungen nicht genügen. Der Zusammenbruch des Sowjetsystems war ein solcher Augenblick. Die Vorschläge für vereinzelte Reformen erwiesen sich als nicht angemessen. Es war eher die Zeit für »big bangs« wie die Währungsreform in Polen oder die massenhaften Privatisierungen in der Tschechoslowakei. Daß radikale Reformen oft in die falsche Richtung gehen, heißt nicht, daß sie gelegentlich nicht doch angebracht sind.

Gegenwärtig befinden wir uns wieder in einem solchen historischen Augenblick. Das kapitalistische Weltsystem ist durch eine Reihe von Finanzkrisen erschüttert und buchstäblich am Auseinanderbrechen. Als ich dieses Buch zu schreiben begann, dachte ich nicht, daß alles so rasch gehen würde. Selbst wenn meine Meinung nicht allgemein geteilt wird, bin ich fest davon überzeugt, daß wir grundlegende Veränderungen brauchen. Aber ich bin gegen revolutionären Wandel, weil er oft mit gewaltigen unbeabsichtigten Folgen einhergeht. Mit dem internationalen Finanzsystem habe ich mich bereits beschäftigt; hier möchte ich auf das internationale politische System eingehen oder, besser gesagt, darauf, daß ein solches System fehlt.

Die Europäische Union

Im Augenblick sind wir Zeugen eines gigantischen sozialtechnischen Experiments: der Geburt der Europäischen Union. Es lohnt sich, dieses Vorhaben etwas genauer zu untersuchen. Der Einigungsprozeß Europas ist jetzt genau an dem Punkt angelangt, an dem sich die gegenwärtig wichtigste Frage stellt: Wie läßt sich das Hindernis nationalstaatlicher Souveränität überwinden, das der Verfolgung von gemeinsamen Interessen im Weg steht? Das Problem wird nicht direkt angesprochen, sonst wäre der europäische Prozeß nie so weit gekommen. Er begann mit der Gemeinschaft für Kohle und Stahl und ist inzwischen bis zur gemeinsamen Währung gediehen. Jeder Schritt nach vorn zog unweigerlich Fehler nach sich, die durch weitere Schritte korrigiert werden mußten. Der gesamte Prozeß ist mit Unsicherheiten belastet, und niemand weiß genau, wohin er führen wird. Bei einzelnen Veränderungen regt sich daher häufig Widerstand. Die gemeinsame Währung beispielsweise taugt nichts ohne eine gemeinsame Finanzpolitik. Ob sich jedoch für eine gemeinsame Finanzpolitik genügend Rückhalt finden wird, bleibt abzuwarten.

Der Prozeß der europäischen Einigung stößt auf Schwierigkeiten. Während die politische Elite ihn vorantreibt, verliert er bei den Massen an Zustimmung. Die Idee eines vereinten Europa hatte etwas überaus Verlockendes, vor allem solange die Erinnerung an den letzten Krieg noch frisch war und der Westen sich von den Sowjets bedroht fühlte. Die heutige Realität der Europäischen Union ist weit weniger attraktiv. Politisch ist sie immer noch ein Zusammenschluß von Staaten, die kleine Teile ihrer Souveränität an die Union abgetreten haben. Im Bereich der Wirtschaft funktioniert das einigermaßen gut, aber auf politischer Ebene ist praktisch überhaupt noch nichts delegiert worden. Die Europäische Kommission untersteht dem Ministerrat, der sich mehr von einzelstaatlichen als von länderübergreifenden Interessen leiten läßt. Entscheidungen haben hier eigentlich den Charakter internationaler Verträge: Sie sind schwer zu erreichen und noch schwerer zu korrigieren. Die Mitglieder der Kommission werden nach nationalen Quoten bestimmt, und ihre Arbeit leidet unter den Schwächen einer Bürokratie, die nicht einem, sondern fünfzehn Herren zu dienen hat. Die Menschen erleben eine höchst schwerfällige Bürokratie, die auf unendlich verschlungenen Pfaden arbeitet und sich meist in Geheimnistuerei vergräbt. Um dies zu ändern, müßte die Verwaltung mehr zur Verantwortung gegenüber den Menschen herangezogen werden, sei es durch die nationalen Parlamente oder durch das Europäische Parlament. Doch die Menschen verlangen das gar nicht, weil sie die Lust am ganzen Prozeß verloren haben. Die nationalen Regierungen haben die schlechte Angewohnheit, für alles, was den Bürgern in ihrem Land mißfällt, Brüssel verantwortlich zu machen, und das Europäische Parlament hat ohnehin keinen guten Ruf.

Besonders spürbar ist die Ernüchterung bei einer Minderheit, die die europäische Idee ablehnt und nationalistische und fremdenfeindliche Töne anschlägt. Es ist zu hoffen, daß die politische Elite die öffentliche Meinung noch einmal mobilisieren kann, doch dieses Mal müßten sich die entsprechenden Schritte gegen die politischen Eliten in den Ländern selbst richten. Die Menschen sollten die Regierung der Europäischen Union direkt kontrollieren können. Außerdem müßte das Problem der nationalen Souveränität entschiedener angepackt werden als bisher, aber es ist die Frage, ob das möglich ist. Ein Scheitern könnte zur Desintegration der Europäischen Union führen, denn Integration ist ein dynamischer Prozeß: Wenn er nicht vorangeht, dann muß man damit rechnen, daß er zurückgedreht wird. Wenn ich sage, daß der ganze Vorgang einen ungewissen Ausgang hat, dann meine ich das wirklich.

Ich hielte es für das beste, wenn man mit einer Regierung der Union endlich Ernst machte, wenn also die Europäische Kommission nicht dem Europäischen Parlament, sondern einem Gremium verantwortlich wäre, das sich aus den nationalen Parlamenten zusammensetzte. Ein solches Gremium wäre in der Lage, den Menschen größere Einflußmöglichkeiten zu geben, und es wäre doch kein direkter Angriff auf die nationale Souveränität. Es würde sogar einen gewissen Rückhalt von seiten der nationalen Parlamente erwarten können, die sich ja durch einen möglichen Bedeutungszuwachs des Europäischen Parlaments bedroht fühlen. Jedenfalls hätte ein solches Vorgehen mehr Aussicht auf Erfolg, als wenn man die Befugnisse – und das Image – des Europäischen Parlaments ändern würde.

Außenpolitisch ist die Europäische Union völlig erfolg- und machtlos. Die zweite Säule des Vertrags von Maastricht war einer gemeinsamen Außenpolitik gewidmet, aber die Souveränität der Mitgliedstaaten wurde nicht angetastet. Das Resultat entsprach den Erwartungen: Es kam nicht zu einer gemeinsamen Politik. Die Außenpolitik blieb den Interessen der einzelnen Länder untergeordnet. Ein Zusammengehen in diesem Punkt geriet schon während der Verhandlungen über den Vertrag von Maastricht ins Zwielicht. In dem Kuhhandel, der ihn erst ermöglichte, gestanden die anderen europäischen Staaten dem damaligen deutschen Außenminister Hans-Dietrich Genscher die Anerkennung eines unabhängigen Kroatien und Slowenien zu, was letztlich zum Krieg in Bosnien führte.

Die gegenwärtige Situation ist äußerst unbefriedigend, aber es wäre unrealistisch, wenn man davon ausginge, daß der Vertrag von Maastricht noch geändert wird. Außerdem ließe sich kaum rechtfertigen, die Souveränität in außenpolitischen Fragen einzuschränken, eben weil die Mitgliedstaaten nationale Interessen haben, vor allem im Bereich von Handel und Investitionen. Es gibt viele kollektive Interessen, doch die reichen in der Regel über die Mitgliedstaaten der Europäischen Union hinaus. Der Balkan, der Nahe Osten, Nordafrika und die ehemalige Sowjetunion liegen im Interessenbereich nicht nur von Europa, sondern auch der Vereinigten Staaten und der übrigen Welt. Ich glaube deshalb, daß wir einen breiteren

Ansatz brauchen, der sich an einem Schulterschluß mit den USA orientiert.

Die Vereinigten Staaten

Die Vereinigten Staaten, die einzig noch verbliebene Großmacht, sollten wieder eine Führungsrolle in der freien Welt übernehmen. Das geht jedoch gerade nicht im Alleingang. Die technische Überlegenheit der Amerikaner ist größer als je zuvor, aber sie sind nicht willens, den Preis an Menschenleben zu zahlen, den die Rolle des Weltpolizisten kosten kann. Doch die Welt braucht einen Polizisten. Die bekannte Aversion der amerikanischen Öffentlichkeit gegen Bilder getöteter US-Soldaten hat manchen kriminellen Regimen die Angst und den Respekt vor den Vereinigten Staaten genommen. Man kann aber nicht als Polizist agieren, wenn man jedes Risiko scheut.

Die Vereinigten Staaten tun recht daran, die Rolle des Polizisten nicht alleine spielen zu wollen: Sie bilden nicht allein das Zentrum des kapitalistischen Weltsystems, und so möchten sie auch nicht als einzige Nation für den Frieden in der Welt sorgen. Es sind noch andere da, im Zentrum wie in der Peripherie, denen der Frieden nutzt und die ihr Gewicht in die Waagschale werfen sollten. Dazu bedarf es der Zusammenarbeit – und gerade davor schrecken die Vereinigten Staaten zurück. Es ist unbegreiflich, doch in diesem Punkt sind die USA tatsächlich das rückschrittlichste Land der Welt geworden: Sie verteidigen die nationalstaatliche Souveränität mit allen nur erdenklichen Mitteln.

Es gibt repressive Regime in der Welt, die ihre Untertanen fest im Griff haben, aber wenn sie ihre Macht nach außen spielen lassen, sind sie sehr darauf bedacht, den schlafenden Riesen nicht zu wecken. Demgegenüber sind die Vereinigten Staaten alles andere als repressiv, dennoch tun sie sich auf internationaler Ebene keinen Zwang an, ihre Macht zu demonstrieren. Gelegentlich, nämlich dann, wenn kein allzu großes Risiko besteht, Soldaten zu verlieren, betätigen sie sich als Aggressor – wie beim Bombardement einer pharmazeutischen Fabrik im Sudan. Wichtiger ist jedoch, daß sie vehement jegliche internationale Zusammenarbeit verweigern. Sie zahlen ihre Beiträge an die Vereinten Nationen nicht; sie zögern, die Kassen des IWF aufzufüllen; und sie verhängen einseitige Sanktionen, vor allem um die Wähler im eigenen Land zu beeindrucken. Die Vereinigten Staaten waren eines der sieben Länder, die gegen den Internationalen Gerichtshof stimmten, weil die US-Militärs ihre Leute nicht internationaler Rechtsprechung unterstellen wollten. Ebenfalls mit Nein gestimmt haben China, Irak, Israel, Libyen, Katar und Jemen. Eine feine Gesellschaft! Das Pentagon ging sogar so weit, die Militärattachés an den US-Botschaften in der ganzen Welt anzuweisen, bei der Militärführung der Gastgeberländer dafür zu werben, gegen den Internationalen Gerichtshof zu arbeiten.

In den Vereinigten Staaten ist es zur Gewohnheit geworden, die Außenpolitik an innenpolitischen Erwägungen auszurichten – etwa in der Frage des Handelsembargos gegen Kuba, das für einflußreiche exilkubanische Wähler in Florida inszeniert wurde, oder der Ausdehnung der Nato, für die man anläßlich der Wahl von 1996 eintrat, um den polnischen Wählern in Chicago einen Gefallen zu tun. Eine Außenpolitik, die, wie zur Zeit des Kalten Krieges üblich, von Demokraten und Republikanern gleichermaßen getragen wird, ist schon lange nicht mehr in Sicht. Die Vereinigten Staaten müßten sich radikal ändern, wenn sie wieder die Führung der freien Welt übernehmen wollten.

Doch ich denke, daß die Bedingungen für eine solche Änderung gegeben sind. Die USA sind immer für das Ideal einer offenen Gesellschaft eingetreten, von der Unabhängigkeitserklärung bis heute. Umfragen zufolge sind die Vereinten Nationen populärer als der Kongreß oder der Präsident. Diese latente Unterstützung müßte man für das Projekt einer offenen Gesellschaft aktivieren können.

Zur Zeit gibt es in der Politik eine unheilige Allianz von Marktfundamentalisten und religiösen Fundamentalisten. Sie sind vereint im Widerstand gegen eine starke und einflußreiche Regierung, haben aber ganz unterschiedliche Ziele. Die Marktfundamentalisten wehren sich gegen Interventionen der Regierung im Bereich der Wirtschaft, religiöse Fundamentalisten widersetzen sich den vom Staat vertretenen und geschützten liberalen Prinzipien. Marktfundamentalisten sind aus ebenjenen Gründen gegen internationale Zusammenarbeit, aus denen sie auch gegen eine Regierung mit weitreichenden Kompetenzen sind: Die Wirtschaft soll freie Hand haben. Die religiösen Fundamentalisten wiederum lehnen internationale Kooperation aus dem entgegengesetzten Grund ab: Sie fürchten, daß der globale Markt ihre Werte in Gefahr bringt. Es ist erstaunlich, wie es diese Gruppierungen verstanden haben, ihre Differenzen miteinander in Einklang zu bringen. Ich denke aber, daß die Unterschiede um so stärker wieder hervortreten werden, je eher die Fundamentalisten ihre Ziele erreichen.

Die Vereinten Nationen

Das Programm für eine kooperative Außenpolitik bedarf einer etwas genaueren Ausführung. Wir brauchen ein weltweites Bündnis von demokratischen Ländern, die sich gemeinsam für die Prinzipien einer offenen Gesellschaft einsetzen. Sie könnten Standards für das Verhältnis von Staat und Gesellschaft formulieren, für die Freiheit der Information, die Vereinigungsfreiheit, für bestimmte Verfahrensregeln, die Transparenz staatlicher Leistungen und so weiter. Die Mitglieder eines solchen Bündnisses würden sich verpflichten, diese Standards einzuhalten. Das Bündnis würde auch Länder als Kandidaten aufnehmen, die die festgelegten Voraussetzungen noch nicht erfüllen, sich das aber zum Ziel gesetzt haben. Es wäre zu hoffen, daß die Mitglieder und Kandidaten einer Koalition für die offene Gesellschaft in den Vereinten Nationen eine Mehrheit bildeten. Damit könnte die UNO reformiert werden und ihre Geschäfte nach dem Mehrheitsprinzip führen. Ihre Arbeit käme der eines Parlaments gleich, und sie wäre effektiver als je zuvor.[40]

Es muß klar sein, was die Vereinten Nationen tun können und was nicht. Grundsätzlich sind auch sie, wie jedes von Menschen geschaffene Gebilde, mit Fehlern behaftet, aber im Rahmen von internationalen Organisationen haben sie zur Zeit viele Möglichkeiten. Vier Bestandteile lassen sich ausmachen: der Sicherheitsrat, die Generalversammlung, der Stab des Generalsekretärs und eine Reihe von speziellen Abteilungen wie das Entwicklungsprogramm der Vereinten Nationen (UNDP), die industrielle Entwicklungsorganisation (UNIDO), die Organisation für Bildung, Wissenschaft und Kultur (UNESCO) sowie andere mehr, von denen allerdings nur wenige wirklich funktionieren. Die Mitarbeiter werden nach den Wünschen der einzelnen Nationen eingestellt, nicht nach ihren Leistungen. Beamte der Vereinten Nationen zu entlassen ist außerordentlich kompliziert, und noch schwieriger ist es, Organisationen aufzulösen, die nicht mehr gebraucht werden. Wegen derartiger Mängel steht die UNO in keinem besonders guten Ruf.

Bürokratien sind immer mehr daran interessiert, sich zu erhalten, als ihren Auftrag zu erfüllen. Wenn eine Bürokratie nicht einem Herrn verantwortlich ist, sondern sämtlichen Mitgliedern der Vereinten Nationen, dann ist sie nicht zu kontrollieren. Eigentlich liegt es auf der Hand, daß eine Vereinigung von Staaten, die alle ihre eigenen Interessen verfolgen, nicht das richtige Mittel sein kann, um dem allgemeinen Nutzen dienende Funktionen auszuüben. Die exekutiven Funktionen sollten Beamten übertragen werden, die man für ihr Handeln verantwortlich machen kann. Je nachdem um welche Aufgaben es geht, könnten sie dem Generalsekretär oder einem von der Generalversammlung bestellten Vorstand oder, wie im Falle der im Gefolge von Bretton Woods geschaffenen Institutionen, den Geldgebern verantwortlich sein.

Der Sicherheitsrat ist ein sinnvolles Gremium und könnte den Frieden wirkungsvoll durchsetzen, wenn die Ständigen Mitglieder einer Meinung wären. Mit dem Ende des Kalten Krieges bot sich für den Sicherheitsrat die Gelegenheit, so zu arbeiten, wie die Institution ursprünglich gedacht war, aber, wie sich im Fall von Bosnien gezeigt hat, es waren die drei westlichen Ständigen Mitglieder, die Vereinigten Staaten, Großbritannien und Frankreich, die sich nicht einigen konnten. Eine Koalition für die offene Gesellschaft, unterstützt auch von den Nichtständigen Mitgliedern, sollte verhindern, daß sich ein derartiges Trauerspiel wiederholt.

Zur Zeit ist die Generalversammlung eine Schwatzbude. Sie sollte so etwas wie ein Parlament werden, das die Gesetze für unsere Weltgesellschaft erläßt. Eine Versammlung souveräner Staaten taugt vielleicht nicht so sehr für exekutive Funktionen, aber sie würde sich prächtig eignen als ein internationales Parlament. Die Gesetze hätten nur in jenen Ländern Geltung, die sie ratifizieren, und die Mitglieder der Koalition für eine offene Gesellschaft würden sich verpflichten, sie unter der Voraussetzung, daß sie von einer qualifizierten Mehrheit freiwillig verabschiedet worden sind, automatisch zu unterzeichnen. Die Kriterien für eine Mehrheit müßten natürlich sorgfältig bestimmt werden. Denkbar wäre eine dreifache Abstufung, nämlich zwei Drittel der Länder, zwei Drittel der Bevölkerung und zwei Drittel des UN-Haushalts.[41] Staaten, die die Entscheidung einer qualifizierten Mehrheit nicht akzeptieren, müßten die Koalition für eine offene Gesellschaft verlassen. Auf diese Weise ließe sich ein internationales Rechtsorgan ins Leben rufen, ohne das Prinzip der nationalen Souveränität zu verletzen. Die Generalversammlung könnte entscheiden, welche Gesetze gebraucht werden und wie sie durchzusetzen sind. Hier wäre der Internationale Gerichtshof ein Schritt in die richtige Richtung. Daß die Vereinigten Staaten der Hauptopponent gegen dieses Gericht sind, zeigt, wie sehr sie sich ändern müssen, damit es auf internationaler Ebene zu verbindlichen gesetzlichen Regelungen kommen kann.

Der Generalsekretär könnte von der Koalition für eine offene Gesellschaft berufen werden. Ihm würde die Leitung für die gesetzgeberische Arbeit der Generalversammlung obliegen. Seine Stellung wäre der eines gewählten Vorsitzenden einer demokratischen Partei vergleichbar. Da sich seine Machtbefugnisse erheblich vergrößern würden, müßte er jederzeit abwählbar sein, wenn ihm die Koalition für eine offene Gesellschaft das Vertrauen entzieht.

Es sind viele Vorschläge für eine Reform der Vereinten Nationen gemacht worden, doch keiner ist durchgekommen. Der einzige Weg, Veränderungen zu erreichen, wäre öffentlicher Druck, besonders in den Vereinigten Staaten. Die Idee einer Koalition für eine offene Gesellschaft ist deshalb realistisch, weil die demokratischen Regierungen auf die Forderungen ihrer Bürger reagieren. Es kommt also darauf an, daß die Menschen für die Idee der offenen Gesellschaft eintreten. Ich hoffe, dieses Buch trägt dazu bei.

Innenpolitische Aufgaben

Abschließen möchte ich mit einem kurzen Überblick über die innenpolitischen Ziele meiner Stiftung in den USA. Ich will zeigen, daß die abstrakte Vorstellung einer offenen Gesellschaft durchaus konkretes Handeln anleiten kann.

Vor vier Jahren hatte ich den Eindruck, daß der mit dem Zusammenbruch des Sowjetreichs verbundene revolutionäre Augenblick vorüber war und ich meine philanthropischen Bemühungen nicht mehr nur auf ehemals oder gegenwärtig geschlossene Gesellschaften richten sollte. Die Aufgabe meiner Stiftung bestand, wie ich sie 1979 formuliert habe, darin, zur Öffnung geschlossener Gesellschaften beizutragen, offene Gesellschaften zu stärken und kritisches Denken zu fördern. Nun war es an der Zeit, den zweiten und dritten Punkt auf die Tagesordnung zu setzen. Die USA selbst hatten als markantes Beispiel einer offenen Gesellschaft Mängel und Fehler. Was konnte die Stiftung in dieser Hinsicht tun? Innerhalb weniger Jahre entwickelte sich eine gut abgestimmte Strategie.

Das Stiftungsprogramm in den Vereinigten Staaten läßt sich im wesentlichen in drei Themenbereiche fassen, die allesamt vom Begriff der offenen Gesellschaft ausgehen: Wir wollen Widerstand leisten gegen das Eindringen marktwirtschaftlicher Wertvorstellungen in Bereiche, wo sie nicht hingehören; wir möchten ferner die unbeabsichtigten negativen Folgen von gewiß wohlgemeinten politischen Strategien ansprechen; schließlich wollen wir die Ungleichheiten aufdecken, die der Marktfundamentalismus bei der Verteilung des Reichtums und der sozialen Chancen bewirkt.

Hinsichtlich des ersten Themas beunruhigte mich vor allem die Art und Weise, wie marktwirtschaftliches Denken das Ethos der freien Berufe unterhöhlt. Moralische Prinzipien, die früher als innere Werte galten, halten dem vom Markt ausgehenden Druck nicht mehr stand. Ich habe daher Programme entwickelt, wie dieses Problem in Recht und Medizin zu handhaben ist, in denen die berufsethische Seite immer mehr von reinem Geschäftsgebaren verdrängt wird. Es war, so merkte ich, nicht schwer – und zudem befriedigend –, Ansätze und Organisationen zu unterstützen, die die besten Traditionen und höchsten Grundsätze im rechtlichen und medizinischen Bereich aufrechterhalten. Schwieriger war es für eine Stiftung, die außerhalb der freien Berufe operiert – auch wenn viele Mitarbeiter Insider sind –, die Kernfelder und Hauptrichtungen dieser Disziplinen zu erreichen. Hier hat die Stiftung noch zu kämpfen, doch allmählich machen wir Fortschritte, und es gelingt uns zunehmend, Einfluß zu gewinnen. Der Druck des Marktes zieht auch den Journalismus, die Verlage und die beruflichen und ethischen Standards der Finanzwelt in Mitleidenschaft, was ebenfalls eine große Herausforderung für uns darstellt.

Unsere zweite Hauptaufgabe ist die Bewältigung unbeabsichtigter negativer Handlungsfolgen. Es gibt unlösbare Probleme, die sich immer weiter verschärfen, eben weil man nicht zugeben will, daß sie unlösbar sind. Das offenkundigste und bedrohlichste Problem dieser Art ist der Tod. Zu den charakteristischen Merkmalen der amerikanischen Kultur gehört die Ignoranz gegenüber unserer Sterblichkeit. Ärzte, Familien und Patienten stellen sich dem Thema nicht gern, und damit verstärken sie die Schmerzen, das Leid und die Einsamkeit, die der Tod in jedem Fall mit sich bringt.

Als Heranwachsender hat mich das Problem des Todes sehr beschäftigt. Schließlich fand ich einen Weg, damit umzugehen. Ich unterscheide zwischen der Vorstellung vom Tod und dem Tod als einem tatsächlichen Ereignis. Der Tod ist ein Faktum des Lebens, doch die Vorstellung vom Tod darf ich nicht zulassen. Die Aussicht, einmal sterben zu müssen, ist für mich unannehmbar, aber ich werde wohl mit der Tatsache des Sterbens zurechtkommen, besonders wenn ich alt bin. Es gibt eine Kluft zwischen Denken und Realität; wie ich mir den Tod vorstelle, ist nicht das, was wirklich geschehen wird. Tröstlich ist allein, daß der Gedanke vermutlich schrecklicher ist als die Realität.

Auch die Liebe kann ein Trost sein, wenn man an den Tod denkt. Das habe ich entdeckt, als meine Mutter starb. Sie hatte eine sehr ungewöhnliche Erfahrung, sie näherte sich dem Tor des Himmels, und ich begleitete sie und hielt ihre Hand, während sie beschrieb, was sie sah. Sie sagte, sie hätte Angst, daß sie mich mit sich nähme. Ich versicherte ihr, ich stünde mit beiden Beinen fest auf dieser Erde, und sie brauche sich keine Sorgen zu machen. Ihr Tod war wirklich eine wertvolle Erfahrung für uns alle, und das wegen der Art und Weise, wie sie mit sich umging und wie die Familie, nicht nur ich, sondern vor allem auch meine Kinder, Anteil nehmen konnten. Diese Erfahrung brachte mich dazu, ein Projekt zum Thema Sterben in Angriff zu nehmen. Wir tragen dazu bei, daß Mittel und Wege gefunden werden, den physischen und psychischen Schmerz, der mit dem Sterben verbunden ist, zu mindern.

Ein anderer Fall, der zeigt, daß das Heilmittel schlimmer sein kann als die Krankheit, ist der Krieg gegen die Drogen. Die Drogenabhängigkeit ist ein ernstes gesellschaftliches Problem, das zwar nicht gelöst, aber entschärft werden kann, wenn man es als eine Aufgabe des öffentlichen Gesundheitswesens behandelt. Doch gemeinhin wird es als ein Verbrechen betrachtet. 1995 saßen 338.000 Erwachsene wegen Drogenvergehen im Gefängnis; Ende 1980 waren es nur 51.950. Die Kosten, die so entstanden sind, belaufen sich auf neun Milliarden Dollar pro Jahr. Weitere Milliarden werden ausgegeben, um den Drogenhandel zu unterbinden, bislang ohne Erfolg. Der Krieg gegen die Drogen ist der schlimmste Fall eines fundamentalistischen Entweder-oder-Denkens in den USA. Wer das kritisiert, wird sofort als Legalisierer gebrandmarkt. So auch ich, als ich – mit versteuerten Dollars – die Legalisierung von Marihuana für medizinische Zwecke unterstützt habe. Glücklicherweise kann ich mit diesem Vorwurf leben. Ich bin kein Anhänger der Legalisierung von Drogen. Aber die Drogenabhängigen haben ihr Schicksal nicht mehr in der Hand und müssen vor ihrer Abhängigkeit geschützt werden. Marihuana macht nicht süchtig, aber für Kinder ist es schädlich, weil es das Kurzzeitgedächtnis und die Lernfähigkeit beeinträchtigt. Ich bin, wie gesagt, nicht für Legalisierung. Aber wir sollten Drogenkonsum nicht mit Verbrechen gleichsetzen. Süchtige als Verbrecher zu behandeln ist nicht der richtige Weg, um einer Sucht Herr zu werden.

Die Stiftung engagiert sich zudem in der Frage der Finanzierung von Wahlkämpfen, womit der zweite Aufgabenbereich berührt ist. Denn auch die Politik ist ein Gebiet, in das die Werte des Marktes eingedrungen sind. Die meiste Zeit verwenden Politiker darauf, Geld aufzubringen, und an die Stelle von Sachfragen sind auswendig gelernte politische Botschaften getreten. Eine bedeutende Zuwendung der Stiftung ging an eine Organisation, die für »sauberes Geld« vor allem bei Bundesstaats- und Kommunalwahlen eintritt. Die Bundeswahlen sind viel schwerer zu reformieren. Zugleich haben wir mit einer kleineren Spende das Brennan Center der New York University in die Lage versetzt, etwas über die unbeabsichtigten Folgen aller Reformversuche der Wahlkampffinanzierung herauszufinden, auch unserer eigenen. Regulierungen haben immer unbeabsichtigte Folgen; so führten frühere Versuche, die Wahlkämpfe zu reformieren, hier und da zu noch größeren Mißständen wie etwa weichen Wahlkampfspenden und Anzeigenkampagnen von Lobbygruppen.

Das dritte Hauptthema, das Wohlstandsgefälle, bringt uns zu den traditionelleren Bereichen der Philanthropie: Spannung zwischen Arm und Reich, Schwangerschaft im Mädchenalter, ungleiche Bildungschancen und so weiter. Wir suchen nach Nischen, wo andere Stiftungen untätig geblieben sind oder wo unsere Unterstützung strategisch eingesetzt werden kann, um Einfluß auf politische Entscheidungen zu gewinnen. Als der Kongreß 1996 legalen Einwanderern bestimmte Sozialleistungen strich, richtete ich mit 50 Millionen Dollar den Emma Lazarus Fund ein, um jenen Menschen zu helfen, die von dieser unverantwortlichen Politik betroffen waren. Ich habe das getan, um auf die gravierenden Folgen der Sozialreform aufmerksam zu machen – in der Hoffnung, daß die Politiker die Botschaft verstehen – und um einige Probleme der Einbürgerung durch Englischunterricht oder kostenlose Rechtsberatung zu entschärfen. Gerade eben hat der Kongreß 14 Milliarden Dollar für Sozialleistungen bewilligt, doch nach wie vor bleibt viel zu tun.

Schließlich habe ich Geld zur Verfügung gestellt, um auf den Mißstand aufmerksam zu machen, daß für die Kinder in New York City noch Einrichtungen fehlen, in denen sie nach der Schule betreut werden können. Es ist bekannt, daß Kinder, die von drei bis sechs Uhr nachmittags etwas Sinnvolles zu tun haben, bessere schulische Leistungen zeigen als andere. Außerdem wird damit auch ihren arbeitenden Eltern geholfen. Wir möchten 1.000 Dollar pro Kind und Jahr ausgeben, um den Wert solcher Einrichtungen zu prüfen. Die ersten Reaktionen von Bundes-, Länder- und lokalen Behörden waren ermutigend.

Ähnlich war unser Ansatz in Baltimore, wo wir bei der Stadtverwaltung angeregt haben, Therapiemöglichkeiten für all jene Drogenabhängigen zu schaffen, die mit ihren Gewohnheiten brechen wollen, bislang aber endlos lange Wartezeiten vor sich hatten, weil es zu wenige Plätze gab. In Baltimore schlagen wir uns noch mit einer Reihe anderer Großstadtprobleme herum wie Verbrechen, Gewalt an Schulen und Arbeitslosigkeit. Hier allerdings verfolgen wir eine andere Strategie als die meisten Stiftungen, denn wir treten dafür ein, daß ein lokaler Vorstand mit einer bestimmten Entscheidungsbefugnis ausgestattet wird, Gelder zu vergeben und Prioritäten zu setzen – ein Modell ähnlich dem, das ich für die ehemaligen kommunistischen Länder entwickelt habe.

Die Stiftungsprogramme beziehen sich nicht unmittelbar auf die Politik der Vereinigten Staaten. Natürlich gibt es viele Dinge, um die sich eine Stiftung kümmern sollte, aber eben auch andere, deren sich nur eine Regierung annehmen kann. Eine offene Weltgesellschaft kann nicht allein von einzelnen Menschen oder unabhängigen Bürgerorganisationen geschaffen werden. Vielmehr bedarf es der Zusammenarbeit souveräner Staaten. Gleichwohl spielen öffentliche Meinung und Zivilgesellschaft eine wichtige Rolle, denn in einer Demokratie müssen sich Politiker, sofern sie nicht scheitern wollen, aufgeschlossen gegenüber den Forderungen der Bürger zeigen. Umgekehrt beweisen Staatsmänner mitunter auch dadurch Führungskraft, daß sie die Öffentlichkeit für bestimmte Zwecke mobilisieren. Und diese Führungskraft ist es, die eine Koalition gleichgesinnter Staaten dringend benötigt – wenn sie denn eine offene Weltgesellschaft Wirklichkeit werden lassen will.

Anmerkungen

1 Die Frage, ob eine materielle, von menschlicher Beobachtung unabhängige Welt existiert, war jedoch seit Berkeley unter Philosophen Gegenstand hitziger Debatten.

2 Diesen Punkt hat mir Kurt Gödel verständlich gemacht. Er wies mathematisch nach, daß es in der Mathematik mehr Gesetze gibt als die, die mathematisch bewiesen werden können. Die Technik, die er dazu anwandte, bestand darin, die Gesetze der Mathematik mit sogenannten Gödel-Zahlen zu bezeichnen. Indem er die Gesetze dem Universum hinzufügte, auf das sie sich beziehen, nämlich auf die Gesetze der Mathematik, konnte Gödel nicht nur beweisen, daß die Zahl der Gesetze unendlich ist, sondern auch, daß sie die Zahl der Gesetze übersteigt, die bekannt sein können, weil es Gesetze über Gesetze über Gesetze ad infinitum gibt; und was gewußt werden kann, erweitert sich im Einklang mit unserem Wissen.
Die gleiche Argumentationslinie ließe sich auf Situationen mit denkenden Akteuren anwenden. Um solche Situationen zu verstehen, müssen wir ein Modell konstruieren, das die Perspektiven sämtlicher Beteiligter enthält. Diese Perspektiven konstituieren ebenfalls ein Modell, das die Perspektiven sämtlicher Beteiligter enthält. Also brauchen wir ein Modell der Modellbauer, deren Modelle die Modelle von Modellbauern enthalten und so weiter, ad infinitum. Je mehr Ebenen die Modelle erkennen, desto mehr Ebenen müssen erkannt werden – und wenn die Modelle sie nicht erkennen, wie das früher oder später der Fall sein muß, dann reproduzieren sie nicht länger die Realität. Hätte ich Gödels mathematische Fähigkeiten, könnte ich entsprechend beweisen, daß die Perspektiven der Beteiligten nicht mit der Realität übereinstimmen können.
William Newton-Smith hat mir erklärt, meine Auffassung der Gödel-Zahlen unterscheide sich von Gödels eigener. Anscheinend hatte Gödel ein platonisches Universum vor Augen, in dem Gödel-Zahlen existierten, bevor er sie entdeckte, während ich der Meinung bin, daß Gödel-Zahlen von ihm erfunden wurden, wodurch er das Universum vergrößerte, indem er tätig

war. Ich halte meine Auffassung für sinnvoller. Mit Sicherheit verleiht sie Gödels Theorem größere Relevanz für das Dilemma denkender Beteiligter.

3 Hedgefonds sind in etlichen Investitionsbereichen aktiv. Sie bieten Dienstleistungen für erfahrene Investoren und sind nicht den Bestimmungen unterworfen, die für Investmentfonds gelten. Die Verwalter werden auf der Grundlage ihrer Leistung bezahlt, nicht mit einem festen Prozentsatz der Anlagen. Leistungsfonds wäre eine genauere Bezeichnung.

4 Die Theorie der rationalen Erwartungen behauptet, daß auf einem funktionierenden Markt die individuellen Vermutungen vom tatsächlichen Preiskurs auf zufällige Weise abweichen.

5 Man wird bemerken, daß die soeben vorgenommene Verallgemeinerung zeitlos gültig sein soll; sie kann jedoch nicht verwendet werden, um reflexive Ereignisse auf eindeutige Weise zu erklären und vorauszusagen.

6 Vgl. Lionel Robbins, *An Essay on the Nature and Significance of Economics as a Science*, London 1969.

7 Vgl. Daniel Kahneman und Amos Twersky, »Prospect Theory: An Analysis of Decision under Risk«, in: *Econometrica*, Bd. 4 (1979), S. 263–291.

8 Dies ist ein wichtiger Punkt. Im Gegensatz zu den meisten Fondsverwaltern, die sich an der relativen Leistung orientieren, ließ ich mich von der absoluten leiten und wurde entsprechend entlohnt. Die Orientierung an relativer Leistung ist eine Ursache für die Instabilität der Finanzmärkte, die von der ökonomischen Theorie bislang noch nicht wahrgenommen wurde.

9 Vgl. dazu George Soros, *Die Alchemie der Finanzen. Wie man die Gedanken des Marktes liest*, Kulmbach 1994.

10 Hier stütze ich mich auf das vierte Kapitel meines Buches *Opening the Soviet System*, London 1990.

11 1960 traf ich in Schweden auf einen ähnlichen Fall, und ich hatte das Vergnügen, die Rolle des Prinzen zu spielen, der das schlafende Dornröschen wachküßt. Der schwedische Aktienmarkt war vom Rest der Welt vollständig isoliert; man mußte schwedische Aktien in ausländischem Besitz verkaufen, um schwedische Aktien in Schweden erwerben zu können. Unternehmen konnten ihre Erträge steuerfrei in verschiedenen Reserven anlegen, aber sie konnten diese Reserven nicht dafür nutzen, ihre Dividenden zu erhöhen. Aktien wurden auf der Basis ihrer Dividendenerträge bewertet. Das Ergebnis waren ungeheure Divergenzen im Verhältnis von Preis und Ertrag; die besten Firmen waren unglaublich unterbewertet – bis der Prinz auf der Bildfläche erschien. Schwedische Aktien in ausländischem Besitz erzielten Aufschläge, aber wegen der Handelsbeschränkungen ließ sich das

25 *Soros über Soros. Börsenguru und Mäzen*, Frankfurt am Main 1996.
26 Implizite Zinsrate für einmonatige Forward-Kontrakte (für Rubel), die in Dollar gehandelt werden.
27 Durchschnittsrendite staatlicher Rubel-Anleihen.
28 Durchschnittsrendite russischer Dollar-Anleihen.
29 Der Handel mit GKOs wurde am 17. August ausgesetzt, so daß für diese Kategorie für die übrigen Tabellen keine Zahlen zu erhalten sind.
30 Seither liegt das langfristiges Kapitalmanagement danieder – mit katastrophalen Konsequenzen.
31 Diese Punkte erwähnte ich in meiner Stellungnahme vor dem US-Kongreß am 15. September 1998.
32 Vgl. dazu Kapitel eins.
33 George Soros, »Avoiding a Breakdown. Asia's Crisis Demands a Rethink of International Regulation«, in: *Financial Times* vom 31. Dezember 1997.
34 Sonderziehungsrechte sind gewissermaßen künstliches Geld, das dem IWF von seinen Mitgliedern zur Verfügung gestellt wird.
35 Meine Argumente in dieser Frage sind nicht neu. Ursprünglich stellten sich die Gründer der Institutionen von Bretton Woods die Weltbank als einen »Garanten« von Wertpapieren vor, die von den Entwicklungsländern oder für Aussteller in den Entwicklungsländern ausgegeben werden.
36 Die größte Schwierigkeit, die sich bei einer Währungsbehörde stellt, wird sein, wie man sie wieder auflösen kann, wenn sie nicht mehr funktioniert. Um ihr Glaubwürdigkeit zu verschaffen, wird eine Währungsbehörde gewöhnlich per Gesetz eingeführt, und es dauert lange, Gesetze zu ändern. Was geschieht während der Zeit, in der die Veränderung noch geprüft wird? Das wäre eine regelrechte Einladung an Spekulanten für eine Jagd nach der Währung. Natürlich gibt es hier eine Lösung: die Währungsbehörde von einem Tag auf den anderen auch gegen die Gesetzeslage abzuschaffen. Dies jedoch würde den Währungsbehörden Glaubwürdigkeit nehmen.
37 Meine Stellung änderte sich, als ich zu einer öffentlichen Person wurde. Plötzlich konnte ich Märkte beeinflussen. Das stellte mich vor moralische Fragen, an die ich vorher nie gedacht hatte.
38 Jetzt, wo er in einen Anti-Trust-Prozeß verwickelt ist, wird Wohltätigkeit vermutlich zu einem festen Bestandteil seiner Geschäftsstrategie.
39 Henry Kissinger, *Die Vernunft der Nationen. Über das Wesen der Außenpolitik*, Berlin 1994.
40 Es müßte sichergestellt sein, daß man nicht jeden Staat, der sich bewirbt, aufnimmt und daß die Staaten, die ihre Verpflichtungen nicht ein-

halten, ausgeschlossen werden. Ungenaue Bestimmungen der Mitgliedsvoraussetzungen haben den Wert von ansonsten durchaus sinnvollen Einrichtungen wie dem Europarat und der Organisation für Sicherheit und Zusammenarbeit in Europa (OSZE) sehr gemindert.

41 Dieser Gedanke entspricht in etwa der »bindenden Triade«, einem Vorschlag von Richard Hudson, dem Direktor des Center for War and Peace Studies in New York.

Danksagung

Mehrere Personen haben großes Interesse an diesem Manuskript gezeigt und mir sehr geholfen. Anatole Kaletsky wirkte de facto als mein Lektor und half mir, das Material zugänglicher zu präsentieren; Roman Frydman war besonders beim begrifflichen Rahmen eine große Hilfe; Leon Botstein brachte viele wichtige Punkte zur Sprache, und wir führten einige lebendige Diskussionen miteinander; Anthony Giddens kommentierte mehr als nur eine Version dieses Manuskripts; William Newton-Smith gab mir wertvolle Hinweise zu einigen philosophischen Fragen, und John Gray bewog mich, Karl Polanyis ›Great Transformation‹ aufs neue zu lesen. Hilfreiche Kommentare erhielt ich unter anderem von Robert Kuttner, John Simon, Jeffrey Friedman, Mark Malloch Brown, Arminio Fraga, Tom Glaessner, Aryeh Neier, Daniel Kahneman, Byron Wien und Richard Meedley. Ich entschuldige mich bei allen, die ich zu erwähnen vergessen habe.

Dies Buch hätte ohne die unermüdliche Hilfe von Yvonne Sheer, meiner hingebungsvollen Sekretärin, nicht in solch halsbrecherischer Geschwindigkeit erscheinen können. Ob man es glaubt oder nicht: Der erste Kontakt mit meinem Verleger, Peter Osnos, fand am 22. September 1998 statt, und die fertigen Exemplare werden am 2. Dezember 1998 ausgeliefert. Geoff Shandler machte Überstunden als mein »Instant-Lektor«. Hut ab vor Peter und seinem Team – mein Dank gilt Kris Dahl, der ihn mir empfohlen hat.

Gero Jenner

Das Ende des Kapitalismus

Triumph oder Kollaps eines Systems?

Band 14448

Hat der Kapitalismus eine Zukunft? Oder steht er kurz davor, an seiner eigenen Effizienz zu scheitern, wie der Nationalökonom Josef Schumpeter 1942 prophezeite? Und wenn, wie sieht sie aus, diese Zukunft? Wird es jemals eine Rückkehr zum sozialstaatlich »gezähmten« Kapitalismus der Nachkriegszeit geben? Oder werden zügelloser Wettbewerb und radikale Marktorientierung die globale Polarisierung weiter verschärfen und das Potential für Krisen und Terrorismus verstärken? Kapitalismus ist für Jenner das häßliche Gesicht einer Marktwirtschaft, die das Interesse einzelner über das der Gesellschaft stellt. Er ist ein Krieg der Starken gegen die Schwachen, des Geldes gegen die Leistung und der gesamten Ökonomie gegen die natürlichen Grundlagen des Lebens. Ohne eine sozial nützliche Marktwirtschaft, so Jenner, hat die industrielle Zivilisation keine Zukunft, mit einem asozialen und naturzerstörerischen Kapitalismus aber ist diese Zukunft im höchsten Grade gefährdet.

Fischer Taschenbuch Verlag

fi 246 / 8

Gero Jenner

Die arbeitslose Gesellschaft

Gefährdet die Globalisierung den Wohlstand?

Band 13896

Die Diskussion um die Globalisierung und ihre Folgen (vor allem die Abkoppelung von nationalen Steuerungsmechanismen) hat in den letzten Jahren an Intensität gewonnen. In der stark emotionalisierten Diskussion prallen marktliberale Glaubenssätze und sozialstaatliche Überzeugungen aufeinander. Ohne ideologische Scheuklappen befragt Gero Jenner marktliberale Credos der Deregulierung und sozialpolitische Verteidigungslinien auf ihre soziale und ökonomische Vernunft. Er tut dies in einer beeindruckend klaren Sprache, einer auch für ökonomische Laien verständlichen Argumentation und ohne Scheu vor vermeintlichen Tabus. Er bedient keine Vorurteile, sondern liefert unbequeme Einsichten: Globalisierung ja, aber nicht als Verwirklichung eines ultraliberalen Programms, das zur Gefahr für Demokratie, Frieden und Wohlstand wird. Dem Zerfall der Nationalstaaten in verbissen um Wettbewerbsvorteile konkurrierende Regionen kann nur Einhalt geboten werden durch eine Wirtschafts- und Sozialpolitik, die technologischen mit sozialem Fortschritt verbindet.

Fischer Taschenbuch Verlag

fi 452 / 8

Christoph Gauer/Jürgen Scriba

Die Standortlüge

Abrechnung mit einem Mythos

Band 14237

Wenn es darum geht, Auswege aus der Wirtschaftskrise zu finden, steht ein Argument ganz oben: Unisono predigen neoliberale Politiker und Unternehmer, der »Standort Deutschland« sei in Gefahr, wenn nicht unverzüglich Löhne, Renten und Sozialausgaben gekürzt, Arbeitszeiten verlängert werden. Mit dem nüchternen Blick auf die Fakten werden hier alle gebetsmühlenartig wiederholten Patentrezepte ins Reich der Fabeln verwiesen: Es gibt keinen Job-Export ins Ausland. Die Renten- und Sozialsysteme sind solide finanzierbar. Die deutsche Wirtschaft hat eine hervorragende Ausgangsposition, um im globalen Wettbewerb zu bestehen.